Die Töchter des Zauberers
Erika, Monika und Elisabeth Mann

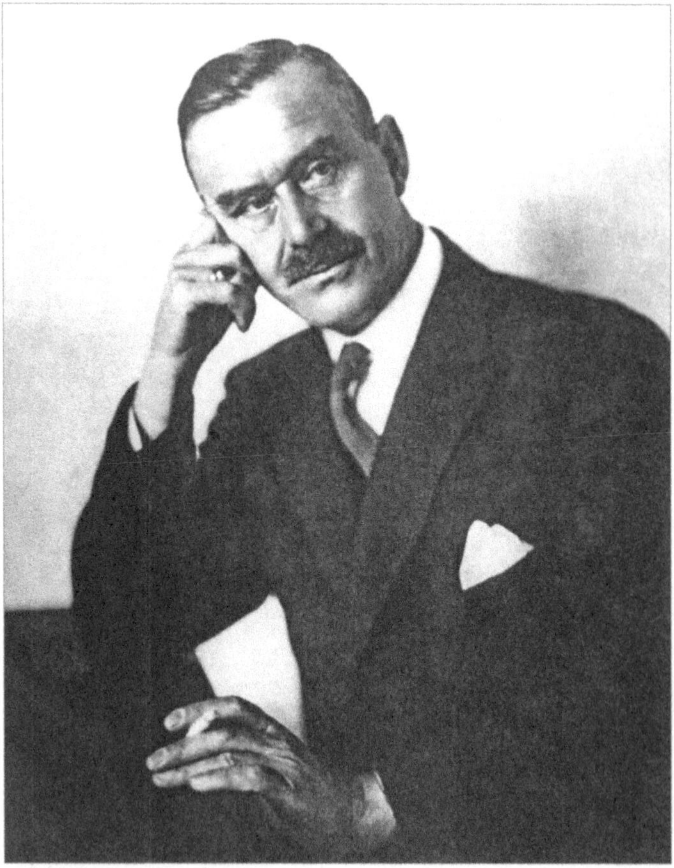

Der Literaturnobelpreisträger Thomas Mann (1875–1955), genannt »Der Zauberer«

Annette Seemann

Die Töchter des Zauberers

Erika, Monika und Elisabeth Mann

ebersbach & simon

Inhalt

Vorwort

Die Manns sind ein Phänomen. Wir glauben, wir wissen längst alles über sie, und doch werden wir offenbar nicht fertig mit ihnen. Das Material wächst beständig weiter.

Das Faszinosum, das die Manns so lange schon umweht, erschließt sich vielleicht gerade über ihre drei Töchter, die im Mittelpunkt dieser Biografie stehen – drei grundverschiedene, begabte und wandelbare Töchter einer privilegierten Familie, die hohe Anforderungen an ihre Mitglieder stellte – wir dürfen sie uns als bürgerliche Dynastie vorstellen.

Über die politisch engagierte Vatertochter und Nachlassverwalterin des väterlichen Erbes Erika Mann (1905–1969) glaubt man, vermeintlich, alles zu wissen. Die dezidierte Betrachtung ihrer konfliktreichen Beziehung zu den beiden Schwestern im Laufe ihres Lebens jedoch ist durchaus dazu angetan, neue Einblicke in ihre komplexe Persönlichkeit zu liefern. Nesthäkchen Elisabeth Mann (1918–2002) ist einer breiten Öffentlichkeit heutzutage vor allem als Seerechtsexpertin und Ökoaktivistin bekannt – dass sie sich u.a. schon in jungen Jahren der Genderforschung *avant la lettre* verschrieb, wissen wohl die wenigsten. Ihre Sonderstellung innerhalb der Familie als Lieblingstochter des Vaters ist ebenfalls eine nähere Betrachtung wert. Das Bild der viel geschmähten mittleren Tochter Monika Mann (1910–1992) ist bis heute durch hartnäckige familiäre Vorurteile geprägt: Ihr wurde bis zuletzt jegliche Anerkennung durch Eltern und Geschwister verweigert – dass sie musikalisch außerordentlich begabt war und später als Schriftstellerin und Journalistin vielfach in Erscheinung trat, wurde stets abgetan und ist heute kaum noch bekannt.

Jede der drei Töchter soll in dieser Biografie zu ihrem Recht kommen, mit ihrem Leben und Werk ausführlich dargestellt werden, sowohl mit Blick auf die Beziehung zu den Eltern als auch zur *amazing family* insgesamt, zu Freunden und Partnern sowie mit Blick auf das diffizile Beziehungsgeflecht der Schwestern untereinander. Neben Erika und Elisabeth tritt hier erstmals auch Monika Mann gleichberechtigt aus dem Schatten der beiden prominenten Schwestern.

Die unterschiedlichen Lebenswege der Mann-Töchter entfalten sich vor dem Hintergund des kulturhistorischen Panoramas des 20. Jahrhunderts, zugleich wird die Familiengeschichte der Manns eingehend beleuchtet. Auffällig ist bei allen drei Töchtern, dass sie, so unterschiedlich sie auch waren, dennoch stets mehr oder weniger im Einflussbereich der Familie blieben – selbst Monika, gleichgültig, wie schwierig ihre Beziehung zu den Eltern auch war, kehrte immer wieder zu ihnen zurück, wie von magnetischer Kraft angezogen

Die Quellen

Thomas Manns Werke und Tagebücher dienen als Quellen[1] für dieses Buch, da er sich verschiedentlich darin eindeutig zu Familienkonstellationen geäußert hat. Katia Mann hat sich zwar lange verweigert, doch auch Erinnerungen hinterlassen. Alle sechs Kinder haben Texte verfasst, in unterschiedlichen Genres, die in den einzelnen

Kapiteln zitiert und eingeordnet werden. Die vorhandenen Ton- und Filmdokumente wurden ebenfalls ausgewertet und in die Interpretation eingebunden.

Die am Ende allein Überlebende, Elisabeth, fand es lange schwierig, über ihre Familie öffentlich zu schreiben oder zu sprechen. Doch ab 1997 gelang es mehreren Publizisten, selbst Fernsehinterviews mit Elisabeth Mann Borgese zu führen.[2] Heinrich Breloer schließlich konnte in seinem 2001 gesendeten Fernsehfilm Elisabeth als das letzte Mitglied der *amazing* Mann-Familie zu allen Themen befragen und sie noch einmal an viele für die Familiengeschichte zentrale Plätze begleiten: Lübeck, München, Sanary-sur-Mer, Küsnacht, in die Wohnorte der Manns in den USA, nach Cannes, wo ihr Bruder Klaus starb, und schließlich nach Kilchberg bei Zürich.

Elisabeth wurde mit ihrer verschmitzt-zurückhaltenden Art einer über 80-Jährigen und ihrer Grundloyalität zur Familie eine Sympathieträgerin und Vermittlerin. Ihre Nüchternheit andererseits wurde bemerkt und gewürdigt: Sie war seriös. Nach Jahren des Widerstands gegen öffentliche Auftritte für »die Manns« wollte sie schließlich mit einigen verbreiteten *fakes* rund um die Familie aufräumen. Sie erzählte als letzte noch Lebende der Mann-Kinder außerdem aus geschützter Position. Vor allem dem Vorurteil, Thomas und Katia Mann seien schlechte Eltern gewesen, wollte sie entgegentreten. Freilich hatte sie niemals die Kämpfe von Klaus, Golo, Monika oder Michael mit den Eltern führen müssen. Und erst im Alter begriff sie, wie stark ihre Liebe zum Meer von ihrem Vater herrührte, und erkannte dankbar an, dass sie das Kind unter den sechs Geschwistern war, »dem am meisten Glück widerfahren sei«[3]. Auch das wollte sie öffentlich kundtun.

Heirat, erste Kinder, Grundsätze der Familie Mann 1904–1913

Die Zeit der Werbung

Wir begeben uns zurück in die Historie, in das deutsche Kaiserreich, genauer nach Bayern, in die Landeshauptstadt München. Es ist noch eine von Kriegsrufen freie Zeit, die sich sehr gut als Folie eignet für die Anbahnung der Beziehung zwischen Thomas Mann, dem Lübecker Senatorensohn, und Katharina »Katia« Pringsheim, der einzigen Tochter neben vier Söhnen des Ehepaars Alfred und Hedwig Pringsheim.

Niemand konnte damals so mir nichts, dir nichts einem jungen Mädchen aus bester Familie den Hof machen. Man hatte eingeführt zu werden, aus vergleichbaren seriösen Kreisen zu stammen, begutachtet zu werden und eine bürgerliche Verbindung auch ernstlich zu erstreben.

Erst vor Kurzem hatte sich Thomas Mann aus Verstrickungen mit einem jungen Mann, Paul Ehrenberg, gelöst. In seinen Vorstellungen liebte er junge Männer, diese Gefühle vertraute er seinen Tagebüchern an. Er strebte aber eine bürgerliche Existenz als anerkannter Schriftsteller in geordneten Verhältnissen an, die einen Puffer bildeten, falls die Inspiration einmal ausblieb ... oder der Erfolg. Aus solchen Verhältnisse stammte Katia Pringsheim.

Durch den Riesenerfolg des Romans *Buddenbrooks*

1901 – nach vorherigen Veröffentlichungen von Novellen – war Thomas Mann schlagartig berühmt geworden, hatte an Bekanntheit den älteren Bruder Heinrich überflügelt. In München ansässig geworden und in der dortigen Bohème ein Habitué, besaß er nun Zugang zu den besten Kreisen. Jetzt wollte er sich eine »bürgerliche Verfassung« als Großschriftsteller geben. Das hieß: eine Ehe einzugehen und ein kultiviertes, großzügiges Haus zu führen. Dafür brauchte er, um Schriftsteller bleiben zu können, eine Frau, die das respektierte, ja sogar begünstigte. Eine ebenfalls kultivierte Frau aus der besten Münchner Gesellschaft. Mit Vermögen. Dass Katia sich vor allem Kinder wünschte, wusste er noch nicht. Dass sie gleichzeitig einen Salon zu führen verstand, ahnte er. Denn zu dieser Zeit war der Salon neben Reisen das, was ein Schriftsteller brauchte, um sich inspirieren zu lassen ... Als eine solche Frau sah er Katia von vornherein an.

Der 28-jährige Thomas Mann lernte die 20-jährige Katia Pringsheim zu Beginn des Jahres 1904 kennen. Da hatte er sie schon einige Zeit lang in Augenschein nehmen können, in der Münchner Oper, denn Alfred Pringsheim war wie er selbst Wagner-Adept. Die »Prinzessin aus dem Morgenlande«, wie er sie heimlich wegen ihrer sehr dunklen Augen und der perlweißen Haut nannte, trat immer im Kreise ihrer vier Brüder auf – dieses Bild entsprach dem vom 14 Jahre alten Lübischen Gymnasiasten Thomas Mann ausgeschnittenen Journalblatt mit dem Kaulbach-Gemälde *Kinderkarneval*, das tatsächlich die fünf Pringsheim-Kinder zeigte: ein kleines Mädchen zwischen vier Brüdern, alle als Pierrots verkleidet. Die Geschlechtszugehörigkeit war nicht ausgeprägt, allein Katia trug ein Pierrot-Röckchen statt der Pumphosen. Schon den

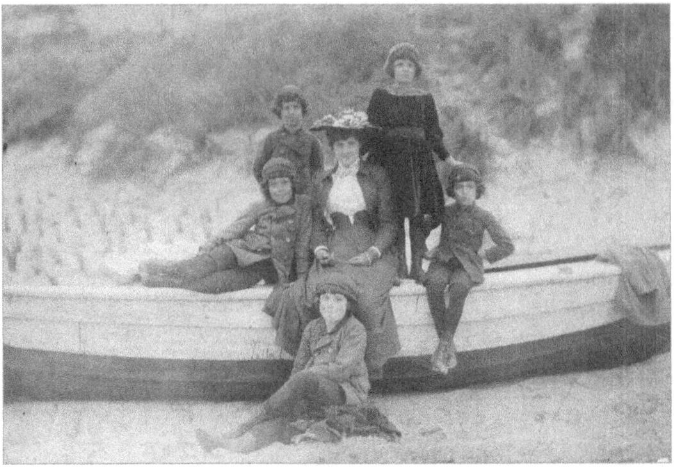

»Die Prinzessin aus dem Morgenlande« – Katia Pringsheim auf Sylt (re. stehend) mit ihrer Mutter Hedwig Pringsheim und ihren Brüdern Erik, Peter, Heinz sowie Zwillingsbruder Klaus (im Sand sitzend), ca. 1891

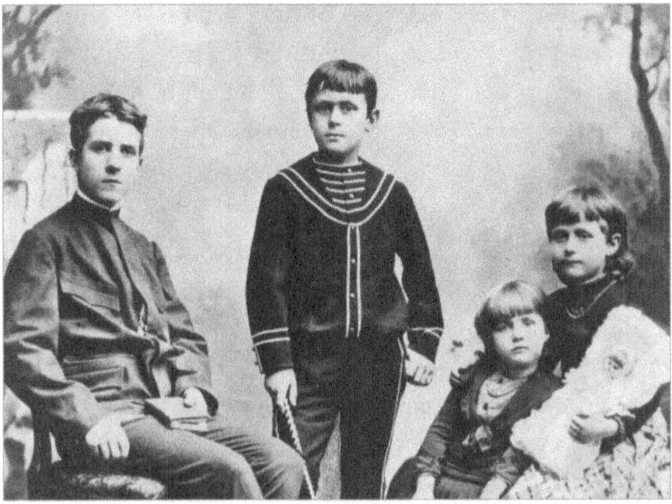

Thomas Mann ca. 1885 mit seinen Geschwistern Heinrich (links), Carla und Julia Mann

Gymnasiasten muss zweierlei fasziniert haben: die Androgynität und die »morgenländische« Schönheit. Wenig wahrscheinlich ist, dass er als Schüler schon wusste, um welche Kinder es sich handelte. Vielleicht ahnte er beim Kennenlernen, dass er sie eigentlich schon einmal gesehen hatte. Solch ein singuläres Mädchen unter vier Brüdern stellte sich Thomas Mann als erstrebenswertes Ziel vor, als er seine Zukunft nach seinem ersten Bestseller imaginierte. Er ahnte auch mehr als er wusste, dass Katia eigentlich lieber ein Bub hätte sein wollen ... Das war, wenn man drei ältere Brüder und einen Zwillingsbruder hat, ein fast naturgemäßes Wünschen – hatte aber natürlich Konsequenzen für sie selbst und später ihre Kinder, natürlich speziell für ihre Töchter und ihre Einstellung zu diesen.

Und dann hatte Thomas Mann diese Prinzessin in der Straßenbahn wiedergesehen, als sie auf dem Weg zur Universität war, wo sie Mathematikvorlesungen besuchte. Unbeeindruckt vom Schaffner, der sie beschimpfte, weil sie ihm nicht den soeben weggeworfenen Fahrschein beim Aussteigen zeigen konnte. Sie wurde von dem wütenden Mann als »Furie« beschimpft, ging aber souverän ihrer Wege. Thomas Mann war erneut fasziniert.

Katia hatte zwar damals noch kein reguläres Gymnasium besuchen können wie ihre Brüder, weil das außer in Baden deutschlandweit nicht möglich war, sie vermisste gymnasiale Bildung dennoch keineswegs, da sie unter der Woche einige Privatstunden durch Gymnasiallehrer erhielt. Und sie hatte als erste Frau, zwar als Externe, aber doch regulär, in München ein Abitur abgelegt und auf Anfrage eine Studienzulassung erhalten. Entsprechend würde sie auch ihr Mathematikstudium glanzvoll absolvieren. All das imponierte Thomas Mann, der sie als Ausnahmeerscheinung begriff: zart und durchsetzungsstark zugleich, herb und doch mädchenhaft.

Er musste sie »offiziell« kennenlernen, um sich ihr anzunähern, so war es damals in den bürgerlichen Kreisen unumgänglich. Er versuchte sich also eine Einladung in das Haus Pringsheim zu verschaffen, was auch gelang durch Vermittlung eines anderen Ehepaars, der Bernsteins, die ihn zunächst mit den Pringsheims zu sich baten: Es folgte die ersehnte Einladung. Im Brief an seinen Bruder Heinrich vom 27. Februar 1904 schreibt er: »Eines Tages fand ich mich in dem italienischen Renaissance-Salon mit den Gobelins, den Lenbachs, der Thürumrahmung aus giallo antico und nahm die Einladung zum großen Hausball entgegen ...« Er glaubte danach, sich nicht schlecht gehalten zu haben und »ein gewisses fürstliches Talent zum Repräsentiren«[4] zu besitzen, wenn er frisch sei.

Die Pringsheims bewohnten eines der schönsten und mit den erlesensten Kunstgegenständen, etwa historischen Majoliken, ausgestattetes Palais von München: Das Neorenaissance-Gebäude in der Arcisstraße Nr. 12 (»Arcissi« im Familienduktus) in der Maxvorstadt Münchens, das Alfred Pringsheim 1889 hatte errichten lassen, muss ein Juwel gewesen sein.[5] Die Gastfreundlichkeit dort war sprichwörtlich. Hedwig Pringsheim, Katias schöne, elegante Mutter, eine ehemalige Schauspielerin, war von Großzügigkeit allen Menschen gegenüber geprägt, die ihr als umfassend kulturell interessierter Frau etwas zu bieten vermochten. Sie war die am meisten geliebte Tochter von Ernst Dohm, dem Gründer des *Kladderadatsch*, und Hedwig Dohm, der Frauenrechtlerin, die in Berlin damals ebenfalls ein großes Haus am Wannsee führten.

Die Familie Pringsheim war jüdischer Herkunft, aber seit Längerem mit dem Judentum nicht mehr befasst. Alfred Pringsheim, Katias Vater, der von seinem Vater einigen Reichtum ererbt hatte (Eisenbahnen und Kohlengruben), war als Mathematiker Agnostiker, in Lebensläufen hatte er sich zunächst als der mosaischen Religion zugehörig, später als konfessionslos bezeichnet.[6] Und Kirchenbesuche spielten auch für Katias Mutter Hedwig Pringsheim, deren Familie schon lange konvertiert war, keine Rolle. Ihre fünf Kinder hatten Pringsheims wie viele assimilierte jüdische Familien evangelisch taufen lassen, und sehr lange wussten die Kinder nichts von ihrer jüdischen Herkunft.

Weder ihre Mutter Hedwig noch Katia selbst haben sich je als jüdisch bezeichnet: Im Gegenteil, dass sie das sein sollte, hat Katia entrüstet abgelehnt. Die jüngste Tochter Elisabeth wurde als alte Frau von Heinrich Breloer zur Frage des »Jüdischseins« von Katia Mann befragt und antwortete, die Mutter sei »immer vollkommen rasend« geworden und habe »heftig ausgerufen: Unsinn!«[7]

Auch Katia, die nach den Nürnberger Rassegesetzen Jüdin war, nach denen ihrer Familie natürlich nicht, und Thomas Mann sollten alle Kinder evangelisch taufen lassen, von ausgesuchten Pfarrern. Dies geschah jeweils im eigenen Haus. Für den Taufakt wurde die alte Schale aus Thomas Manns Familienbesitz benutzt.

Eingeladen ins Haus der Pringsheims, begriff Thomas Mann rasch: Katia wurde nicht nur von der Mutter geliebt, sondern auch vom Vater, der zudem ihre Intelligenz und rasche Auffassungsgabe erkannt und sie zum Mathematikstudium inspiriert hatte. Aber wie kam Thomas Mann bei den Pringsheims an?

Die literaturbegeisterte Mutter war von ihm ebenso

eingenommen wie Katias Zwillingsbruder Klaus. Der Vater jedoch war nicht für diese Beziehung, denn weder über Kunst noch über Mathematik konnte er sich mit dem Lübecker unterhalten. Lediglich die Leidenschaft für Richard Wagners Musik teilten die beiden Herren.

Katia war zu einer allseits gebildeten, sportlichen jungen Frau erzogen worden, die Fahrrad fuhr, Tennis spielte und schwamm. Und die sich nie den Mund verbieten ließ. Elisabeth sprach später aus, was Thomas Mann erlebte: »Ja, sie war eine Prinzessin ... Sie hat mit mir Lateinisch und Griechisch gemacht, sie hat meine Aufsätze geschrieben. Und sie war hochgebildet und hochintelligent, eine der intelligentesten Frauen, auch menschlich intelligent, die mir je begegnet sind.«[8]

Und so warb Thomas Mann zwischen Februar 1904 und Anfang 1905 um Katia Pringsheim, die sich eigentlich zu Hause, an der Universität und beim Tennisspielen noch sehr wohlfühlte und sich keine so frühe Heirat wünschte. Doch weil Thomas Mann anhaltend, mit für ihn ungewöhnlichem Furor und mit so schönen Briefen um sie warb (»... und für seine Verhältnisse waren die Briefe, die er mir im Sommer 1904 schrieb, als wir durch die Krankheit meines Vaters und eine Sommerreise an die Ostsee monatelang getrennt waren, sehr leidenschaftlich«[9]), war sie schließlich geneigt, seinen Antrag anzunehmen: die Pringsheims und die Manns – letztlich gab es keine Einwände mehr gegen die Heirat. In sozialer Hinsicht war es eine vergleichbare Situation, allerdings waren die Pringsheims sehr reich, Thomas Mann damals höchstens gerade auskömmlich durch seine Bucheinnahmen versorgt. Das Paar war denn auch in den Jahren bis zum Nobelpreis 1929 noch auf die Unterstützung durch Katias

Eltern angewiesen, da es bei »feinen« Leuten damals ja nie ohne die entsprechenden Dienstboten abging.

Bei ihrer eigenen Entscheidung musste Katia einiges bedenken: Der erfolgreiche Schriftsteller hatte nicht nur jahrzehntelang gewaltig zu repräsentieren, sondern vor allem ebenso jahrzehntelang wie ein – Pardon! – Buchhalter täglich sein Pensum zu »liefern«. Das war seine von sich selbst geforderte und gelieferte Disziplin, kein anderer forderte sie von ihm. Zwei Hauptaufgaben, von denen mindestens die eine, das Repräsentieren, möglich zu machen auf den Schultern von Ehefrau Katia ruhen würde.

Man darf sich den Erfolg bei Kritik und Publikum des 1901 erschienenen Romans *Buddenbrooks: Verfall einer Familie* nicht groß genug denken: Samuel Fischer, Thomas Manns Verleger, hatte auf dieses Buch gesetzt und das Glückslos damit gezogen, denn es wurde sehr bald in alle nur denkbaren Sprachen übersetzt und erlebte zahllose Auflagen. Thomas Mann seinerseits zog mit dieser Frau das Glückslos, denn seine kluge Katia verhandelte später die Tantiemen nach, wie sie jede praktische Tätigkeit klug und klaglos übernahm, und Fischer veröffentlichte ab sofort auch jede Novelle von Thomas Mann in Einzelausgaben, so 1913 *Der Tod in Venedig*, von der Kritik mit Begeisterung aufgenommen. Der Schriftsteller hatte jetzt *carte blanche* bei seinem Verlag.

Katia hatte sofort verstanden, dass sie ihrem Schriftstellermann und Bestsellerautor die denkbar besten Arbeitsbedingungen gewährleisten musste. Das bedeutete für sie: Sie durfte nicht weiter studieren. Außerdem bedeutete es, dass sie das Hauswesen (bislang vollkommen uninteressant für sie!) von der Pike auf von ihrer Mutter lernen musste. Katia musste die Hausarbeit – außer gelegentlich

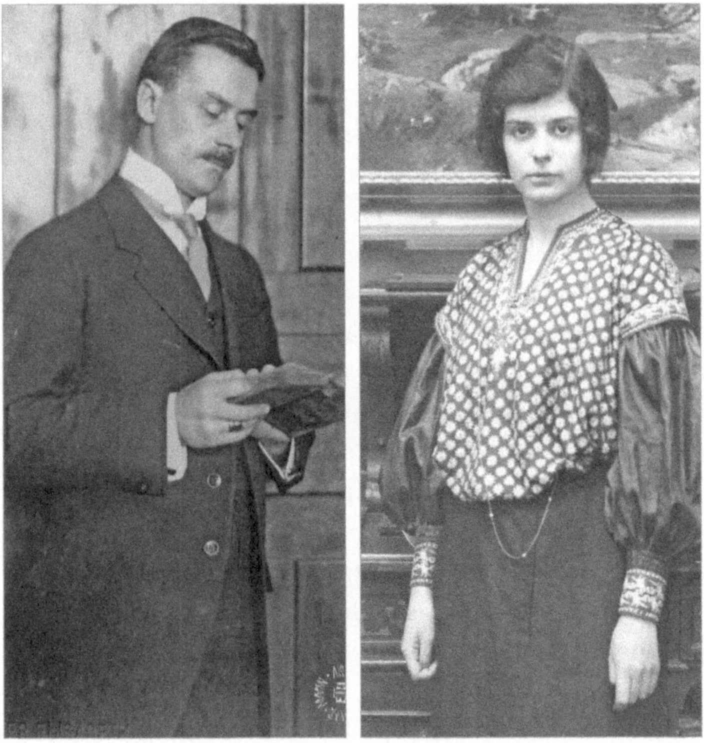

*»… für seine Verhältnisse waren die Briefe,
die er mir schrieb … sehr leidenschaftlich …«
Das junge Ehepaar Thomas und Katia Mann 1906*

zu kochen – zwar nie selbst leisten, diese aber planen, einteilen, kontrollieren. Sie war auf zahlreiche häusliche Hilfskräfte angewiesen. Und diese verlässlich zu gewinnen war kein einfaches Geschäft, sie mussten eben auch in die »Familienatmosphäre« passen.

Doch zusätzlich brauchte Thomas Mann seine Katia auch als Sekretärin und Gesprächspartnerin: Sie tippte und korrigierte seine Texte nach seinen Angaben, sie hörte sie als Erste, von ihm vorgelesen, sie erledigte seine Korrespondenz – kein Wunder, dass sie oft überfordert war und daher häufig drei- bis sechsmonatige Erholungsurlaube in der Schweiz absolvierte. Die Kinder waren dann den unterschiedlichen Haushaltshilfen, Dienstmädchen, Kinderfräuleins, Köchinnen und den Großeltern anvertraut.

Im Rückblick charakterisierte Erika, die die Spottlust, die Freude am scharfen Witz und Wortspiel von ihrer Mutter geerbt hatte, die Ehe ihrer Eltern: »Sie sprach sehr komisch, und es hat zweifellos die beiden zusammengeführt auch, dass sie beide diese Sprechweise irgendwie von Natur hatten. Sie waren einander ähnlich in dieser Art von Humor und in dieser Art, man würde heute sagen: hochgestochenen Art zu sprechen.«[10] Und die jüngste Tochter Elisabeth hat die Ehe ihrer Eltern so beschrieben: »Es war eigentlich eine Ideal-Ehe. Und sie haben sich so schön ergänzt. Und dann am Mittagstisch: Mein Vater aß gern das helle Fleisch und meine Mutter das dunkle, wenn es ein Huhn gab. Oder wenn es einen Rindsbraten gab, er hatte gern das mehr durchgebratene, und meine Mutter hatte gern das Rohere. Sie haben sich wunderbar ergänzt.«[11]

Blick in die Kinderstube

Genau ein Jahr nach Thomas Manns Antrittsbesuch fand die Hochzeit in der Arcisstraße statt, am 5. Februar 1905. Am 9. November wurde das erste Kind geboren, Erika genannt, nach Katias ältestem Bruder, Erik. Beide Eltern hatten sich einen Jungen gewünscht, was Thomas Mann auch anlässlich eines Besuchs gemeinsam mit der schwangeren Katia bei deren Großmutter Hedwig Dohm in Berlin geäußert hatte: »Sie fragte ihn: Na, Tommy, was wünschst du dir nun, Junge oder Mädchen? Da sagte er: natürlich einen Jungen. Ein Mädchen ist doch nichts Ernsthaftes. Das war schlimm. Aber trotzdem vertrugen sie sich dann sehr gut.«[12]

Aber auch Katia war zunächst unzufrieden mit der Geburt einer Tochter: »Ich war sehr verärgert. Ich war immer verärgert, wenn ich ein Mädchen bekam, warum, weiß ich nicht. Wir hatten ja im ganzen drei Buben und drei Mädchen, dadurch war Gleichgewicht. Wenn es vier Mädchen und zwei Buben gewesen wären, wäre ich außer mich geraten. Aber so ging's.« Und: »Mein Mann war viel mehr für die Mädchen. Obgleich er ein Mädchen für nichts Ernsthaftes hielt, war Erika immer sein Liebling; und dann die Jüngste, Elisabeth. Die beiden Mädchen hatte er bei weitem am liebsten; sie standen ihm entschieden näher als die Söhne.«[13]

Mit keinem Wort wird das dritte (oder mittlere) Mädchen an dieser oder an einer anderen Stelle in Katias Erinnerungsbuch erwähnt: Monika, 1910 geboren. Wenngleich es darin streng genommen eher um ihre Beziehung zu Thomas Mann geht und die Atmosphäre im Künstlerhaushalt, die Emigration und ihre Aufgaben als Ehefrau eines Großdichters, das inspirierende Umfeld, so fällt diese Auslassung auf und deutet auf ein ungerechtes Hintansetzen dieser Tochter hin. Und wirklich: Wie der Herausgeber des Erinnerungsbuchs seiner Mutter, Michael, der Jüngste, und wie lange Zeit der spätere Historiker Golo war insbesondere Monika weniger bis ungeliebt. Ja, sie war zuweilen ein Dorn im Auge ihrer Eltern, für Thomas Mann verkörperte sie wahrscheinlich eine Eigenschaft, die er bei seiner Mutter schon verachtet hatte, ihre Lebensfreude, die er als »Leichtfertigkeit« kennzeichnete, eine nicht mit sich selbst streng umgehende Art.[14] Je älter alle wurden, Eltern wie Kinder, umso mehr wurde Monika zur Außenseiterin.

Erikas Geburt am 9. November 1905 dauerte lange und war sehr schwer. Thomas Mann war sich der Tatsache bewusst, dass seine zarte Frau während zweier Tage sehr gelitten hatte.

Katia stillte Erika. Thomas Mann war dankbar für ein gesundes Kind. Seinem Bruder schrieb er im Dezember von seiner Arbeitslust und seinem Glück, wenn er morgens das Kind schreien hörte.[15] Er sollte seine Entwicklung begleiten und Erika mit ihrem früh erwachenden Humor, ihrer Fähigkeit, andere Menschen und Dialekte nachzuahmen, schätzen, ihre praktische Intelligenz ebenfalls, ihr androgynes Äußeres, das sie mit der Mutter in jungen Jahren teilte, ebenso wie ihre Unerschrockenheit und Zivilcourage. Und schließlich sollte er begreifen, dass keines seiner Kinder ihn so bewunderte wie dieses erste, das alles, was er sagte, aufsaugte und sich zu eigen machte, amalgamierte und damit in der Lage war, etliche Jahre später so zu sprechen und fast zu schreiben wie er selbst.

Es wäre banal, von ungelösten ödipalen Konflikten zu sprechen in diesem Falle, aber die Gedanken daran drängen sich unweigerlich auf. Erika Manns weiterer Lebensweg, ihre Kinderlosigkeit, ihr Schwanken zwischen Männern und Frauen an ihrer Seite, letztlich ihre Bindungsunfähigkeit und der verdrängte Kinderwunsch sind Indizien für eine solche These.

Thomas Mann jedenfalls war vom Charme der kleinen Tochter in Bann gezogen, er trug die Zweijährige, die sich beim Sprechenlernen erst einmal »Etika« nannte, auf dem Arm, zeigte ihr seine Bücher und erklärte pädagogisch kindgemäß: »Das ist das grüne Buch, und das ist das rote Buch«, und Erika erinnerte sich, dass sie wiederholen musste: grünes Buch – rotes Buch.[16] Schon dem Kleinkind wurde so die Möglichkeit gegeben, sich in die sonst streng abgeschirmte Arbeitsumgebung des Vaters einzufühlen.

Ein Jahr später: Die Geburt von Klaus Thomas am 18. November 1906, so schreibt Großmutter Hedwig, war eine »normale« Entbindung. In sechs Stunden war alles vorüber. Damit die Mutter mehr Zeit für den Neuankömmling hatte, wurde die kleine Erika in der Arcisstraße untergebracht, wo Erikas Großmutter am 27. November notierte: »Immer dreimal täglich Erika.«[17] Also sah die Großmutter das Kleinkind dreimal täglich, ansonsten war es den Hausangestellten anvertraut: ein normales Handhaben der Kinderbetreuung in großbürgerlichen Häusern. Am 22. Dezember wurde Erika, wohl weil Weihnachten vor der Tür stand, wieder ins Elternhaus geholt, am 23. Dezember tauchte die Wöchnerin Katia gemeinsam mit ihrem Ehemann wieder in Hedwigs Salon zum Tee auf – ohne Erika und Klaus –, ebenso an Heiligabend, den die Manns bei Pringsheims verbrachten. Am 25. Dezember fand das traditionelle Familienessen in der »Arcissi« statt: Da wurden die beiden Kinder erstmals gemeinsam mitgebracht.

Erika und Klaus wurden früh unzertrennlich, und sie wurden es für lange Zeit für Thomas Mann, der sich vor allem auch am Äußeren der beiden Kinder erfreute, der überschlanken Erika mit den dunklen Augen ihrer Mutter und Klaus, der des Vaters blaue Augen geerbt hatte. Das Pärchen bildete früh eine Einheit, für Erika war ihr »Aissi«, wie sie Klaus nannte, so etwas wie ein ihr zugehöriges Wesen. Und für Klaus wurden Schwester und Mutter die beiden einzigen Ankerfiguren im Leben.

1907 im Sommerurlaub in Seeshaupt erkannte Thomas Mann, wie wenig Katia geistig ausgelastet war – ihre Rolle als Mutter fiel ihr trotz Hausangestellten nicht eben leicht, das Leben der Studentin, umgeben von blitzgescheiten Menschen, das Versunkensein in die Mathematik fehlten ihr. Thomas Mann wollte Abhilfe schaffen: Katia sollte im Winter wieder an der Universität Kollegien hören. Sie besuchte zudem, wann immer machbar, zum Tee den von zahlreichen kultivierten und berühmten Besuchern frequentierten Salon ihrer Mutter, zunächst ohne die Kinder, dann auch zunehmend mit einem – Erika nämlich, die sich wohl am besten benahm und für ihre nachahmenden Fähigkeiten schon früh den Applaus der Umgebung einheimste. Hedwig Pringsheim fremdelte zwar zunächst mit beiden Enkeln, besonders mit dem Windeln nässenden Klaus, fand aber Erika immerhin »pikant, amüsant, drollig«, wenn auch, wie Hedwig ehrlich notierte: »Bis jetzt nicht hübsch.«[18] Wer alle Abwesenheiten Katias vom

Kinderhaushalt ermöglichte, waren die meist von Hedwig Pringsheim eingestellten Kindermädchen und andere Hilfen im Hause Mann. »Tommy« blieb unbehelligt. Er musste ja schreiben.

Katia sollte bald einen einheitlichen Stil für die Kinder kreieren: Alle trugen Pagenkopf, alle bestickte Russenkittel aus den Münchner Werkstätten, die Jungen rote und die Mädchen blaue, damit die Betrachter möglichst verwirrt hinsichtlich der Geschlechter der Kinder waren. Und das funktionierte derart gut, so berichtete Klaus Mann, dass Erwachsene später die vier Kinder als »kleine Sensation« anschauten, wenn sie mit dem Kinderfräulein spazieren gingen. Einmal habe eine Dame Erika als Jungen angesprochen und eine Lachsalve von den Geschwistern geerntet. Dass die Dame »apart« zu den Kindern gesagt hatte und ihr Äußeres meinte, verstanden sie noch nicht. Das Kinderfräulein musste Aufschluss liefern und nannte die Haarschnitte und die künstlerische Aufmachung als Grund. Die Kinder selbst fanden ihren Aufzug normal und verstanden nicht, warum die »Gassenkinder« sie verhöhnten.[19] Sie lernten also früh, sich selbstbewusst als anders zu sehen und abzusondern.

Dass die Mann-Kinder in einer anderen Sphäre lebten als die meisten Menschen, die sie in der Außenwelt trafen, war jedoch eine Realität. Und diese andere Welt von Thomas und Katia Mann sollte, wie es auch gewollt war, ganz entscheidenden Einfluss auf die meisten ihrer Kinder nehmen.

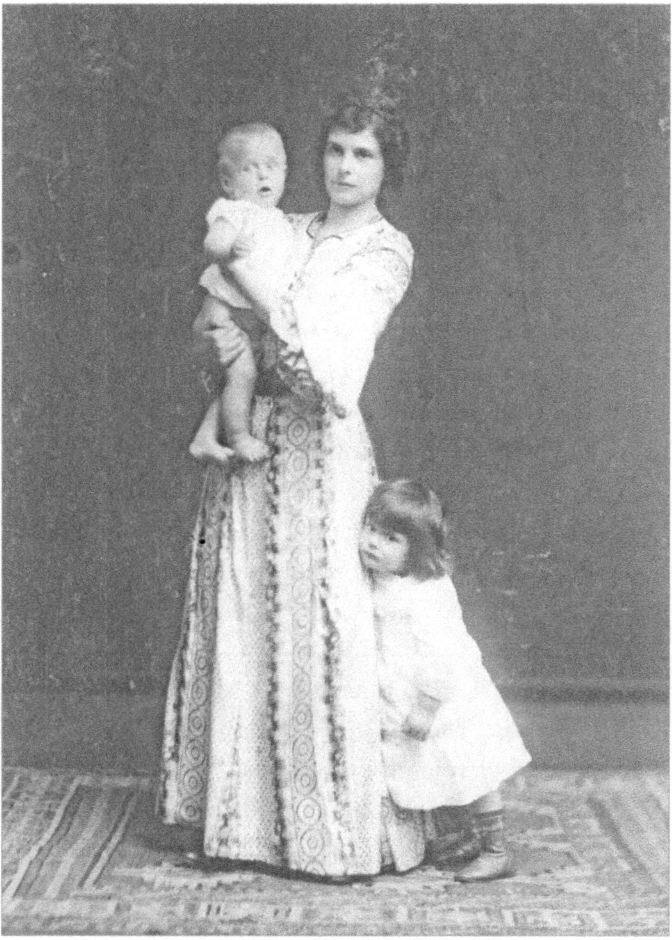

»Tommy« blieb unbehelligt –
Katia Mann mit Klaus und Erika, 1907

Die Atmosphäre des Hauses

Bei der Beurteilung der Frage, ob die Kinder eine strenge Erziehung erhielten, muss man verschiedene Stadien ihres Lebens unterscheiden: In der frühen Kindheit noch in der Kaiserzeit, als immer Kinderfrauen mit im Hause lebten, war die Erziehung gewiss strenger, konventionell. Die Manns repräsentierten in einem großbürgerlichen und gleichzeitig künstlerischen Rahmen. Die Kinder wurden bürgerlich erzogen, wenngleich Katia das als liberal bezeichnete, vor allem lernten sie sehr früh, dass es interessante und weniger interessante Themen gab, und begriffen rasch, über wen sich die Eltern ironisch ausließen und wer wirklich ernst zu nehmen war. Golo Mann schilderte die Erziehung als teils frei, teils unterdrückt, jedenfalls wurde grundsätzlich alles den väterlichen Bedürfnissen unterworfen.

Besuchsweise tauchten auch teils sehr geliebte Künstlerfreunde von Thomas und Katia Mann auf: Jakob Wassermann, Hermann Hesse, René Schickele, Thomas' Bruder Heinrich, Bruno Frank und der Dirigent Bruno Walter waren oft zu Gast. Die Kinder waren es gewohnt, dass künstlerische Fragen behandelt wurden, dass man auf dem Grammofon vom Vater aufgelegte Musik hörte und darüber sprach, dass er aus eben entstehenden Werken vorlas, die dann nach Erscheinen alle berühmt wurden und sich meist sehr gut verkauften. Sie begriffen, dass Literatur etwas einen Menschen Bannendes und ein Metier sein konnte. Sie lernten die Liebe ihres Vaters zur Musik

Richard Wagners kennen. Sie lernten den speziellen Humor der Eltern kennen. Das alles und vieles mehr ist es, was Katia Mann als »Atmosphäre des Hauses« bezeichnete. Und Monika hat diese Atmosphäre in ihrem Erinnerungsbuch dargestellt: »Zugleich mit jener Weltoffenheit hatte das elterliche Haus eine große innere Abgeschlossenheit. Die starke und verhaltene Persönlichkeit meines Vaters und das dynamische Gegenspiel meiner Mutter bildeten eine atmosphärische Macht und Einheit, gegen die das fremde Leben verblasste. Der Trupp Geschwister, Freunde, Mägde und Tiere tat ein übriges, jene Macht auszubreiten und zu festigen. Ja, ich bin in einer sehr starken häuslichen Atmosphäre aufgewachsen, und ihr Schwingen und Klingen ist laut in meiner Erinnerung.«[20]

Monikas Beschreibung der gemütlichen kleinen Stunde am Sonntagmorgen gemeinsam mit Schwester Erika im Bett der Mutter, die damals noch zwei schwarze Zöpfe trug, vermittelt sehr schön diese Atmosphäre, und die Beschreibung des Chaos in Katias Zimmer ist Spiegel ihrer unendlich vielfältigen Tätigkeiten im Dienste ihrer wachsenden Familie: »Auf dem Toilettentisch mit dem dreiteiligen Spiegel flatterten zwischen den geschliffenen Flakons und Kristall- und Silberdosen die womöglich schon bezahlten Kohlen- und Milchrechnungen, auf der grüngraugerippten Samtchaiselongue lag ein Haufen roter Häkelwolle, ein Band Maupassant, Zola und Josef Ponten, die Kommode nickte unter der bunten Last von Briefen, Manuskripten, einem riesigen Nähbeutel aus lila Wildleder, unzähligen Familienphotographien, Schlüsseln, einem großen atlasbezogenen Nadelkissen, in dem hübsche alte Broschen steckten, einer Vase mit Rosen, Telephonlisten und Speisezetteln, Weihnachtsgaben, von Kinderhand gefertigt; der graziöse Schreibtisch bog sich unter zwei Schreibmaschinen, Lateinbüchern meiner Brüder, russischen Lexikons [sic!] und Schachteln von Extrabitter Katzenzungen.«[21]

Monika Mann beschreibt das mütterliche Schlafzimmer als das Herz des Hauses, in das auch die Dienstboten, die Handwerker oder der Schneider Zutritt erhielten. Selbst die Freunde der Kinder wurden fraglos in das Schlafzimmer geführt, und Katia telefonierte von dort. Hier hatte sie auch die Möglichkeit, in seltenen Ausnahmefällen, denn ihr Mann wollte beim Schreiben und Lesen im Prinzip nicht gestört werden, den Apparat auf »Arbeitszimmer« umstellen zu lassen.

Thomas Mann verdiente zwar mit seinem Großerfolg *Buddenbrooks* sehr gut – es folgten immer neue Auflagen im Verlag von Samuel Fischer in Berlin, und es folgten ausländische Ausgaben –, sodass er aus den Tantiemen ein Sommerhaus in Bad Tölz finanzieren konnte, doch wurde Katia daneben immer weiter auskömmlich durch ihre Eltern apanagiert. Mit jedem neuen Kind wuchs der Betrag an, den sie regelmäßig erhielt. Bereits die erste Münchner Wohnung in der Franz-Joseph-Straße 2 hatte ihr Vater außerdem dem jungen Paar während dessen Hochzeitsreise eingerichtet. Mit der Geburt der »beiden Mittleren«, Golo und Monika, sollte diese Wohnung ab 1910 zu klein werden, und ein Umzug in die feine Herzogpark-Gegend, in die Mauerkircherstraße, war notwendig.

Die Kinder sollten materiell außer während des Ersten Weltkrieges, als für alle Menschen die Ernährungslage sehr schwierig war, nie Entbehrungen erleiden – aber viel Zeit verbrachte Katia Mann in ihren ersten Lebensjahren nicht mit ihnen. Das ist einerseits ein Zeitphänomen, denn noch gab es das standesgemäß übliche Dienstpersonal, andererseits aber auch Programm: Sie war Frau Thomas Mann, die Dichtergattin. Sie hatte daher Aufgaben, die sich um die Arbeit ihres Mannes und seine Repräsentation rankten. Noch weniger Zeit verbrachten die Kinder mit dem Vater. Auch das war durchaus zeittypisch.

Die Eltern behielten ihr Leben als Paar bei, auch nach der Geburt der Kinder: Eindrücke von außen, Abstand vom Alltag auf Reisen, kein Kindergeschrei – beiden Partnern war das notwendig, und es wurde familiär unterstützt. Thomas und Katia Mann traten schon Ende April 1907 eine Reise nach Venedig an – die beiden Kleinkinder, Klaus kaum entwöhnt, wurden samt Kinderfrau Anna in die Arcisstraße übersiedelt. Die Großmutter vergnügte sich mit »Etika« gelegentlich im Garten. Ihr gewöhnlicher Tagesablauf, von zahlreichen Aktivitäten und Korrespondenzen sowie Besuchen geprägt, blieb völlig unverändert. Am 18. Mai zogen die Kinder wieder zu ihren heimgekehrten Eltern. Im September dann gab Hedwig Pringsheim folgendes Urteil ab anlässlich eines Besuchs: »Erika allerliebst, ›Aißi‹ blühend und sehr freundlich u. hübsch. Die Eltern unverändert mickerig.«[22] Sie nahm kein Blatt vor den Mund.

Ende Oktober 1909, inzwischen hatten die Manns seit dem 27. März ein drittes Kind, Angelus Gottfried Thomas, genannt Golo, trieb es die Eltern erneut nach Italien, die Kinder wieder »meinem Schutz zurücklassend«, schreibt Hedwig Pringsheim. Mitte Dezember waren die Manns zurück. Im Münchner Alltag war Katia oft bei der Mutter oder erledigte mit ihr »Kommissionen«, also Einkäufe, man war bei der Schneiderin, machte Spaziergänge. Umgekehrt besuchte Hedwig Katia häufig – sie vertrauten

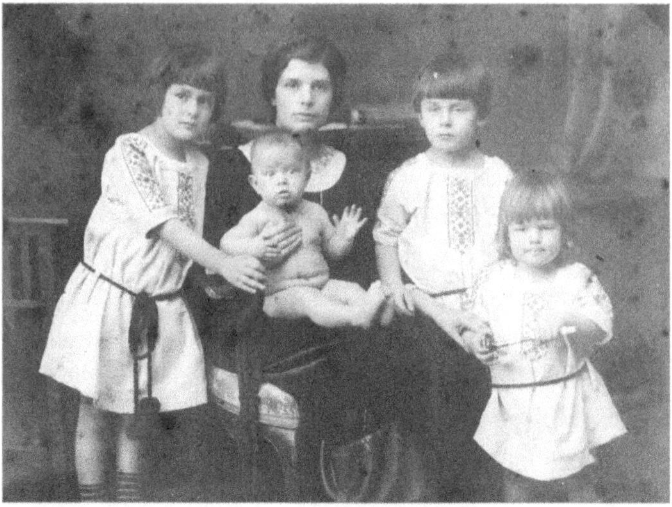

»7 ½ Pfund schwer und nicht auffallend hässlich« – Monika 1910 auf dem Schoß ihrer Mutter Katia Mann, links Erika, rechts Klaus und Golo

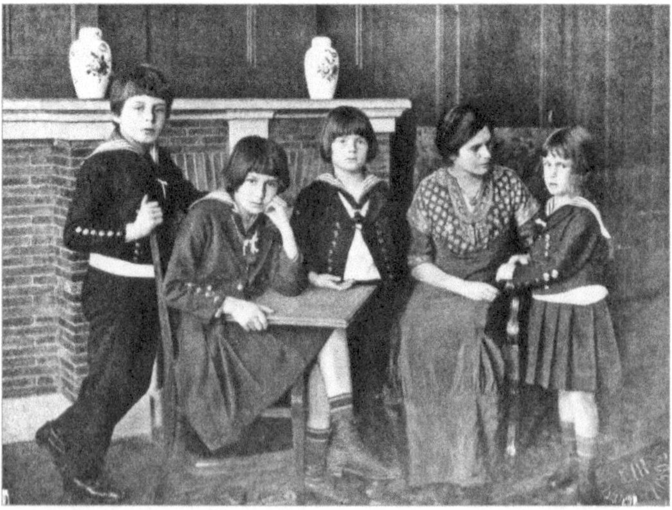

»... das Wesentliche ist die Atmosphäre eines Hauses.« Katia Mann ca. 1914 mit Klaus, Erika, Golo und Monika

einander, sprachen sich aus, denn Katia war verständlicherweise jahrelang oft geistig stark unter-, körperlich jedoch überfordert. Einen maximalen Bruch mit ihrer »Prinzessinnenexistenz« erlebt zu haben, auch, dass ihr Mann nur schreiben konnte, wenn die Familie sich während vieler Stunden des Tages mucksmäuschenstill verhielt, zu sehen, wie glücklich ihr Mann war, wenn er sein Pensum erledigt hatte, wie unglücklich aber, wenn nicht – das setzte die junge Mutter unter gewaltigen Druck und erforderte schon früh von ihr, regelrecht zwischen dem Partner und den Kindern zu balancieren. Und letztlich entschied sie sich trotz aller Fürsorge für die Kinder immer für Thomas Mann, ihr »Reh«, wie sie ihn liebevoll nannte.

Im April 1910, in Katias Schwangerschaft mit Monika, erfuhr Hedwig Pringsheim bei der eigenen Rückkehr aus Italien, Katia sei an Mumps erkrankt, auch »Etika« habe sich mit Fieber einen Tag später ins Bett gelegt – doch endlich ging es Ende April aufwärts. Die Geburt Monikas war für Anfang Juni vorgesehen, der Geburtstag von Thomas Mann am 6. Juni verstrich jedoch, ohne dass das Kind eintraf – aber die drei Größeren wurden schon mal in der »Arcissi« einquartiert, bevor der Gynäkologe am 7. Juni die Geburt einleiten sollte. Monika setzte sich aber doch noch selbstständig in Bewegung und wurde am Morgen des 7. Juni geboren. »Monika«, schreibt Hedwig Pringsheim, sei »7 ½ Pfund schwer u. nicht auffallend hässlich«[23]. Später notierte Hedwig Ärger mit dem Kindermädchen, woraufhin sie die Angestellte ihrer Tochter entließ und tags drauf ein neues Mädchen für Katia einstellte. Das scheint auch nicht auf Kritik gestoßen zu sein – die Großfamilie hatte vergleichbare Werte, darf geschlossen werden.

Leider sind Katia Manns eigene Aufzeichnungen über die meisten der Kinder nicht mehr erhalten, lediglich das Golo- und das Monika-Büchlein, letzteres überschrieben »Pucki«, die nachweisen, wie die Mutter auch diesen Kindern anfänglich mit Liebe und Aufmerksamkeit entgegentrat, wie sie all ihre Fortschritte notierte und die Eigenheiten zur Kenntnis nahm: »Mit Moni kann Golo sehr niedlich spielen. Oft umfassen sich die beiden und tanzen vor Vergnügen miteinander herum.« Moni habe auf die Frage, wie sie heiße, geantwortet: »Moni, Kind, Puppe und Liebling.«[24] Mit drei Jahren hatte Monika eine lange Lockenfrisur, aber Thomas Mann fand daran keinen Gefallen, sie wirkte vielleicht zu feminin, zu wenig »ernsthaft«? Katia Mann notierte im Tagebuch, ihr Mann habe immer wieder zu Monika gesagt: »Moni, deine Frisur ist lächerlich«, sodass sie dann, wenn man sie fragte, wie ihre Frisur sei, stolz antwortete: »Lächerlich.«[25] Auch viele Jahre später einmal ließ Thomas Mann im Brief an Erika die »Pudelmoni«[26] grüßen. Doch Monika stand zu ihren schönen Haaren, behielt sie immer in gewisser Länge und aufwendig frisiert bei. Aber hier ist man schon bei den letztlich rational nicht erklärbaren Ressentiments des Vaters gegen diese Tochter, der man im Alter von drei Jahren noch zugestand, dass sie sich bei Großvater Alfred Pringsheim auf den Schoß setzte und dass sie auch Katias Zwillingsbruder Klaus sehr gern hatte und ihm das zeigte. Später fand Katia es mehr als unangemessen, dass Monika ihrem Großvater 1937 zum Geburtstag einen Brief schrieb, in dem sie ihn als ihr »schönstes Kindheitserlebnis« bezeichnete.[27]

Und nach anfänglichem Glück über das süße Mädchen schwenkte auch Katia auf die Schiene der permanenten

Kritik an Monika ein. Karin Andert hat im Nachwort zu dem von ihr herausgegebenen Band von kürzeren Texten Monika Manns unter dem Titel *Das fahrende Haus*[28] plausibel dazu spekuliert, denn nirgendwo lassen sich »Argumente« für die Ablehnung fast aller Familienmitglieder – wie Monika meinte: abzüglich Klaus – ihrer Person festmachen: War es ihre weibliche Art, ihr »elfischer Überschwang«, ihre Lockenpracht, die sie im Kontext mit dem Vater immer wieder erwähnt und die sie nicht in einen androgynen Bubikopf umwandelte wie die übrigen Mann-Töchter? Ihre Stimme soll hoch und schrill gewesen sein. Das aufgezeichnete Interview von Gabriel Laub aus dem Jahre 1979 spricht dagegen.

Katia und Thomas Mann erlebten als junge Eltern trotz aller Haushalts- und Kinderhilfen oft, wie unbeherrschbar kindliches Temperament war: Hedwig Pringsheim notierte in ihrem Tagebuch öfter, dass Erika »drollig« gewesen sei, mit spürbarem Gefallen daran. Auch ihr musterhaftes Betragen, etwa anlässlich von Klaus' Taufe, wird lobend vermerkt. Am 20. März 1907 muss es aber wohl zum wiederholten Male recht unerfreulich bei den Manns zugegangen sein. Über Erika wird von Hedwig notiert, dass sie »wieder unentwegt brüllt«[29]. Hedwig hielt eigens fest, am 26. März 1907 sei »Etika« zum ersten Mal wieder »lieblich« bei einem Besuch gewesen. Wohlverhalten wurde positiv vermerkt und gewiss auch belohnt, schlechtes Verhalten nur verbal markiert. Hier scheint das Wort »bees« für böse seitens Katias eine wichtige Rolle gespielt zu haben, da sowohl Erika als auch Monika es oft in Anführungszeichen setzten, wenn sie (auch noch als Erwachsene) glaubten, sie selbst wären in den Augen der Mutter »bees« gewesen …

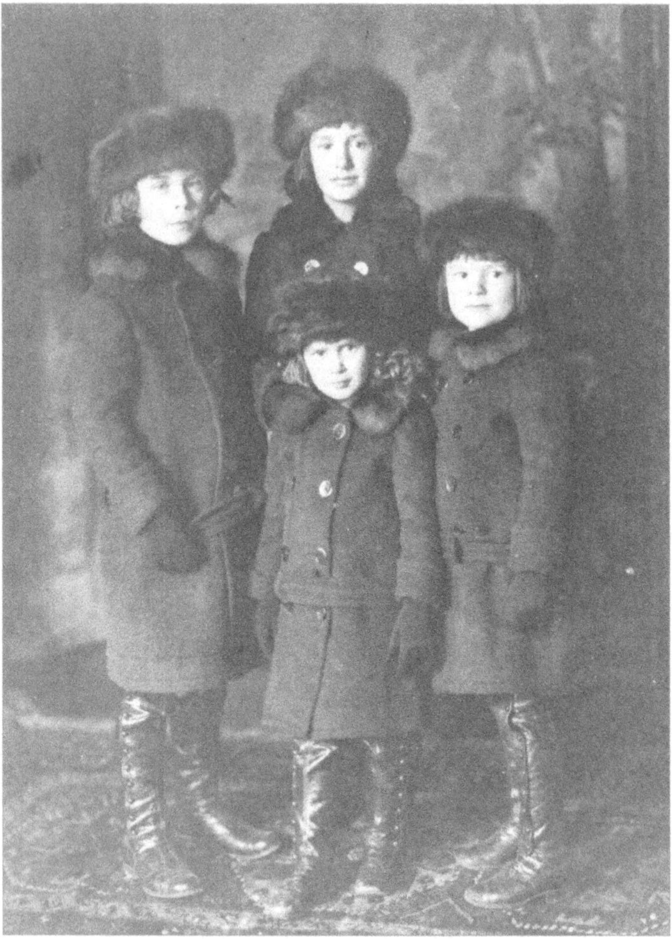

»... außerdem baut er darauf, daß wir im Grunde nicht unvernünftig sind.«
Die Geschwister Klaus, Erika, Monika und Golo Mann, ca. 1914

Hedwig Pringsheim schreibt auch, dass man den Geburtstag von Erika und Klaus immer zusammen gefeiert habe, der Einfachheit halber ... Und zwar am Geburtstag von Erika. Dieses Faktums gedenkt Klaus Mann nur mit einer Klammer in seiner Autobiografie *Der Wendepunkt*. War es ihm nicht so wichtig, einen eigenen Geburtstag zu feiern?

Aber auch die Liberalität der Eltern bestätigten Erika, Klaus, Golo und Monika in ihren Texten. Monika drückte es so aus: »Papas Liberalismus mochte uns zu spüren geben, daß in diesem Leben alles möglich, vielleicht alles entschuldbar sei, daß aber das persönliche Ich weitgehend für sich selber aufkommen müße, für alles verantwortlich sei und sich nicht wundern dürfe, wenn ihm Unrecht geschah.«[30] Die Eltern wollten den Kindern möglichst früh Privatsphäre gönnen, ebenso wie sie diese für sich selbst beanspruchten. Eigene Zimmer für alle Kinder waren daher außer in deren frühester Kindheit unabdingbar. Es war wichtig, sich den anderen Familienmitgliedern nicht mit launischem Verhalten zu präsentieren, sondern möglichst gut gelaunt an den Mahlzeiten oder sonstigen Aktivitäten der Familie teilzunehmen, wobei insbesondere die Vorlesestunden des Vaters aus seinen neuen Werken von allen geliebt wurden. Auch führte Thomas Mann zunächst seine beiden Ältesten an seine Lieblingsmusik heran, indem er sie ab 1918 zu Aufführungen von Richard Wagners Opern mitnahm.[31]

Und neben dem Greifbaren der realen Welt, so erfuhren es die Kinder von den Eltern, gab es das Reich der Fantasie – ja auch des Übersinnlichen, das ebenfalls toleriert wurde, jedenfalls vom Vater: Er sollte zu Beginn der 1920er-Jahre sogar über eine längere Zeit hinweg zweimal pro Woche an spiritistischen Sitzungen teilnehmen. Die Lebensaufgabe, so lernten die Kinder implizit, bestand darin, und das sollte auch die Atmosphäre des Hauses vermitteln, beide Sphären »hochanständig zu verbinden und verweben«[32], wie sich Monika erinnerte. Katia Mann, die Mathematikerin, die Realistin, war erstaunlicherweise tolerant genug, ihrem Mann seine esoterischen Spleens nicht auszureden, denn sie erklärte sich dieses Interesse vermutlich mit seinem Bedürfnis, die skurrilen Milieus, in denen die Sitzungen stattfanden, zu erleben, um sie irgendwann in seine Bücher einfließen zu lassen.

Es sollte die Atmosphäre des Elternhauses ausreichen, fanden Katia und Thomas Mann, um den Kindern klarzumachen, welches ihre Spielräume und welches die der Eltern waren. Katia äußerte selbst noch als alte Frau: »Ich habe auch immer gesagt: das Wesentliche ist die Atmosphäre eines Hauses. Das wirkt auf die Kinder. Und da wir, mein Mann und ich, uns nie zankten und eine ganz harmonische Atmosphäre herrschte, war es auch für die Kinder nicht ungünstig.«[33]

Letztlich haben das alle Kinder begriffen, sich aber je nach Naturell im Geheimen und im Außen ihre Fluchtburgen gesucht und gebaut – gegen die Atmosphäre konnten sie jedoch nicht an, wie Golo Mann es eindrücklich formulierte und damit zugleich ausschloss, was Katia als ihre eigentlichen Wünsche für einige der Kinder benannte, nämlich bürgerliche Berufe wie Arzt oder Ingenieur: »Ich würde sagen, es hätte eines kühnen und kräftigen Absprungs bedurft, ja vielleicht sogar eines gewissen Protestes gegen diese Atmosphäre ... Aber das fand bei uns eben nicht statt, nicht wahr?«[34]

Atmosphäre gab es also jede Menge und ebenfalls die

großen Allüren, schon beim Essen: Mit kupfernen Fingerschalen und Messerbänkchen bei den Hauptmahlzeiten tat man sich hervor, hatte sich jedes Kind zu messen und zu beweisen. Unmäßigkeit etwa Monikas und auch Elisabeths in der Pubertät wurde in den Tagebüchern von Hedwig Pringsheim gerügt, die anmerkte, dass Monika an einem Feiertag, weil sie sich tags zuvor überessen hatte, das Bett hüten musste, anstatt bei ihr mit allen übrigen Manns zu erscheinen. Solche kleinsten Verstöße wurden also registriert und auch wahrscheinlich zwischen Hedwig und Katia besprochen.

Klaus Mann hat gleichwohl noch einmal eher Verherrlichendes zur häuslichen Atmosphäre in *Bildnis des Vaters* geschrieben: »Die Atmosphäre des Hauses, die Luft von geistiger Verantwortlichkeit, die Diszipliniertheit, mit der hier gearbeitet wird, die Regelmäßigkeit des Lebens, die heitere Gelassenheit, der von Ironie und Anführungszeichen nie ganz freie Ernst, der seiner [Thomas Manns] Person eignet ..., all dies, meint er, müße dazu angetan sein, uns heranbilden zu helfen; außerdem baut er darauf, daß wir, im Grunde, nicht ›unvernünftig‹ sind.«[35]

War schon im Alltag die Familienatmosphäre stark und spürbar, so war sie das an den großen Festen im Jahreskreis, allen voran Weihnachten, umso mehr. Schon die Vorbereitungen steigerten die Vorfreude und Spannung, wie Monika es beschreibt: »Ehrgeiz und Freude hielten einander die Waage. Zwischen dem Basteln und Kleben und Malen, Sticken und Stricken, Komponieren und Sichten gab es Bummel in der Stadt, wo die Sport- und Spielzeug- und Büchergeschäfte im bunten Christputz aus dem Schneedämmer strahlten. Und es gab die Nikolausfeiern, das Lebkuchenbacken, das Märchenspiel im

Operettentheater, die Schulfeste, das Weihnachtsoratorium, und das alles kulminierte, keineswegs endete, im Heiligen Abend selbst, auf den die Festlichkeiten bei Großeltern und Onkels und Kameraden, Silvester und Neujahr und Heiligdreikönig folgten, und erst dann wurde ›abgebaut‹ und aus einem wahren Glücksrausch ins alltägliche Leben zurückgekehrt. Und das war gut.«[36]

Nicht unbedingt konfessioneller Glaube beherrschte bei den Manns das Weihnachtsgefühl, sondern »eine Rührung und Andacht vor dem Fest als solchem, dessen Urform das Christfest war. Und auf christliche Weise war Rührung und Andacht vor dem eigenen Ich. Es war hohes Innehalten und Verweilen, in dem das Höchste – alles – und das eigene Sein Bestätigung fand.«[37]

Dass aus dieser »Atmosphäre« aber konsequente Erziehung und dementsprechend regulierte Lebensführung erwuchs, wie sie im Zeitraum zwischen 1905 und 1925 in Deutschland noch weitgehend üblich war, ist nicht ersichtlich. Im Gegenteil: Immer wieder stellten sich die Eltern schützend vor die in der Pubertät mehr und mehr ihre eigenen Wege gehenden Kinder, die zum Teil sogar ins Kriminelle oder in die Bohème abglitten. Die immer zuständige Mutter zeigte allerdings zunehmend Überforderung durch die schließlich sechsfache Anfechtung eines Großschriftstellerlebens: Bald war sie täglich für ihren Mann tätig, besorgte dessen weitläufige Korrespondenz, schrieb viele seiner Manuskripte ab und war als Gesprächspartnerin in seine aktuelle Produktion eingebunden. Die jüngeren Kinder erinnern sich an das abendliche Klappern der Schreibmaschine, das sie in den Schlaf »sang«. Das Vertrauen des Ehemanns ehrte und bereicherte Katia gleichermaßen. Doch dass bei solchen Anforderungen das eine oder andere unangepasste Kind der Schar weniger Beachtung finden mochte als diejenigen, die sich dem Kosmos besser anzupassen wussten und daher auch stärker profitierten von ihm, versteht sich von selbst.

Wer bei sich blieb, aber von jeher weiter entfernt war, hatte in der Familie jedenfalls Liebe und Zuwendung (nicht die finanzielle Unterstützung!) verloren: Golo, Monika und Michael. Wer sich auf eine Existenz als eigenständiger Schriftsteller einließ und Solidarität erhoffte, ersehnte, ja verlangte, verlor zunächst auch: Klaus. Wer bei sich blieb, sich aber im Laufe der Zeit aufgab und als bereits Erkrankte und Alternde in die Fittiche der Familie ganz zurückkehrte, hatte, nachdem ihr lange Zeit Bewunderung zuteilgeworden war, letztlich auch verloren: Erika. Wer jedoch nie vereinnahmt wurde, sondern wie Elisabeth mit dem »Eisenstirnchen«[38] geboren war, wie Thomas Mann früh erkannt hatte, der gewann – und überlebte alle anderen Geschwister.

Die Besonderheiten der Mädchen

Früh schon war Erika von Hedwig Pringsheim in den Tagebüchern als »drollig« bezeichnet worden, diese Eigenschaft wurde von den erwachsenen Familienmitgliedern besonders beklatscht. Und so kam sie wohl darauf, dass sie am besten in der Rolle des »Hofnarren« der Familie reüssieren könnte. Daraus entwickelte sie den Berufswunsch Schauspielerin (nicht zuletzt waren Thomas Manns jüngere Schwester Carla wie auch Erikas Großmutter Hedwig Pringsheim Schauspielerinnen gewesen).

Erikas Dominanz, ja Herrschsüchtigkeit wurde ebenfalls

früh augenfällig. Dies entsprach ihrer Rolle als ältestes Kind einer großen Geschwisterschar und ihren ausgeprägten pragmatischen Fähigkeiten: Sie wusste schnell, wie alles funktionierte. Daneben fiel ihr ansteckendes, fast wieherndes Lachen auf, das sie immer hören ließ, wenn sie sich einen neuen Scherz ausgedacht hatte und andere darauf hereingefallen waren.

Wenige Beispiele von Standpauken sind überliefert, die der Vater einem der Kinder hielt. Aber es geschah doch, denn bereits mit sieben Jahren fiel Erika den Eltern durch fortgesetztes Lügen auf, sodass Vater Thomas in seiner ruhigen norddeutschen Art eine sie beschämende Rede hielt, da die Mutter, wie Erika selbst es ausdrückte, nicht mehr mit ihr fertigwurde: »Eri«, sagte er, »du bist ja jetzt schon sieben. Du bist ja kein kleines Kind mehr, und du weißt ja im Grunde, was du tust, jetzt lügst du die ganze Zeit, schau, stell dir bitte einmal vor, was passieren würde, wenn wir alle immerzu lögen. Wir könnten uns ja gegenseitig gar nichts mehr glauben ...«[39] Laut Erikas Aussagen habe sie dann lange nicht mehr gelogen, so eindrücklich war diese Einbestellung in des Vaters geheiligtes Arbeitszimmer. Doch mit 14 Jahren etwa begann das Lügen aufs Neue ... so berichtet sie ebenfalls selbst.

Aus der frühen Kindheit von Monika wurden nur positive Dinge durch Katia in ihrem Monika-Büchlein vermerkt: Monikas erste Worte, ihre ersten Schritte und ihre Besonderheiten. Hier fiel Katia insbesondere Monikas Eigensinn auf, daneben ihre Musikalität. Sie war das erste Kind des Paars, das diese Fähigkeit zeigte und früh ein regelrechtes Repertoire an Melodien, die sie richtig intonierte, samt Texten parat hatte. Daneben war Monika unbekümmert, anschmiegsam und hopste halbe Stunden lang auf dem Schoß ihres Kindermädchens.[40] Monika selbst erinnert sich, als kleines Kind von der Mutter verwöhnt worden zu sein. Einen Bruch gab es für das Kleinkind 1912, als die Mutter wegen eines »Lungenspitzenkatarrhs, eine[r] verschleppte[n], geschlossene[n] Tuberkulose«,[41] mehrmals hintereinander ins Hochgebirge musste, 1912 von März bis September in das Davoser Waldsanatorium, im Jahr 1913 einige Monate nach Meran und Arosa, und die Kinder in dieser Zeit ausschließlich von den Angestellten versorgt wurden. Für die Größeren war die Mutterbeziehung gefestigt, nicht jedoch für die Kleinste: Monika erkannte ihre Mutter nicht mehr, als diese im Herbst 1912 aus Davos zurückkam, wo Thomas Mann seine Frau mehrere Wochen lang besucht und Material für seinen Roman *Zauberberg* gefunden hatte. Rund um die Weihnachtszeit notierte Katia im Monika-Büchlein die signifikante Passage: »Wenn Moni bei mir im Zimmer ist, und ich will auf einen Augenblick hinausgehen, kommt sie gleich mitgelaufen: ›Ich kann doch nicht ganz illeine [sic!] sein, nein illeine kann ich also leider nicht bleiben.‹ Sie spricht immer außerordentlich deutlich und bestimmt und liebt sehr solche Worte wie leider, natürlich, selbstverständlich.«[42] Das Gleiche fand im Jahr darauf nach Katias zweiter Rückkehr statt. Im Monika-Büchlein notierte Katia, die daraufhin der kleinen Tochter sehr viel Aufmerksamkeit schenkte, dass Monika sich körperliche Nähe und Zärtlichkeit wünschte, auf dem Schoß der Mutter sitzen wollte, sooft es nur ging. Da die Zuwendung während Katias Kuraufenthalt ausschließlich vom Dienstpersonal der Manns kam, fühlte sie sich in der Küche und bei diesen ihr zugewandten Menschen auch nach der Rückkehr der Mutter weiter wohl. Lebenslang pflegte Monika, zum Verdruss ihrer

Eltern, die das als Ausdruck ihrer wenig standesbewussten Persönlichkeit empfanden, immer ein besonders gutes Verhältnis zu Köchinnen und anderem Hilfspersonal oder besser gesagt: Menschen mit weniger Standesdünkel, als er in der Mann'schen Familie üblich war.

Reinlichkeits- und Ordnungssinn gestand die Mutter dieser Tochter neben der Musikalität zu. Außerdem sehe sie Menschen früh ins Herz. Als Katia ihr einmal sagte, sie würde jetzt gleich über eines ihrer Vergehen weinen, antwortete Monika: »Du *kannst* doch gar nicht weinen.«[43] Und Tränen hat Katia Mann tatsächlich so gut wie nie vergossen ...

Dass »Mielein«, so nannten alle Kinder die Mutter, wirklich Tuberkulose hatte, wird nach der heutigen Auswertung der Röntgenbilder bestritten, und sie selbst schrieb schon damals: »Es bestand keine Lebensgefahr, und möglicherweise wäre die Geschichte, wären wir nicht zu Sanatoriumsaufenthalten in der Lage gewesen, von selbst wieder gut geworden, was weiß man. Es war Sitte, wenn man die Mittel dazu hatte, wurde man nach Davos oder Arosa geschickt.«[44] In diesen Abwesenheiten zeigte Thomas Mann gelegentlich großes Interesse an einzelnen der Kinder, daneben gab es aber auch lange Phasen des kompletten Desinteresses an ihnen, sodass die Hausgeister regierten und die Kinder auf sich selbst zurückgeworfen waren.

Elisabeth hatte später als jüngste Tochter und einzige Einserabiturientin der Kinderschar eine besondere Rolle inne – sie tat als so vom Vater tituliertes »Eisenstirnchen« immer charmant das, was sie wollte ... So nabelte sie sich anders als die anderen fünf Kinder am besten, soll heißen unbeschadet, von dem übermächtigen Elternhaus ab und entwickelte ein ganz eigenständiges Lebens-

und Arbeitskonzept. Aber das war nur möglich durch die vorbehaltlose Liebe, die ihr beide Eltern entgegenbrachten: Alle übrigen Kinder mussten, um geliebt zu werden oder Zuwendung zu erhalten, etwas leisten, am besten in der und für die »Firma Mann«.

Die Tölz-Idylle

Es gibt besonders anschauliche Berichte von den Sommerurlauben in Bad Tölz, wo die Manns sich 1908 ein Sommerhaus[45] erbauen ließen, auf einem großen Grundstück mit eigenem Tennisplatz. Sie verbrachten ab 1909 den Sommer immer dort, im sogenannten Kinderhaus, wohin auch Großmutter Hedwig, ihre Söhne Peter und Heinz sowie Thomas' Schwester Julia (Lula) am 6. Oktober 1910 fuhren, um der evangelischen Taufe der kleinen Monika beizuwohnen. Es war ein traumhaft schönes, großes Haus, in dem Thomas Mann einerseits seiner eigenen Disziplin weiter treu bleiben konnte und die Kinder andererseits, an der Seite von Katia und den Hausgeistern, beglückend lange Ferienzeiten erleben durften, wanderten und schwimmen lernten.

Monika, die sogar das väterliche Tennisspiel mit der Mutter als »vorbestimmtes« Tun, der Disziplin folgend, einstufte, schreibt: »›Der Papa spielt Tennis‹ hieß für die Kinder, daß er in diesem Augenblick etwas anderes zu tun hatte und höchstens durch ein krachendes Gewitter davon abzubringen war und dieses Faktum zu respektieren sei. Das hatte nichts Herrisches oder gar Schrulliges, sondern bedeutete, daß seine Beschlüße und sein Tun unter dem Zwillingsstern von Wollen und Müßen reiften.«[46]

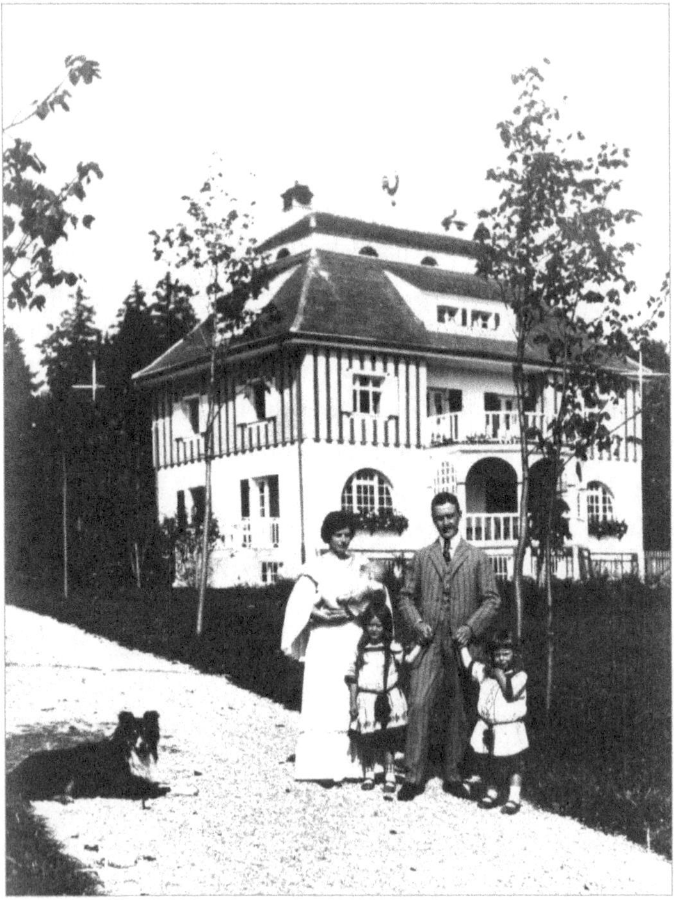

Sommeridylle im »Kinderhaus« der Manns in Bad Tölz: Thomas Mann mit Erika und Klaus, daneben Katia mit Golo und Hund Motz, 1909

Auch von Klaus Mann existiert eine sehr anschauliche Beschreibung dieser Sommerferien, in denen die Kinder ihre mythischen Fortsetzungsspiele entwickelten, täglich auf einem imaginären Großen Schiff (das *Gro-Schi-Spiel*) unterwegs waren und sagenhafte Abenteuer zu bestehen hatten. Inspiriert wurde Erika dazu durch eines der Kindermädchen, das den Zöglingen aus *Kapitän Spieker und sein Schiffsjunge* vorgelesen hatte, einem Schmöker, der auf einem Ozeandampfer spielte, in einer Szenerie, die damals ausschließlich sehr reichen Menschen vorbehalten war. Der Luxus, von dem berichtet wurde, reizte die beiden »Großen«, und alle in der Familie samt Dienstboten wurden ab sofort zum Personal des großen Schiffes. Der Vater war natürlich der Kapitän, die Mutter eine elegante Hausdame. Das Schiff war so vornehm, dass es nur vier Passagiere beförderte, Prinzessin Erika und Mademoiselle Monika sowie zwei Herren von hohem Rang und unermesslichem Reichtum, die Steinrück und Löwenzahn heißen, Klaus und Golo. Sie konversieren beständig, die Themen waren jene, von denen sie meinten, dass reiche Weltenbummler sie anschlugen. Das theatralische Talent der Mann-Kinder kam in diesem Spiel zum Vorschein, ebenso wie alle damals virulenten zeitgeschichtlichen Probleme, etwa Börsenschwankungen oder die kommende Verschwendungssucht der eigenen Generation. Das *Gro-Schi-Spiel* konkurrierte lediglich mit einem zweiten, in dem feindliche Amazonen (die Kinderfräuleins, flankiert von Gassenjungen) das Königreich des greisen Königs Motz (der Hund der Manns) attackieren. Klaus Mann schreibt in *Wendepunkt*: »Spiele und Leben bilden eine Einheit – magisch ineinander verwoben. Die Spiele nehmen die kräftige Farbe der Wirklichkeit an, die Wirklichkeit hat den schillernden

Zauber der Phantasie. Die Zeit der Kindheit scheint mir jetzt, in der Erinnerung, eine glänzende Reihenfolge heiterer Zeremonien und zeremonieller Freuden.«[47]

Und tatsächlich fand bei den Manns oder bei den Pringsheims trotz des strengen Arbeitsalltags von Thomas Mann ständig etwas »Zauberhaftes« statt: ein Tee mit berühmten oder begabten Gästen in der Wohnung, ab 1914 im Haus der Manns in der Poschingerstraße 1 in Bogenhausen oder im Palais der Pringsheims in der Arcisstraße, daneben alle glänzend begangenen Geburtstage der Familienmitglieder und dergleichen, wenn auch während des Ersten Weltkrieges Sparsamkeit Einzug halten musste.

Die Schule

Erika und Klaus wurden nach einem Jahr Privatunterricht zu Hause zunächst in die kleine Privatschule der Schwestern Ebermayer in Schwabing geschickt, »ein etwas prätentiöses kleines Etablissement von altmodisch-muffiger Gediegenheit, wo die Sprößlinge der Münchener *beau monde* die Kunst des Lesens und Schreibens erlernten ... Was unsere Mitschüler betraf, so hatten wir nur wenig Kontakt mit ihnen. Sie waren nicht eingeweiht in die Geheimnisse unserer Spiele; sie schienen eine andere Sprache als wir zu sprechen.«[48] Auch andere Herzogpark-Kinder besuchten die Schule der Schwestern Ebermayer: Gretel und Lotte Walter und Ricki Hallgarten. Eines der Kindermädchen der Familien begleitete die Kinder hin, ein anderes holte sie wieder ab. Freundschaften fürs Leben knüpften diese fünf Kinder untereinander und nahmen die Schule nicht ernst. *Splendid isolation* also einerseits und andererseits

Verweigerung der Eltern, das Institut Schule als wichtig darzustellen, den Kindern auch das Gefühl des Respekts davor zu vermitteln. Von den Eltern Mann konnte man das auch nicht erwarten: Die Mutter war nie in einer Schule gewesen. Der Vater hatte die Schule abgebrochen ... Über etwas wie eine muffige kleinkarierte Lehranstalt durfte man sich auch gern lustig machen: Wenn Erika ihre Lehrer nachahmte, erntete sie Gelächter und großes Lob.

Daneben hatten die beiden Großen eine Privatsprache entwickelt, die die Kleineren übernahmen – auch das war neben der aparten gleichartigen äußeren Aufmachung der Geschwister über Jahre hin ein Merkmal der Distinktion und Abschottung von anderen Kindern: Sie waren sich etwa bis 1918 selbst genug.[49] Worte aus der Kinderzeit wurden von den Geschwistern noch als Erwachsene benutzt, andere Menschen hatten hier keinerlei Zugang: »üsis« etwa bezeichnete alles, was ungeschickt, rührend, bemüht, großäugig-drollig, ungelenk sympathisch wirkte, »wuffig« bedeutete blasiert, kühl, dabei aggressiv, anspruchsvoll, ja tyrannisch auf eine gelangweilt lässige und müde Art. Dazu kam als Bezeichnung für Gassenkinder »klie-klie« und die vielen Identitäten, die die Kinder in ihrem *Gro-Schi-Spiel* annahmen.

Ungerechtigkeiten

Die Erziehung durch die Eltern war von vornherein von Ungerechtigkeit gekennzeichnet, ja, es scheint, als habe Thomas Mann dieses Thema fest bei seinen Kindern implantieren wollen, gewissermaßen als Lektion, die es zu lernen gelte. Derartige Lektionen gab es aber bei diesem so vollständig auf sein Werk konzentrierten Menschen nur in Ausnahmefällen: »So reichte er einmal Erika – *nur* Erika – bei Tisch eine Dattel, wobei er diese gräßliche Willkürlichkeit uns gegenüber erklärte: ›Es ist nur gut, wenn ihr euch rechtzeitig an Ungerechtigkeit gewöhnt.‹«[50] Laut Klaus Mann fanden die Kinder diese Bemerkung verblüffend frivol und zugleich beherzigenswert. Es scheint nichts Ungewöhnliches gewesen zu sein, dass der Vater Erika, und in diesen Jahren auch Klaus, auszeichnete mit Beachtung, mit Lob und Ermunterung ... Golo galt als schwierig, Monika war die nicht ernst zu nehmende »Puppalisa«: Für ihr Leben gern spielte sie mit Puppen. Alle Mann-Kinder hatten Puppen und liebten diese auch innig, erfanden Namen, Identitäten, ganze Lebensläufe für sie, Klaus liebte seine Puppe Bob noch im Alter von elf Jahren. Aber für Monika waren die Puppen auch daher bedeutender, als sie sich an ihnen gefahrlos, wenngleich durch die Mutter und die Großmutter kritisiert, abarbeiten konnte: Sie drangsalierte die Puppen – zerstörte sie gar umgehend, kaum dass sie ihr auf Wunsch zum Geburtstag oder zu Weihnachten geschenkt worden waren. Sie schleppte danach allerdings liebevoll die kruden Reste mit sich herum und wünschte sich beständig neue Puppen. Doch einem lebendigen Tier, es gab ja immer Hunde im Hause Mann, hätte Monika niemals etwas angetan. Da sie über Jahre hindurch die Kleinste blieb, hatte sie einiges auszustehen. Dass nämlich Erika und Klaus ihrerseits ungerecht waren und die jüngeren Geschwister Golo und Monika instrumentalisierten und dadurch auch überforderten, berichtete Klaus ebenfalls, es entsprach dem Modell der Repressionskette. So ging es etwa um die Frage, wie man am besten den Weg vom Tölzer Sommerhaus bis in den Ort zurücklegen konnte – die Kinder taten das wohlgemerkt allein, ohne Aufsicht:

»Die Landstraße hatte den Vorteil, daß man sie beim Hinweg zum Ort mit dem Leiterwagen benutzen konnte: der Leiterwagen rollte mit prachtvoller Geschwindigkeit fast bis zur Bahnhofstraße. Zurück und hinauf mußten ihn ›die Kleinen‹ ziehen (Golo und Moni), die wir tyrannisierten. Nicht nur, daß sie beim Heimweg diese häßliche Last hatten, ohne daß sie an den Genüßen der Hinunterfahrt jemals hätten teilhaben dürfen, fiel ihnen auch die wirklich demütigende Aufgabe zu, voraus zu laufen, während wir bergab sausten, um uns dort abzufangen, wo das Gefälle endete, und uns, so geschwind sie es schaffen konnten, bis zum nächsten zu ziehen, damit unsere stolze Fahrt nur ja nicht unterbrochen wurde.«[51] Klaus Mann berichtet auch, dass Erika sehr grausam insbesondere über Monika »herrschte«, was sich diese gefallen ließ, »weil sie noch so klein und dumm und niedlich war«[52].

Inge und Walter Jens haben alle Mann-Kinder in eine Hierarchie gestellt und kurz charakterisiert: »Erika: Liebling der Eltern; Klaus: Liebenswert, begabt und gefährdet; Golo: Ein Sonderling und Einzelgänger, aber oft gefällig und hilfreich; Monika: Naiv und dickfellig, von meistens törichtem Benehmen, aber musikalisch begabt; Elisabeth/Medi: Behütet als Vaters Herzenskind; Michael: Für Thomas Mann ein bockiges, eher uninteressantes Kind, ausgezeichnet, wie Monika, nur durch ausgeprägte Musikalität«[53], während Katia Mann die fehlende Liebe ihres Mannes zum jüngsten Kind jahrelang mit besonderer Zuwendung aufzuwiegen versuchte.

Die Quintessenz: Monika fiel heraus. Ihre besondere Art wurde nicht sonderlich geschätzt, mindestens seitdem sie zwölf Jahre alt war gar nicht mehr. Das heißt: Von ihr erwarteten die Eltern nichts.

Der Erste Weltkrieg und seine Folgen 1914–1922

Familienepidemie und Kriegsausbruch

Kurz vor Kriegsbeginn stürzte die Mann-Familie in eine gesundheitliche Krise, da nacheinander Monika und Golo am Blinddarm operiert werden mussten, dann Klaus (mit Blinddarmdurchbruch) und schließlich Katia und Erika mit demselben Leiden in der Privatklinik Geheimrat Kreckes in München landeten. Klaus, siebenjährig, kam nur knapp mit dem Leben davon und musste lange in der Klinik verweilen: Die Mutter kämpfte aufopfernd um dieses Kind.

Den Kriegsausbruch im Sommer 1914 erlebten die vier Mann-Kinder, wieder genesen, in ihrem Sommerparadies, dem Haus in Bad Tölz. Die drei Cousinen Löhr, Kinder von Thomas Manns Schwester Julia, verbrachten in der Nachbarschaft ihre Ferien, und man bereitete gemeinsam eine Theateraufführung vor, *Die Büchse der Pandora.* Es wurden Kostüme geschneidert, die krönende Aufführung war für Mitte August vorgesehen. »Da hieß es plötzlich, ein Krieg sei ausgebrochen.«[54] Die Mitteilung über diese politische Entwicklung erhielten die dafür viel zu jungen Kinder kommentarlos durch das Kinderfräulein, aber zur gewohnten Teestunde erlebten sie ihre Eltern zum ersten Mal in ihrem Leben in äußerst ernster Stimmung: »Der Vater wandte seinen Kopf nicht gegen Mielein, auch bemerkte er unsere Gegenwart nicht, als er mit gesenkter Stimme sagte: ›Nun wird auch bald ein blutiges Schwert am Himmel erscheinen.‹ Danach hatten wir nicht mehr den Mut, unsere Fragen zu stellen.«[55]

Da die Kinder ihre Ferien fortsetzen konnten, fiel ihnen lediglich auf, dass es plötzlich keinen Nachtisch mehr gab. Des Weiteren wurden die schulpflichtigen Kinder Mann nach der Rückkehr nach München von der Privatschule abgemeldet und in die Bogenhausener Volksschule geschickt.

Über das ganz normale Alltagsleben in der Kriegszeit schreibt Monika: »Werktags früh um sieben trafen sich die Geschwister zur ›Katzenwäsche‹ im Badezimmer, verzehrten gierig das Kleiebrot mit Kunsthonig, sagten ade zur Mama und machten sich auf den Schulweg. Während meine Geschwister [also Erika, Klaus und vielleicht auch schon Golo] mit der Trambahn die halbe Stadt durchqueren mussten, brauchte ich nur über einen Zaun zu steigen, um ins ›Schülchen‹ zu gelangen. Ja, mein Vater – der übrigens gerade die Fensterläden seines Schlafzimmers öffnete, da wir das Haus verließen, und auf uns herunterlächelte – erkundigte sich oft angelegentlich bei mir, wie es im Schülchen gewesen sei.«[56] Dort hatte Monika mit fünf anderen Grundschulkindern Unterricht, aber da die Lehrerin sie oft auf den Kopf küsste, hielten ihre Eltern die Schule schließlich für unseriös, und Monika wechselte, wie zuvor schon ihre älteren Geschwister, auf die reguläre Volksschule, wo sie mit nahezu 1000 Kindern »Teil der vollwertigen ›rauhen Masse‹« wurde, wie sie es ausdrückt. Sie liebte laut eigener Aussage die Volksschule, sogar leidenschaftlich, und zwar vor allem, »weil sie einen neuen und wunderbaren Kontrast bildete zu dem hochindividuellen

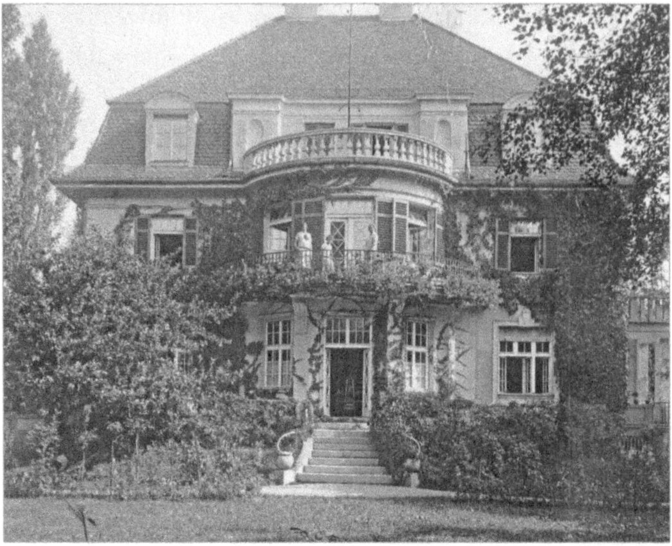

Die Stadtvilla in der Poschingerstraße 1, genannt »Poschi«, seit 1914 Familiensitz der Manns

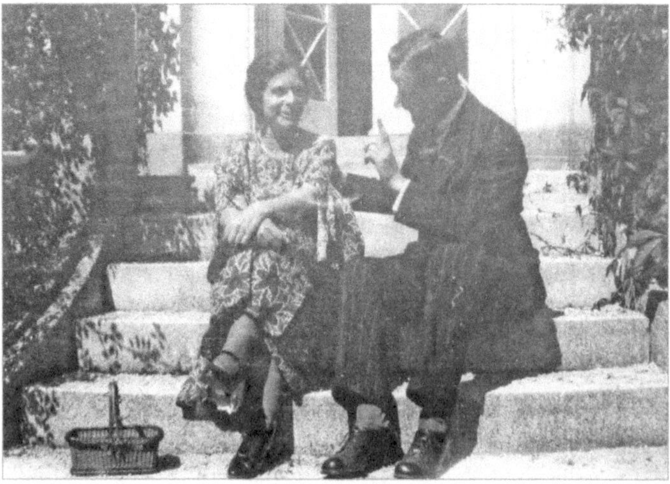

»Es war eigentlich eine Ideal-Ehe« Katia und Thomas Mann vor der »Poschi«

Zuhaus«[57]. Und da Monika sie so liebte, war sie dort, anders als ihre großen Geschwister, die abwertend über diese Schule sprachen, immer Klassenbeste. Ihre Freundschaft zu einem Mädchen mit einem armseligen Kleid und großen Holzstiefeln, das Dialekt »wie ein Droschkenkutscher« sprach, wurde zu Hause verhöhnt: Hier nahm die Kritik an Monika, die eine solche Freundschaft pflegte, ihren Ausgang.

In der »Poschi« während des Krieges

Die Familie lebte seit 1914 in der für Thomas und Katia Mann errichteten Stadtvilla in der Poschingerstraße 1.[58] Hier konnten sich die Kinder auf dem großen Gartengrundstück austoben, Gäste gingen ein und aus, hier führten der Schriftsteller und seine Ehefrau ein nobles Leben. Selbst im Ersten Weltkrieg feierten die Manns, gleichwohl auf bescheidenem kulinarischem Niveau. Doch Thomas Mann hatte auf diese Villa gesetzt, die repräsentative Wohnlage am Herzogpark in Bogenhausen war ihm – fast – alles wert. So setzte er sich damit auch enorm unter Druck. Das nächste Werk musste her, es musste genauso gut oder besser sein als das vorige und sich vor allem gut verkaufen.

Erika schloss sich den Jungen an, die mit ihrem Bruder Klaus zusammen waren. Zunächst freuten sich die Kinder an den ersten Siegen im Weltkrieg, man hisste gar bei jedem Sieg eine schwarz-weiß-rote Flagge über dem obersten Balkon. Wenn davon die Rede war, dass wieder ein Bekannter »gefallen« sei, bestand bei den Kindern noch keine Vorstellung davon, was das bedeutete: Es war laut

Klaus ein »fernes und feierliches«[59] Ereignis, dieser Krieg hatte mit der Münchner Lebenswirklichkeit nichts zu tun. Politisches Bewusstsein bestand nicht: »Erika strickte mit den Mädchen zusammen Pulswärmer und dicke Socken für die ›draußen‹«.[60]

Doch im Krieg änderte sich die innerfamiliäre Atmosphäre des Hauses. Thomas Mann hatte nun das erste Werk unter der Feder, das ihn nicht, wie alles zuvor, ausschließlich freute, nämlich die *Betrachtungen eines Unpolitischen*, die er als seine »Kriegspflicht« verstand und in der er die schrecklichsten Taten des Deutschen Reichs aus politischen Gründen rechtfertigt, etwa die Versenkung eines englischen Schiffs mit 1200 Zivilisten an Bord. Das Werk ist eine Streitschrift oder Auseinandersetzung mit den sogenannten Zivilisationsliteraten, als deren Protagonisten er seinen um vier Jahre älteren Bruder Heinrich ausgemacht hatte und angreift, da ihm als Konservativem dessen pazifistisches und linkes Gedankengut missfiel, ja bisweilen regelrecht zuwider war.[61] Umgekehrt hatte er sich zuvor durch Heinrich als Nationalist – damals zu Recht – etikettiert gefühlt. Der Jüngere begrüßte tatsächlich den durch das Deutsche Reich ausgelösten Weltkrieg, sah in ihm (wie viele damals) die Chance einer Erneuerung des Lebens und der Werte in Deutschland. Doch das Schreiben daran war eine für ihn quälende Aufgabe, die ihn oft nervös, unruhig und übellaunig werden ließ.

Das politisch-persönliche Drama, das in Thomas Manns Innerem ablief, teilte sich den Kindern wiederum rein »atmosphärisch« mit und bewirkte einen Umschwung in ihren Gefühlen zu ihm, wie Golo berichtet: »Am Vater hatten wir früher mit beinah gleicher Zärtlichkeit gehangen wie an der Mutter, das änderte sich während des Krieges. Wohl konnte er noch Güte ausstrahlen, überwiegend aber Schweigen, Strenge, Nervosität oder Zorn. Nur zu genau erinnere ich mich an Szenen bei Tisch, Ausbrüche von Jähzorn und Brutalität, die sich gegen meinen Bruder Klaus richteten, mir selber aber Tränen entlockten.«[62] Schon einmal, in der Kindheit, hatten die Brüder Heinrich und Thomas ein Jahr lang kein Wort miteinander gewechselt. Nun herrschte seit Langem dieser Zustand, der Thomas Mann quälte und der natürlich auch seinen Kindern auffiel.

Insgesamt waren die Kinder während des Krieges weniger behütet oder kontrolliert als zuvor. Es gab keine Kindermädchen mehr. Man hatte deutlich weniger Geld, und Katia Mann erledigte ein Mammutprogramm allein zur Lebensmittelbeschaffung per Fahrrad aus selbst obskursten Quellen. Damit einher ging für sie erhöhte Hausfrauentätigkeit, mehr und mehr auch Sekretariatsarbeit für den Ehemann sowie die Überwachung der Hausaufgaben speziell bei Klaus in Griechisch, Latein und Mathematik. Erika scheint sich indes mehr oder weniger in der Schule durchgemogelt zu haben und begann wieder mit dem Lügen ... Sie signalisierte Freiheitsbedürfnis und war neugierig auf das Erwachsenenleben.

Eiserne Öfchen wurden nun in jedem zweiten Zimmer in der »Poschi« gesetzt, für die Kinder war es ein neues Abenteuer, diese zu füttern. Sie vermissten die Zentralheizung nicht. Und dass man in München kaum noch Männer sah, von Greisen abgesehen, fiel den Kindern kaum auf, die sich an Trambahnschaffnerinnen und Chauffeusen erfreuten, weil es eine Abwechslung war. Niemand aus der näheren Bekanntschaft oder Verwandtschaft gar »fiel« im Krieg: Tatsächlich war das mangelnde Essen die einzige wirkliche Einschränkung für Erika und Klaus, die in den Kriegsjahren zwischen acht und dreizehn bzw. sieben und elf Jahre alt waren und einmal bei dem Versuch, Eier zu erstehen, dieselben nach erfolgreichem Erwerb wegen ihrer vor Kälte zitternden Hände auf das Straßenpflaster fallen ließen.

Ein Butterbrot war bei den Manns jetzt etwas Außergewöhnliches, eine Tafel Schokolade gehörte »ins Reich der Wunder«. Fleisch gab es nur noch zweimal pro Woche, jedes Kind bekam pro Woche einen kleinen Block Kunsthonig zugeteilt, den sie gern auf ihrem Margarinebrot aßen. Bald gab es für die wachsenden Kinder keine Schuhe mehr zu kaufen außer Holzsandalen. Die Mädchen trugen jetzt, aus den Russenkitteln herausgewachsen, einfache Rupfenkleider. Doch Erika und Klaus sahen sich als »Trendsetter« selbst in der Zurschaustellung ihrer angeblichen Armut: Sie kamen barfuß zur Schule und wurden sogar dafür belobigt, als wäre es eine patriotische Leistung.

Das fünfte und das sechste Kind

Das Kriegsende 1918 hatte sich bereits angedeutet. Die Verluste an der Westfront waren katastrophal, das Heer aufgerieben. Doch noch im Jahr 1917 hatten die Manns ihr Sommerhaus in Bad Tölz gegen Kriegsanleihen eingetauscht. Thomas Mann hielt den Sieg des deutschen Heers selbst zu diesem Zeitpunkt noch für wahrscheinlich. Das patriotische Verlustgeschäft wurde fürderhin beschwiegen.

Als Zeit des Umbruchs wurde das Kriegsende in München sehr greifbar für die Manns: Die größeren Kinder wunderten sich, dass jetzt Schüsse knallten, was im Krieg nie geschehen war, und dass die Ernährungslage genauso schlecht blieb wie während des Krieges. Kurt Eisner, der bayerische Ministerpräsident, wurde in unmittelbarer Nähe von Klaus' Gymnasium erschossen. So brach jetzt erst das »Politische« regelrecht in das Leben der »Großen« ein, und gleichzeitig war es die Zeit der Pubertät von Erika und Klaus Mann.

Doch zunächst kam am 24. April 1918 Elisabeth zur Welt, das »Kindchen«. Ihre Geburt fiel für Thomas Mann in eine Zeit des Umbruchs und Wertewandels. Schmerzlich musste sich der Dichter eingestehen, dass er zu lange verbohrt an seinen alten Idealen festgehalten hatte. Er versuchte eine Neugeburt als Mensch, moralisch, politisch und künstlerisch. Dabei war ihm das neugeborene Kind eine Art Ansporn: Folgerichtig bezeichnete er Elisabeth als sein eigentlich erstes Kind. Ihr konnte er Gefühle und Zeit widmen, die er den vier Kindern zuvor nicht entgegenbringen hatte können.

Er wollte seine Liebe zu dem Töchterchen außerdem öffentlich machen. Katia hielt diese Zurschaustellung des intimen Lebens der Familie nicht für adäquat, konnte aber nicht verhindern, dass ihr »Reh« den entsprechenden Text 1919 erst in einer Zeitschrift und später mit anderen Texten in Buchform veröffentlichte: Der *Gesang vom Kindchen* gehört gleichwohl nicht zu den bedeutenden literarischen Texten Thomas Manns. Zum ersten und letzten Mal im Leben bemühte er für das erste Kapitel des Werks die metrische Form, den Hexameter. In der Folge wählte er eine Form zwischen Prosa und Lyrik und gab dem Gedicht daher den Untertitel *Idylle* – selbst sagte er, er sei von Goethes *Hermann und Dorothea* inspiriert gewesen.

Sehr wenig öffentliche Resonanz rief dieser Text hervor, der in unterschiedlichen Kapiteln die einzelnen Facetten des Lebens eines sehr kleinen Kindes in einer Familie aufführt, von den alltäglichen Dingen wie Ernährung, Baden über eine Krankheit bis hin zur Taufe. Der Text war für Thomas Mann jedoch notwendig, um seine innere Ein- und Umkehr zu markieren und daraufhin als gewandelter Hauptrepräsentant der zeitgenössischen deutschen Literatur neu hervorzutreten: 1922 erschienen die *Bekenntnisse des Hochstaplers Felix Krull* in einer ersten Fassung, genannt *Buch der Kindheit*. Außerdem hielt Thomas Mann die Rede *Von deutscher Republik* zum 60. Geburtstag von Gerhart Hauptmann, mit der er sich dezidiert zur Demokratie bekannte.

Aber wie mögen die vier größeren Kinder diese von Thomas Mann so bezeichnete *Idylle*, diesen Text empfunden haben, der ihnen im Zuge des Entstehens zwischen Mitte September 1918 und Anfang März 1919 vorgelesen und in dem ihre eigene Existenz als »Eines Abenteuers liebliche Bilder und Zeichen« beschrieben wurde, die der winzigen Schwester jedoch zum Signum einer neuen Stufe des eigenen Seins erhöht wurde, indem es etwa hieß: »Du erst, mein Liebling, / Warest Frucht der männlichen Liebe, treuen Gefühles, / Langer Gemeinschaft in Glück und Leid«?[63]

Nun gab es also eine neue Konkurrentin, die die Gunst des Vaters von vornherein unbedingt genoss und in diesem Gefühl heranwuchs. Die aber anders als Erika nicht unbedingt bereitstand, um die Suppe zu würzen, die keinesfalls, auch als Heranwachsende nicht, kritische Äußerungen lieferte, sondern die sich immer auch bemühte, den Vater und seine Gefühle nicht zu enttäuschen, die alles, was ihm wichtig war, ebenfalls als wichtig anzusehen lernen wollte.

Im Jahr darauf, am 21. April 1919, wurde Michael als letztes Kind der Familie geboren – im Vorfeld gab es eine Phase der Unsicherheit, in der Katia und Thomas Mann, unterstützt von Katias Arzt, einen Schwangerschaftsabbruch erwogen. Erstmalig. Niedergelegt sind diese Erwägungen im Tagebuch Thomas Manns, das Michael als erwachsener Mann und Germanist herauszugeben begann. Mit Sicherheit war das sein traumatischstes Leseerlebnis.

Sechs Kinder also. In einer Zeit des politischen Umbruchs ein Wagnis – für diese Familie natürlich weitaus geringer als für andere Familien, aber dennoch auch ein enormes logistisches, emotionales und alle Energien herausforderndes Projekt. Für Katia Mann erneut eine Gefährdung ihrer Gesundheit. Ein Ereignis außerdem, das alle Familienmitglieder, am stärksten die Kinder, dazu aufforderte, ihre Rollen noch einmal neu zu definieren.

Das Erscheinen des dritten »Pärchens« bedeutete für Golo und Monika, dass sie ab sofort »die Mittleren« waren, für Erika und Klaus bedeutete es, im Alter von 12 bzw. 13 Jahren (Erika) und 11 bzw. 12 Jahren (Klaus) in die Rolle von Fast-Erwachsenen geschoben zu werden. Aus der Sicht von Klaus: »Elisabeth war der erklärte Liebling des Vaters: Mielein, um das Gleichgewicht herzustellen, verzärtelte ihren Jüngsten. Die beiden Kleinen nahmen in erheblichem Maß die elterliche Zärtlichkeit in Anspruch, woraus sich natürlich für uns ein gewißer Verlust ergab.«[64] Hellsichtig analysiert Klaus die sich durch die Geburt ergebende »heikle« Lage der Mittleren, die beide nicht mit der »erlesenen Niedlichkeit von Medi und Bibi« konkurrieren konnten und gleichzeitig nicht an die Handlungsspielräume und Möglichkeiten der Großen heranreichten. Dabei beobachtete Klaus, dass Monika, »zugleich schüchtern und selbstgewiß«[65], nicht unzufrieden mit ihrem Leben war.

Monika selbst erinnerte sich präziser: »Ich kann sagen, dass mit der Geburt der ›Kleinen‹ – zwar war ich noch ein Kind – meine Kindheit beendet war. Bisher ›Nesthäkchen‹ wurden in mir durch die beiden Nachgeborenen mütterliche Gefühle erweckt. Wann ich nur konnte, begab ich mich ins Zimmer der Geschwisterchen, wo ich mit größtem Interesse sämtlichen Babyprozeduren beiwohnte und bald lernte, sie selber vorzunehmen. Es wurde zu meiner Passion, die Kleinen zu füttern, zu wickeln, sie einzuschläfern und zu amüsieren.«[66]

Es ist plausibel, dass Monika, die zuvor in der Welt ihrer Puppen aufgegangen war, dieses lebendige Betätigungsfeld der neu belebten Kinderstube liebte. Daneben lernte sie Klavier spielen, zeigte sich darin sehr begabt und eiferte im Turnen der hochbiegsamen großen Schwester Erika nach. Hedwig Pringsheim schrieb im Tagebuch des Öfteren begeistert nieder, dass sie wieder eine kunstvolle Aufführung aus der Turnklasse der Enkelinnen miterlebt habe – und auch sie selbst ging noch regelmäßig turnen, fuhr Rad und ritt bis ins Alter. Vielleicht hat Hedwig Pringsheim ihre Freude an der sportlichen Bewegung auch ihrer Tochter und den Enkelinnen vererbt.

Inzwischen gab es die einheitlichen Pagenköpfe der Kinder übrigens nicht mehr. Die Brüder trugen Kurzhaarfrisuren, die Mädchen lange Zöpfe und sportliche Kleidung. Solange sie noch als Clan in München auftraten, wurden sie des Öfteren gefragt, ob sie denn die Kinder von Thomas Mann seien. Monika bezeichnete diese Fragen als zugleich schmeichelhaft und bedrängend und stellte es auch als gemeinschaftsbildend für die Geschwister dar, dass keiner

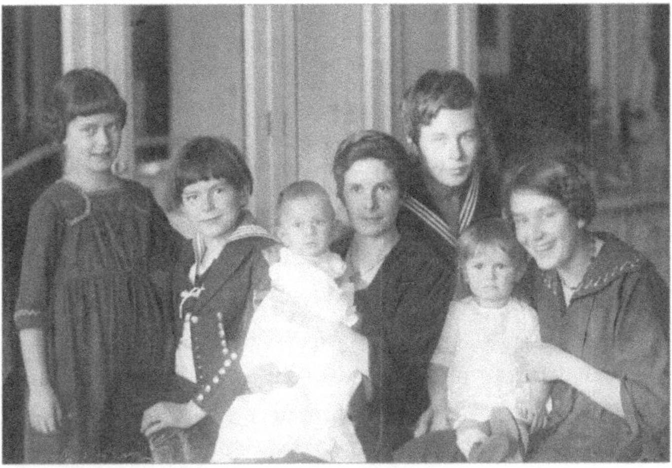

Katia Mann, genannt »Mielein«, 1919 im Kreise ihrer Kinder Monika, Golo, Michael, Klaus, Elisabeth und Erika

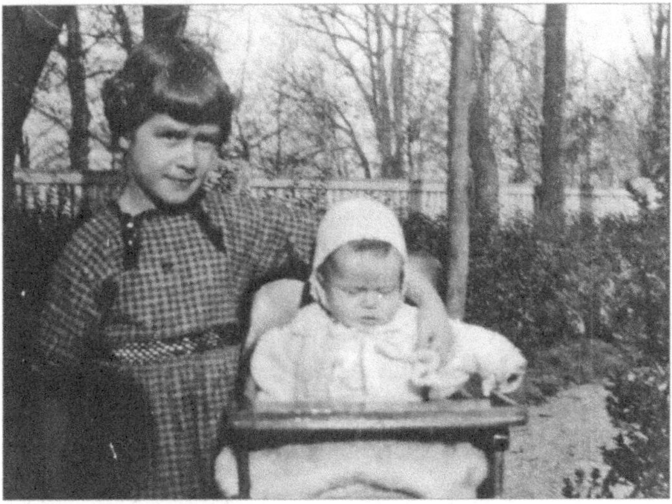

»Ich kann sagen, daß mit der Geburt der ›Kleinen‹ … meine Kindheit beendet war.«
Monika Mann mit ihrer Schwester Elisabeth, 1918

von ihnen wusste, ob es eher ein Fluch oder ein Segen war, ein Kind von Thomas und Katia Mann zu sein.[67]

Aufmunterung und schlechte Scherze

Mit Thomas Manns durch die Kriegsniederlage bedingter Wandlung, die die Bejahung der Demokratie bedeutete, war die Wiederannäherung an seinen Bruder Heinrich verbunden, die dieser freudig akzeptierte.

Quasi programmatisch in diesem Zusammenhang nahm Thomas Mann am Ostersonntag 1919 seine Arbeit am *Zauberberg* wieder auf, die er vier Jahre zuvor abgebrochen hatte. In der Figur des Settembrini entwickelte er eine Gestalt, die jenem »Zivilisationsliteraten«, als den er seinen Bruder Heinrich gekennzeichnet hatte, entspricht, dem er aber nun eine Entwicklung hin zu einem besonders sympathischen Zeitgenossen gönnt ...

Erika hatte intuitiv begriffen, dass der Vater in dieser für ihn auch schmerzhaften Phase des Loslassens der alten Ideale Aufheiterung brauchte. Gemeinsam mit den Geschwistern Klaus, Golo und Monika und Kindern aus der Nachbarschaft, allen voran Ricki Hallgarten, gründete sie daher im Januar 1919 den sogenannten »Laienbund deutscher Mimiker«, kurz Mimikbund. Als Erstes kam ein Stück von Theodor Körner, *Die Gouvernante*, zur Aufführung, zunächst nur mit drei Darstellern: Erika, Klaus und Ricki. Andere Kinder aus der Bekanntschaft, die Töchter Bruno Walters, Gretel und Lotte, oder Otto Marcks, Wilhelm Emanuel Süskind (später Schriftsteller), Lisbeth und Karl Geffcken, Rudolf Morath sowie Golo und Monika waren sodann wechselnde Teilnehmer des

Mimikbunds. In den Häusern der beteiligten Familien wurden die Stücke in rascher Folge aufgeführt. Die Eltern waren die enthusiasmierten Gäste und schrieben Rezensionen in das ausgelegte Buch der Gruppe der begabten Kinder. *Minna von Barnhelm* und *Was Ihr wollt* waren die nächsten Stücke. Es folgten dramatische Versuche des jungen Dichters Klaus Mann.

Die Schulaufgaben der Großen kamen bei diesem Zeit verschlingenden Tun viel zu kurz. Mutter Katia war die Einzige, die den Halbwüchsigen nicht schmeichelte, wenn sie schlechte Schulnoten mit nach Hause brachten. Die Kinder blieben auch gelegentlich sitzen.

Es waren unruhige Zeiten in München, Revolutionäre marodierten, plünderten vor allem die Häuser der Wohlhabenden, die »Poschi« blieb allerdings verschont, auch die »Arcissi«, aber die Pringsheims mussten Zwangsmieter aufnehmen. Sie wählten kunstbegeisterte Menschen aus, mit denen sie sich anfreundeten, während die Manns aufgrund des sechsten Kindes um diese Auflage herumkamen. Katia war oft schwermütig. Die erneute Belastung durch einen schreienden Säugling ist ihr auf manchen Fotos direkt anzusehen. Kein Wunder, dass so gut wie keine Energie bei ihr und Thomas Mann vorhanden war, die pubertierenden »Großen« Erika und Klaus zu leiten, ihnen neben dem guten Beispiel auch Lebensregeln zu vermitteln, die sie eigentlich schon wesentlich früher hätten lernen müssen, damit sie wirksam gewesen wären.

So durfte die Fantasie der intelligenten Erika schweifen, ihr Freiheitsbedürfnis sich entfalten, wie Klaus Mann erzählt: Gemeinsam mit den Walter-Mädchen klingelte die 14-Jährige abends auf Spaziergängen an den Wohnungen von feineren Leuten, »die wir nicht kannten, stotterten:

mehrere Wüstlinge verfolgten sie unten, auf die Straße wagten sie sich nun keinesfalls mehr, erst müsse man um männlichen Schutz telefonieren. Die Hausfrau, gerührt von so viel verfolgter Unschuld, gab den armen jungen Dingern Kuchen und Tee; inzwischen telefonierte man an eine Stelle, wo ich wartete. Ich eilte herbei, man empfing mich als Retter, und die Dame warnte mich, meine hübschen Verwandten jemals wieder im Dunkeln spazieren zu lassen.«[68]

Und vieles mehr, teils auch schreckliche antisemitische »Scherze« erlaubten sich die Jugendlichen. Eines der Spiele, das Klaus als »harmlos und geschmackvoll« bezeichnete, hieß »die Juden entbieten«; sie kletterten in der Dunkelheit an einer Herzogpark-Villa hoch, von der sie wussten, dass die Herrschaften »ein wenig semitisches Blut hatten, aber nicht viel davon hergemacht sahen. Drei Fäustepaare klopften an das traulich verhängte Fenster, hinter dem die Herrschaft bei der Abendmahlzeit saß, und mit gräßlich rauhen Stimmen schrien wir: ›Judden – Judden‹.«[69] Wenige Jahre später würden sich die Mann-Kinder für derartige »Scherze« schämen und sich klar werden müssen, dass ihre eigenen jüdischen Wurzeln sie stark gefährdeten. Sie sollten zu Vorreitern in Sachen politischer Hellsichtigkeit werden.

Vorläufig hatte das schwelende Problem des Antisemitismus und des Auseinanderfallens der Gesellschaft bei den pubertierenden Jugendlichen der Mann-Familie wie in vielen gebildeten Elternhäusern in den 1920er-Jahren keinen Realitätsgehalt, weil sie vermutlich glaubten, aufgrund des Status des Großschriftstellers Thomas Mann diesem Schrecken keineswegs unterworfen werden zu können. Hinzu kam, dass Katia Mann, wie erwähnt, felsenfest davon überzeugt war, selbst keine Jüdin zu sein. Ihre eigene Einschätzung und die spätere Klassifizierung nach den Nürnberger Rassegesetzen waren demnach zwei ganz unterschiedliche Dinge, aber sie machten viele völlig assimilierte jüdische Familien, evangelisch oder auch katholisch getauft oder als Atheisten lebend, ganz und gar blind für die wachsende Bedrohung ihres Lebens.

Und einstweilen waren die Hormone noch handlungsleitend für diese Jugendlichen: Erika mit ihrem Nachahmungstalent führte Telefongespräche von Aprilscherzqualität zu allen Jahreszeiten, lud etwa begeisterte Fans Delia Reinhardts mit deren imitierter Stimme und in deren Namen zu einem Tee ein. Wie die in München bekannte Sängerin den Ansturm zahlreicher Backfische ertrug, bleibt im Dunkeln.

Aufsässigkeiten und Überforderungen

Gleichzeitig wurden die beiden älteren Mann-Kinder jetzt auch in die »bessere Gesellschaft« Münchens eingeführt. Man tanzte, sogar die längst bei den Jugendlichen verpönte »Française«, »mehrere junge Herren von vorzüglichen Umgangsformen machten Erika den Hof …«[70] Und immer weitere Welten öffneten sich den freiheitsliebenden, radikal das Neue suchenden »Zwillingen«, etwa die des Tischerückens und der »dilettantischen Geisterbeschwörung«, die ja einige Jahre später dem Vater von Interesse sein sollte. Hier wird andeutungsweise deutlich, dass Thomas Mann auch aus den ganz anderen Erfahrungen der Kinder, gerade der Ältesten, Inspirationen zog und sie ebenfalls als »Stoff« benutzte.

Daneben hatten die Eltern weiterhin kein Problem mit ihrem parteiischen, ungerechten Verhalten: Zu Weihnachten 1919 schenkte Katia ihrem »Reh« eine Fotografie aller Kinder, wie sie Katia umringen, die den kleinen Michael im Arm hält, und ein Einzelporträt von Elisabeth, dem »Kindchen«, im Rahmen. Und tatsächlich behielt Thomas Mann immer zwei Porträts von Elisabeth auf seinem Schreibtisch und ließ von ihr als dem einzigen Kind auch eine Büste anfertigen, die ebenfalls im Arbeitszimmer mit seinen nicht zahlreichen, aber für ihn wichtigen Gegenständen ihren Aufstellungsort fand, also in seinem Allerheiligsten, das auch in alle seine Exildomizile mit umzog.

Trotz der Ungerechtigkeiten kümmerte sich Erika jetzt und auch später rührend um ihre kleinsten Geschwister, und Elisabeth fing früh an, ihren kleinen Bruder zu unterrichten. Gelegentlich, wenn er nicht gehorchte, stellte sie ihn auch schon mal in die Ecke. Erziehungsmethoden von damals waren das, nachgeahmt durch das Kind. Auch später erinnerte sich Elisabeth daran, wie »furchtbar nett« Erika mit ihr und dem Bruder »Bibi« gewesen sei. Das Wort »nett« oder auch »hübsch« wurde allzu gern im Hause Mann verwandt, wenn eigentlich etwas weitaus Positiveres gemeint war, aber man wollte ja nicht übertreiben.

Es war natürlich ausschließlich Katia Mann, die, war sie präsent, die Last der »Schulbegleitung« ihrer nacheinander die Schule durchlaufenden Kinder zu tragen hatte. Und da gab es nur ein einziges Kind, Elisabeth, das unproblematisch auch unter schwierigsten Umständen »funktionieren« sollte. Aber die war damals erst zwei Jahre alt …

Katia wählte die Schulen immer nach langer Sondierung für die einzelnen Kinder aus, aber es erwies sich, dass die unbändigen »Großen« es nirgends lange aushielten. Für Erika und Klaus hagelte es beständig Mitteilungen an die Eltern von jeglicher Schule.

In den Jahren 1920–22 jagten den Eltern die Schulnoten ihrer Kinder zwischenzeitlich regelrecht Angst ein. Dazu traten die Klagen der Lehrer über die moralische Verkommenheit und unstatthafte Frühreife von Erika und Klaus. Und auch Monika nahm sich (anders als Golo) beim Eintritt in die Höhere Mädchenschule am St. Anna-Platz gleich gewisse Freiheiten heraus. Konsequentes Lernen war ihre Stärke nicht mehr. Golo war zwar auch zumeist ein schlechter Schüler, aber am unauffälligsten. Seine Leistungen in Geschichte waren indes phänomenal. Erika, Klaus und auch Monika glänzten inzwischen durch Leistungsverweigerung, Nichternstnehmen der Schulsituation, Lügen und Schwänzen.

Ein paar kleine Beispiele für die Aufsässigkeiten der Mann-Kinder: Gemeinsam mit Gretel Walter übte sich Erika auch in der Schule in der theatralischen Kunst. »Sie sanken während der Unterrichtsstunden ohnmächtig aus den Bänken, ließen sich auf die Toilette geleiten und eilten von dort aus in den Keller, wo sie mit Streichhölzern spielten. Einmal hätten sie bei solcher Gelegenheit um ein Haar das ganze Haus in Flammen aufgehen lassen.«[71] Bereits im Sommer 1920 hatten Erika und Klaus (14 und 13 Jahre alt) die Erlaubnis erhalten, eine Radtour mit Freunden nach Tirol zu unternehmen – in Wahrheit reisten die vier Halbwüchsigen nach Wien.

Maximal haben die Manns mit den Kindern, die Derartiges taten, einmal ein ernstes Gespräch geführt. Eine scherzhafte Bemerkung von deren Seite, charmant vorgebracht, genügte, um die Eltern zu versöhnen. In Erziehungsfragen waren sie liberal, die Manns. Außerdem wollten sie keineswegs eine »freie Entwicklung« ihrer Kinder behindern.

Als Erika 15 Jahre alt war, zögerte Katia dennoch nicht, dem Mädchen für lange Wochen die gesamte Haushaltsführung anzuvertrauen, da sie wieder einmal eine längere Kur antrat. Erika wurde damals viel zu früh eine Rolle übertragen, die zu permanenter Selbstüberforderung führte: Es existieren Briefe Katias, in denen sie der Tochter *en détail* darlegt, wie sie mit der Einstellung eines neuen Hausmädchens zu verfahren habe, welche offiziellen Abgaben für das Mädchen wo zu leisten seien und was ihm sofort untersagt, befohlen oder nahegelegt werden müsse. Diese Aufgabe war schwer, aber machbar für die resolute Erika, deren Talente einerseits künstlerisch, andererseits auch praktisch waren.

Klar war allerdings, dass Erika die Schule während der Abwesenheit der Mutter nicht besuchen konnte. Da der Prorektor sie nicht für diese Zeit vom Unterricht befreien wollte, hatten die Eltern sie kurzerhand abgemeldet. Im Brief an ihr »Reh« Thomas schreibt Katia immerhin etwas kleinlaut: »Ganz lieb ist es mir ja nicht, ich fürchte immer, sie verkommt ein bisschen dabei, und in ihrem Alter ist es jedenfalls eigentlich nicht das ganz Richtige. Sie dürfte eben keine so untaugliche Mutter haben.«[72]

Nein, das Richtige war es nicht: Abseits der »Familienarbeit« nutzte Erika ansonsten die heimlichen Grenzgänge – ihre Neigung zum Ausloten dessen, was möglich war, zog sie auch damals schon in zwielichtige oder gar kriminelle Gefilde: Eine Zeit lang ging sie mit Klaus und einigen Freunden aus der Nachbarschaft auf Diebestour in Münchens Delikatessläden, wo sie sich als Gräfin ausgab und die Bediensteten auf die Suche nach einer bestimmten

Sorte Ingwerplätzchen in Blechdose schickte, um derweil im weiten Lodenmantel andere Delikatessen verschwinden zu lassen. Man kann das amüsant finden, aber es war auch das Resultat einer desinteressierten, versäumten Erziehung.

Erikas Talente waren beträchtlich. Wie allen vier größeren Kindern der Manns wurde ihr sprachliche und künstlerische Begabung beschieden, außerdem hatten alle auch noch individuelle Stärken, Golo etwa in Geschichte. Aber es fehlte ihr wie auch Klaus und Monika an allen »Sekundärtugenden«, wenn diese »von außen« verlangt wurden: Pünktlichkeit, Fleiß, Disziplin und Ernsthaftigkeit.[73] Waren die Kinder verwöhnt und verwildert (wohlstandsverwahrlost, würde man heute vielleicht dazu sagen), oder sprachen sie aus einem schon früh vorhandenen Überlegenheitsgefühl der Institution Schule jedes Recht dazu ab, auf sie erzieherisch und bildend einzuwirken? Die größeren Kinder wollten jedenfalls in einem konventionellen Kontext wie einer Schule nicht gehorchen und lernen, da sie dessen Konservativität und Qualität ablehnten. Katia ging daher geduldig über Jahre in Lehrersprechstunden oder zum Schuldirektor und legte ein gutes Wort für die Kinder ein ... Im Elternhaus waren sie immer mit so viel stärkeren Persönlichkeiten zusammen, die sie prägten. Dort hatten sie auch gute Manieren – das waren die wichtigen Tischmanieren zum einen, es bedeutete aber zum anderen auch, dass man nicht dazwischenzureden hatte, wenn Thomas Mann sprach, dass man sich in seiner Gegenwart »unmöglich schlecht aufführen«[74] durfte. Wann immer Gäste das Haus betraten, waren die Kinder wie ausgewechselt, höflich, fügsam und kommunikativ: (Schau-)Spielerei also von morgens bis in die Nacht.

Erika war es auch, die dem Vater in jenen Jahren den Spitznamen »Zauberer« verpasste, den er gern übernahm, sogar Briefe an die Kinder sehr oft mit »Z.« unterschrieb. Zurück geht der Name auf die Teilnahme Thomas Manns an einem Maskenfest der älteren Kinder: In Ermangelung eines richtigen Kostüms schlug Erika vor, er solle einfach ein schwarzes Cape umlegen und als Zauberer erscheinen ... Im übertragenen Sinne meint dieser Name natürlich auch das Zaubern mit der Sprache, mit erfundenen, aber der Realität abgeschauten Figuren, das die Literatur Thomas Manns wesentlich ausmacht.

Erika war bereits als Kind und Jugendliche oft krank. Es wirkt fast so, als hätte sie ihre Kräfte permanent überschätzt, sich verausgabt, bis ein Zusammenbruch unvermeidlich war, sodass sie dann im Bett wieder neue Kräfte sammeln konnte.

Nach Katias Kur erhielt Erika Privatunterricht zu Hause, um sich auf das Gymnasium vorzubereiten. Sie sollte, wie schon ihre Mutter, das Abitur machen, das hatte sich nicht nur die 1919 verstorbene Urgroßmutter Hedwig Dohm in Berlin gewünscht, sondern auch Hedwig Pringsheim und die Eltern. Das waren sie sich schuldig, fanden sie, und die Gaben dafür hatte Erika zweifellos.

Der Privatunterricht bescherte ihr mehr freie Zeit als den Geschwistern, weshalb sie oft allein zu ihrer Großmutter Hedwig Pringsheim in die Arcisstraße zum Mittagessen gehen konnte. Eine Zeit des Doppelt- bis Dreifachlebens begann. Erika spielte in allen Milieus ihre Rolle perfekt.

Am 3. Mai 1921 wurde sie ins Gymnasium aufgenommen, doch hier taten sich für sie Probleme auf. Die lange Zeit der Freiheit hatte ihrer Fähigkeit, sich an ein schulisches Umfeld anzupassen, weiter geschadet.

Freundschaften wie die mit dem Schauspieler Albert Fischel, mit dem sich Erika und Klaus durch ein »Lügentelefonat« unter anderer Identität bekannt gemacht hatten und der die Bande ins Münchner Theaterleben einführte, taten ein Übriges. Die Eltern begannen allmählich etwas von dem »geheimen Leben« ihrer Großen zu ahnen. Das »Fräulein« petzte schließlich, und Erika wurde von Klaus über Golo, als Bote missbraucht, rasch in der Schule informiert, dass »alles« aufgeflogen sei (was genau, wissen wir leider nicht). Woraufhin sie mit Klaus und Gretel Walter, beide involviert in die Sache, festlegte, was nolens volens zugegeben werden musste und was nicht. Die Walters waren beste Freunde der Manns, und Elsa, die Frau Bruno Walters, sah die beiden Halbwüchsigen und die eigenen Kinder schon »auf der Straße verkommen«.[75]

Enttäuschung der Mutter über das Verhalten ihrer Großen führte zu ihrer Entscheidung, dass sie in München nicht mehr bleiben konnten – die Großstadt wurde für das Abgleiten der Kinder in ein gefährliches Milieu verantwortlich gemacht. Selbst Onkel Heinrichs Autorität versagte, der nach der Versöhnung mit seinem Bruder den »schlimmen, instinktlosen Kindern«[76] eine Standpauke halten sollte, weil das Katias Kräfte überstieg – und die Thomas Manns ebenfalls.

Das Landschulheim

Katia und Thomas Mann erkannten offenbar ansatzweise ihre Erziehungsdefizite und entschieden sich dafür, die beiden großen Kinder in eine Einrichtung der Reformschulbewegung zu geben. Eine Schule mit freiheitlichen pädagogischen Grundsätzen sollte es richten. Wären die Kinder nur fern der Großstadt, wäre das schon ein Pluspunkt, sagten sie sich. Auf dem Land gab es weniger Verführungen durch »Laster« aller Art als im nachrevolutionären München. Außerdem galten die Reformpädagogen als besonders fortschrittlich und verständnisvoll, und die Kinder waren ja auch sehr sensibel … Großmutter Hedwig schreibt im Tagebuch ohne jeden Kommentar, die Kinder kämen in »Pension«, der Begriff dafür aus ihrer Mädchenzeit.

Für die »Zwillinge« wurde also ab dem Schuljahr 1922, das im April begann, die Bergschule Hochwaldhausen im Vogelsberg in Oberhessen gewählt. Es war eine Nachfolgeeinrichtung der ebenfalls der Reformschulbewegung verpflichteten Dürerschule am selben Ort, die Thomas Mann bereits zur Gründung 1912 unterstützt hatte. Sie wurde damals von Otto Hermann Steche geleitet. Der Arbeitsschulgedanke beseelte die pädagogische Arbeit dort. Und offenbar versprachen sich Thomas und Katia Mann etwas davon, Erika und Klaus neben dem Schulunterricht mit Handwerk, Landwirtschaft oder Gartenbau praktisch vertraut zu machen.

Die Geschwister konnten zwar durch sehr gute Leistungen in Latein und Mathematik überzeugen, aber sie beklagten sich in Briefen an ihre Eltern fast umgehend und ständig über das Niveau der Schule. Über die mit ihnen befreundeten Töchter Bruno Walters erfuhren die Eltern, dass die Geschwister bereits den Plan hegten, ab den Sommerferien wieder in München zu sein: Sie vermissten die in der Großstadt und im Elternhaus mögliche Freiheit der Lebensführung. Katia war sehr enttäuscht, dass ihr Konzept »Abitur der Kinder im Landschulheim« nicht aufging.

Aber wenn ein Mitglied aus der Reihe tanzte, war sie tolerant. Elisabeth drückte es so aus: »Und ihre Liebe war sehr, sehr umfassend.«[77]

Für Klaus erwirkte Katia daraufhin in langen Gesprächen seinen Eintritt in die Odenwaldschule Ober-Hambach (OSO) in Heppenheim, nachdem ihr Vorstoß in der Schule Schloss Salem zu ihrem Leidwesen gescheitert war. Ihn sah sie mit Recht als noch gefährdeter an als Erika, die sie erneut in der Luisenschule in München anmeldete.

Elisabeths besondere Rolle

Von Elisabeth gibt es aus ihren frühen Jahren neben Informationen zu den üblichen Kinderkrankheiten, etwa einer Mittelohrentzündung, nur rührende Berichte darüber, wie es ihr gelang, ihren »Herrn Papale« zu amüsieren und ihren Wünschen geneigt zu machen. Im Gespräch mit Heinrich Breloer erinnerte sich Elisabeth Mann Borgese an ihr fünfjähriges Selbst: Der Vater habe sie »Äuglein traut« genannt, was ihr nicht passte. Sie habe dann geantwortet: »Herr Papa, wie du mich jetzt genannt hast, hat mir, ehrlich gesagt, nicht sehr gut gefallen.« Thomas Mann habe gelacht und den Namen danach nicht mehr verwendet.[78]

Elisabeth entwickelte sich zu einem geradeheraus und burschikos agierenden Mädchen, das seine große Schwester Erika sehr verehrte. Erika war so groß und schlank, sie selbst sah sich als klein, pummelig und schüchtern.

Auch im Fall der beiden Kleinen liebte es Katia, sie identisch anzuziehen, ihnen gleichartige Pagenköpfe schneiden zu lassen und die Vision eines dritten Zwillingspärchens zu kultivieren. Die Mutter fragte auch oft Gäste, die erstmals ins Haus kamen, wer von den beiden Kindern der Bub sei. Elisabeth erlebte damit als kleines Kind immer wieder verstörende und ihre Haltung verändernde Situationen. Da sie gern ein Junge gewesen wäre und an ihren Bruder Michael so angeglichen auftreten sollte, glaubte sie, dass Außenstehende sie für einen solchen halten könnten. Aber die Gäste erkannten Michael immer als den Buben und antworteten auf die Frage, warum sie denn das dächten, in der Regel: »Er sieht ernster aus.« Das verletzte Elisabeth sehr, und noch als alte Frau hatte sie diese Geschichte als skandalös in Erinnerung: »Das bedeutete einen Schock für mich, schlug mir eine kleine Wunde in meinem kleinen Gehirn, und mit dem Gehirn wuchs auch die Wunde. Warum mußten die Jungen ernster aussehen als Mädchen? Warum ernster sein als Mädchen? Warum *ernster genommen* werden als Mädchen? Von diesem Tag an legte ich meine Stirn in die bedrohlichsten Falten, deren ein Kind fähig ist, wann immer mein kleiner Bruder und ich Gästen vorgestellt wurden ... Ich war todernst. Und todernst war auch mein Photographiergesicht.«[79]

Elisabeth war das einzige der sechs Mann-Kinder, das sich von Vater und Mutter gleichermaßen geliebt fühlte, das beide auch gleichermaßen liebte und von beiden Eltern gleichermaßen Eigenschaften und Talente geerbt hatte.

In der Erzählung *Unordnung und frühes Leid*[80] beschreibt Thomas Mann Geschehnisse aus dem Jahr 1923. Sie spielt in der Familie des Professors Cornelius in der Inflationszeit, die Familie ist ein Abbild der Manns: Man isst Wirsing-Koteletts im feinen Hause, nachher ein Flammeri. Es gibt vier Kinder, zwei sind fast erwachsen: Bert ist eindeutig mit Klaus zu identifizieren, Ingrid mit Erika, die beiden kleinen Kinder Lorchen und Beißer sind deutlich den »Kleinen«, Elisabeth und Michael, nachempfunden, die Mittleren werden – warum? mangels eigener Farbigkeit ihres Charakters? aus permanentem Desinteresse des Vaters/Autors? – nicht erwähnt.

Ingrids äußerst erlesene Sprache in der Novelle fällt auf, auch gewiss der Realität abgelauscht. Sie erhält aufgrund ihres knabenhaften Äußeren und ihrer empathischen Art, mit dem Vater umzugehen, auch Sympathie seitens des Autors: »Ingrid, ein sehr reizvolles Mädchen, das zwar vor dem Abiturium steht und es wahrscheinlich auch ablegen wird, wenn auch, weil sie den Lehrern und namentlich dem Direktor die Köpfe bis zur absoluten Nachsicht zu verdrehen gewußt hat, von ihrem Berechtigungsschein aber keinen Gebrauch zu machen gedenkt, sondern auf Grund ihres angenehmen Lächelns, ihrer ebenfalls wohltuenden Stimme und eines ausgesprochenen und sehr amüsanten parodistischen Talentes zum Theater drängt …«[81]

Anders ergeht es den Söhnen Bert und Beißer: Sie erhalten gar keine positiven Beschreibungen oder Prognosen durch den Vater. Ein ganz anderes Gefühl als den Großen bringt Professor Cornelius Abel jedoch dem Kind Lorchen = Elisabeth entgegen. Das neugeborene Kind erregt in ihm »Liebe auf den ersten Blick und für immer, ein Gefühl, das ungekannt, unerwartet und unverhofft – soweit das Bewußtsein in Frage kam, von ihm Besitz ergriff und das er sofort mit Erstaunen und Freude als lebenswichtig verstand«[82]. Erneut griff Thomas Mann, in Prosa jetzt jedoch, den hohen Ton des *Gesangs vom Kindchen* auf: Seien es Lorchens feine Glieder, spatzenartig nennt er sie, seien es ihre seidenfeinen Haare, ihre goldfarbenen Augen, ihr zarter Hals, ja auch ihre süße Stimme – alles steht in krassem Kontrast zu dem Eindruck, den Beißer bei ihm hinterlässt. Dieser ist ihm widrig. Und doch verstehen sich die Kinder miteinander: Lorchen bringt dem jüngeren Bruder alles Mögliche bei. Er muss Wörter nachsprechen, die zum Teil gar nicht existieren, etwa »Luftentzündung«. Kann er es nicht, stellt sie ihn in die Ecke (ganz wie in der Realität). Einmal gibt sie ihm sogar eine Ohrfeige ... All das ist zweifellos Literatur, aber stark vom wirklichen Leben »abgeschrieben«. Und ein in der Novelle geschildertes Detail vermag uns Einblicke in eine Seite von Thomas Mann als Vater zu geben, die vielleicht weniger bekannt ist: Nämlich wird in den autobiografischen Berichten der Kinder das »Kissenspiel« erwähnt, das der Vater, war er gut gelaunt, gern zum großen Gaudium der Kinder spielte. Erwähnt wird in der Novelle auch, dass dabei Lorchen = Elisabeth meist das vor Vergnügen quietschende »Opfer« war, wenn sich der Vater an seinem Platz am Esstisch auf sie setzte, vorgebend, sie wäre ein Kissen. Und so dürfen wir annehmen, dass auch das »Vier-Herren-Spiel« wirklich gespielt wurde: »Die beiden [Lorchen und Beißer = Elisabeth und Michael] spielen, dass sie ›vier Herren‹ sind und spazieren gehen. Dann macht ›Abel‹ ganz krumme Knie, sodaß er ebenso klein ist wie sie, und geht mit spazieren, Hand in Hand mit ihnen, wovon sie nicht genug haben können. Den ganzen Tag könnten sie, alles in allem fünf Herren, mit dem klein gewordenen ›Abel‹ rund um das Eßzimmer spazierengehen.«[83]

Von Elisabeth ging für Thomas Mann also eine unmittelbar seine Lebensfreude belebende Wirkung aus. Und das nahmen alle übrigen Kinder auch ganz deutlich wahr und es forderte sie dazu heraus, sich wieder neu zu definieren.

Die wilden Zwanzigerjahre
1923–1925

Aufbruch der »Großen« in die Bohème I

Im Jahr 1923 starb Thomas Manns Mutter Julia nahe München, von ihm selbst, im Gegensatz zum Rest seiner Familie, sehr betrauert. Die Söhne Heinrich und Thomas mit ihren Frauen und der jüngste Sohn Viktor kamen ans Sterbebett.

Als einziges der Mann-Kinder nahm Erika am Begräbnis teil. Das sollte ihr, wie so vieles andere, Thomas Mann hoch anrechnen. Sie hatte früh begriffen, worauf es ihrem Vater wirklich ankam, und sie bediente diese Sensibilitäten – entsprechend konnte sie eigene Wünsche an die Eltern auch erfolgreich vorbringen.

Inzwischen wussten die Eltern, dass ihre beiden ältesten Kinder rauchten, dass sie Alkoholexzessen nicht abgeneigt waren und dem gleichen Geschlecht sexuell zuneigten. Ihr neues Wissen stand ihren Plänen nicht im Wege, sie sahen keinen Handlungsbedarf, man könnte es Fatalismus nennen: *Les jeux sont faits*, die Erziehung der »Großen« war abgeschlossen. Daher traten Thomas und Katia Mann wie geplant im Herbst eine Reise nach Bozen an.

Am 12. Oktober 1923 jedoch fühlte sich Onkel Heinrich erneut dazu bemüßigt, die beiden ältesten Mann-Kinder, 17 und 16 Jahre alt, zu sich zu zitieren. Hedwig Pringsheim schreibt im Tagebuch: »Zum Tee zu Heinrich Manns, wo

Scherbengericht über Eri-Aißi u. ihren unverantwortlichen, durch Lügen verheimlichten Lebenswandel gehalten wurde: peinlich u. betrüblich. Eri schluchzend. Aißi knabenhaft hochmütig u. albern.«[84] Es änderte sich nach der Gardinenpredigt von Onkel Heinrich: Nichts.

Eine Aussprache, die von Hedwig als »leidlich befriedigend« beschrieben wird, fand zwei Tage später statt, und »Eri« kam natürlich dann acht Tage später wieder mal wegen Geldproblemen bei »Offi«, Oma Hedwig, vorbei ...

Währenddessen war die Hitler-Bewegung in München schon ante portas. Diesmal noch, im November 1923, schlug die bayerische Polizei den Hitler-Ludendorff-Putsch nieder, und die NSDAP wurde verboten. Aber die Zeichen waren eindeutig. Die Eltern Mann sahen sie jedoch nicht, die in der Jugendblase lebenden Kinder ebenfalls nicht, und die Großelterngeneration, die nur in Vertretung erzog, erst recht nicht.

Als die Eltern Ende Oktober wieder zurück in München waren, gab es ein längeres Gespräch Hedwigs mit Katia über die Kinder. Sie waren gefährdet, gerade die sonst so heitere Großmutter machte sich nun ernstlich Sorgen, wäre froh, wenn Lösungen gefunden würden. Katia hingegen war zumeist traurig, hat man den Eindruck, und konnte offenbar nicht agieren. Mehrere Gespräche zwischen Katia und Hedwig Pringsheim sind in der Folge im Tagebuch vermerkt. Es änderte sich weiterhin: Nichts.

Thomas Mann arbeitete unterdessen weiter nach seinem eingeübten Schreibplan, dieser Plan war Gesetz. Er war am Abend gelöst und heiter, wenn er ihn erfüllt hatte. Alles, was ihn hinderte, ihn zu erfüllen, musste abgeschafft werden, weichen, bekämpft oder ignoriert werden. Das wusste Katia, das war *ihr* Lebensgesetz, das hatten die Kinder begriffen, respektierten es und wussten andererseits, wo ihre Schlupflöcher und wo Eltern und Großeltern verletzlich waren. Denn auch die Reputation war allemal und immer äußerst wichtig.

Spätestens zu Weihnachten war wieder Ruhe in die Familie eingekehrt. Erika führte ihre Freundin Pamela Wedekind bei der Großmutter ein, »die uns ganz gut gefiel«[85], so Hedwig. Erika und Klaus hatten im Hause von Onkel Heinrich Tilly Wedekind, die Witwe des 1918 verstorbenen Dichters der Frivolität Frank Wedekind, und vor allem ihre Töchter Pamela und Kadidja kennengelernt. Den verstorbenen Dichter und die aparte, sich selbst inszenierende Schönheit Pamela bewundern, die auch noch den interessanten Beruf der Bühnenbildnerin ausübte, in Berlin! – das war ein und dasselbe. Sich in sie zu verlieben, widerfuhr den Geschwistern gleichzeitig.

Derweil steckte Erika mitten im Abitur. Sie legte es ungerührt und ehrgeizlos ab (es könnte sogar sein, dass eine Zuwendung der Eltern an die Schule da etwas richtete ...): »Aus purer Liebe zu [meiner Mutter] habe ich das Abitur ›gebaut‹ und mit einem Zeugnis bestanden, das in der Welt einzig sein dürfte: es ist so miserabel, daß ich es mir eingerahmt habe, und jeder, der mich besucht, kann es in der Diele lesen.«[86] Für den 1. April 1924 notierte Hedwig Pringsheim jedenfalls das Bestehen des »Absolutoriums« der Enkelin: »schlecht aber recht«[87].

Auch Klaus lebte zunächst wieder in München und erhielt Privatunterricht, denn die Inflation hatte seinen Internatsbesuch unmöglich gemacht.

Die Jüngsten in der Schule

Zu Ostern 1924 hätte auch Elisabeth mit sechs Jahren in die Schule kommen müssen, doch die überforderte Mutter hatte die Schulanmeldung vermutlich über die Vorbereitungen auf das Erscheinen von Thomas Manns in vielen Jahren erarbeiteten zweiten Jahrhundertroman *Der Zauberberg* einfach verschwitzt, sodass das Kind erst Ostern 1925 eingeschult wurde. Obwohl Elisabeth wie zuvor alle Mann-Kinder schon durch privaten Unterricht vorbereitet worden war, sollte sie nun die erste Klasse durchlaufen. Dies missfiel der Mutter derartig, dass sie sie wie auch Michael in einer Privatschule anmeldete. Elisabeth wechselte 1928 nach Überspringen einer Klasse auf das Luisengymnasium und Michael wie vor ihm seine Brüder auf das renommierte Wilhelmsgymnasium.

Elisabeth war eine hervorragende Schülerin, der alle Fächer Freude machten und die in ihrer Freizeit fleißig Klavier übte, während Michael nur im Deutschunterricht und Geigenspiel wahre Begeisterung entwickelte. Sehr oft wurden die jüngsten Kinder der Manns zu Vorspielen gebracht oder konzertierten.

Doch die Eltern machten Elisabeth auch schon früh klar, dass sie kein musikalisches Wunderkind sei – wohingegen der Bruder Bibi vielleicht einmal ein ordentlicher Streicher werden könnte. Sie erinnerte sich: »Aber die Standards zu Hause waren eben sehr hoch. Ich meine, für meine Mutter – wenn man nicht mit neun Jahren ein Wunderkind war, dann war eigentlich nichts mehr zu machen. Wenn man an Musiker gedacht hat, hat man nur also an Bruno Walter oder Gustav Mahler gedacht. Drunter hätte es keinen Sinn gehabt.«[88]

Aufbruch der »Großen« in die Bohème II

Das Lügen und Betrügen der beiden großen Geschwister ging indes weiter: Sie fuhren nach Berlin, wohingegen sie ihren Eltern erzählt hatten, in den Sommerferien eine Wanderung durch Mitteldeutschland zu unternehmen ... Der Weg in die Welt des Verbotenen war eingeschlagen und wurde von beiden konsequent weiter verfolgt. Alle Freizügigkeiten der 1920er-Jahre wollten erlebt und ausgekostet sein, Erika lockte die lesbische Welt Berlins, Klaus die schwule.

Sie hatten schon früh verstanden, dass dem Vater, aber auch der Mutter derartige Abweichungen keineswegs gegen den Strich gingen, dass es sogar als mindestens interessant im Hause Mann galt, wenn Menschen sich zum eigenen Geschlecht hin orientierten. Bars, in denen Homosexualität offen gezeigt wurde, Männer- oder Frauenpaare eng tanzten, in denen man exzentrischen Künstlern begegnete, Abende, an denen sich Klaus und Erika schminkten, in groteske Kostüme zwängten – alles war möglich, Hauptsache, es war nicht bürgerlich, sprich langweilig und daher spießig.

Doch manchmal suchte Katia ihre Ältesten nachts in den Münchner Kneipen. Sie sorgte sich. Die »Szenen«, die die Eltern ihnen daraufhin machten, kamen daher wie ruhige, eher philosophisch gefärbte Diskussionen: Zum Kern der Problematik, die etwa Klaus beherrschte, seine sich entwickelnde Homosexualität, seine beginnende Abhängigkeit von Drogen, seinen gleichzeitigen Wunsch, Schriftsteller zu werden wie sein Vater, drangen sie gar nicht vor. Am liebsten überging man das Unangenehme, und nicht zuletzt stellte das Leben der Ältesten für Thomas Mann auch einen Erlebnisraum dar, den er als Schriftsteller beobachten konnte, der bunt und abenteuerlich genug war, um seine Fantasie und seine Tagebucheinträge zu befeuern ... Das hatten die Halbwüchsigen auch längst verstanden. Und lieferten durch ihr Leben ständig neuen Stoff für den »Zauberer«. Er war von Erika fasziniert, wie auch alle ihre Geschwister, sie sei »charmant, geistreich, selbstsicher«[89], schreibt Golo.

Klaus hingegen ließ sich nicht einmal durch einen von den Eltern anberaumten Aufenthalt in Stift Neuburg bei Heidelberg bei Alexander von Bernus im Frühjahr 1924 zur Räson bringen. Es stand fest: Er wollte kein Abitur, strebte in keinen bürgerlichen Beruf. Er sah sich als Schriftsteller.

Da dräute schon das nächste Problem rund um Erika: Da Katias Aufzeichnungen über sie nicht mehr existieren, sind wir auf die der Großmutter angewiesen, und die verkündet für den 17. April 1924 »Telephon-Ärger mit Katia, über Erika«[90]. Offenbar war Erikas bevorstehende Abreise nach Berlin der Stein des Anstoßes: Am 22. April fuhr ihr Zug.

Monikas Entwicklung

Derweil ging das Leben natürlich auch für die mittleren Kinder weiter, und auch diese entwickelten sich in München nicht gut, befand Katia. Sie machte sich die

Entscheidung in dieser schwierigen Situation nicht leicht, obwohl sie eine gestandene Mutter von 41 Jahren war. Doch wer konnte ihr raten, wem konnte sie vertrauen (außer der eigenen Mutter)? So besprach sie dieses Erziehungsproblem mit ihrer ältesten Tochter Erika, die ohnehin trotz der eigenen Probleme die Rolle der Vertrauten bei Vater und Mutter einnahm und auf diese Weise nach und nach die Deutungshoheit über alle Familienmitglieder errang ... Monika habe, schrieb Katia an Erika, so der Rektor der Schule, manchmal »geradezu etwas von einem Dienstmädchen in ihrem Niveau und der Gegensatz zwischen Euch beiden Schwestern ... sei zu erstaunlich«[91]. Das sollte Erika natürlich auch gegen Monika einnehmen. Damit nicht genug: Katia kennzeichnete Moni als »muffig und unerfreulich«. Ein Mädchen in der Pubertät eben, würden wir gleichmütig sagen. Oder: Moni »funktionierte« halt nicht immer.

Im Dialog zwischen Katia und Erika war dieser Brief ein weiterer Baustein für ein sich immer stärker verhärtendes Urteil über die Tochter bzw. Schwester. Und selbst die auf Ausgleich bedachte Elisabeth hatte in der Rückschau für Monika nur negative Urteile parat: Sie sei »dünkelhaft« gewesen, ein »Sonderling« und »schrecklich faul«[92]. Die Wahrheit lässt sich nicht mehr herausfiltern, doch deutlich wird, dass es bei vorgeblicher Liberalität enorm viele Vorurteile bei den Manns gab, rote Linien allerorten.

Betrachten wir nämlich Monika einmal ganz objektiv, treten völlig andere Charakterzüge zutage. Vergleicht man sie etwa mit Erika, stellt man fest: Während Erika schon sehr früh die unterschiedlichsten Rollen spielte und daher auch mit ihrer Schulrolle gut »ankam«, war Monika einfach immer nur sie selbst. Wenn es ihr nicht gut ging, merkte man das. Sie verstellte sich nicht. Sie brach daher auch nicht überfordert zusammen, so wie Erika. Aber offenbar war das »ständig eine Rolle spielen« in der Familie Mann etwas äußerst Erwünschtes: Thomas Mann spielte seine Rolle perfekt, Katia die ihre, Erika ebenso ... Bei allen weiteren Kindern jedoch bekam die Maske Risse, und auch Erika gelang es später nur mithilfe von Drogen, ihre erstrebte Außenwirkung aufrechtzuerhalten.

Klar wurde jedenfalls für Katia im Gespräch mit Erika: Auch Golo und Moni mussten aus dem Haus. Anders als für Klaus kurz zuvor stand für Golo und Monika die 1920 gegründete Schule Schloss Salem offen. Und sie wurde für die beiden ein guter Ort, um sich noch einmal »neu zu erfinden«, jenseits der elterlichen Zuschreibungen.

Monika war wie ihre älteren Geschwister zuvor in der höheren Schule in München gescheitert und berichtet in ihrem autobiografischen Bericht freimütig davon: »In der ›höheren Töchterschule‹ ... tat ich nicht gut. Ich war aufsässig und faul, was zusammen mit der apädagogischen, unförderlichen Atmosphäre der Schule zu Katastrophen führte. Außer ›Französisch‹, ›Deutsch‹, ›Turnen‹ und ›Singen‹ interessierte mich überhaupt nichts ... In meinen Physiklehrer war ich verliebt, was er mir mit Sadismus heimzahlte ... Aber der zum dramatischen Ende, nämlich zu meiner Entlassung führende Mann war der Lehrer der Geschichte.«[93] Es ist unklar, was Monika im eigentlichen Sinn verbrochen hatte. Sie stellte es so dar, als sei im Grunde die gesamte Mädchenklasse von diesem Lehrer ins »Unstatthafte« gelockt worden, ohne genau zu erklären, was vorfiel. Und warum sie letztlich als Einzige von der Schule relegiert wurde, wird auch nicht erläutert.

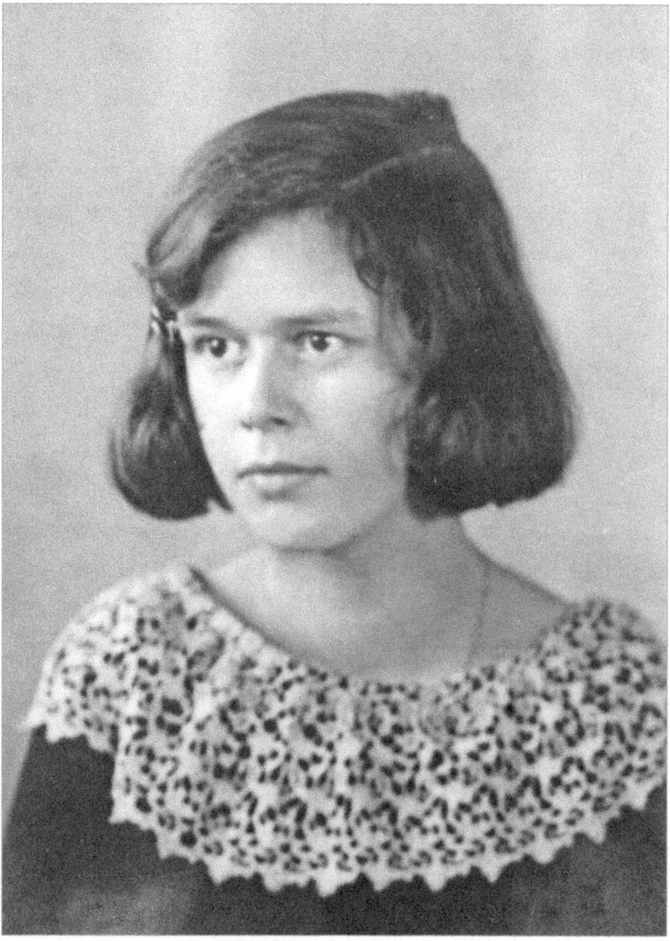

»Etwas mit Kunst ...«
Monika Mann, ca. 1922

Jedenfalls bestätigte sie mit dieser Selbstbeschreibung tatsächlich das Negativurteil Elisabeths. Monika wollte Künstlerin werden, Pianistin oder Malerin. Keineswegs begriff sie, dass solche Wünsche mitten in der Inflation in München gar nicht am Platze waren. Daher erging sie sich zunächst in Selbstmitleid, was sicher auch ihrem Alter geschuldet ist.

In Salem aber lebte sie auf: Schule und Leben, so Monika Mann, bildeten hier eine harmonische Einheit. Der Lehrer »war zugleich Freund und Mentor, und bei der Disziplin, die dem Kind für den ganzen Tag auferlegt wurde, bekam es bald eine moralische Selbständigkeit, ein Selbstverantwortungsgefühl, bislang unbekannt«[94].

In Salem war jeder für sich selbst verantwortlich, das war ganz neu für Monika, die es gewohnt war, mit einem doppelten Netz von Eltern, Geschwistern und Dienstboten immer aufgefangen zu werden, wenn sie eine Dummheit gemacht hatte – oder eben nichts. Sie kam als ein unbeschriebenes Blatt dort an und fand aufgrund ihres äußerst kommunikativen und freundlichen Wesens bald zahlreiche Freundinnen und Freunde. So »muffig und unerfreulich«, wie ihre Mutter sie darstellte, kann sie also nicht gewesen sein. In allen Ferien kam sie – wohin auch sonst? – zurück in die »Poschi« und wusste da immer noch nicht so recht zu berichten, was aus ihr denn einmal werden sollte. »Etwas mit Kunst«, war das Höchste, das sie herausbrachte.

Und je älter sie wurde, desto mehr »Dinge« bekam sie, zum Ersatz vielleicht auch für die unbeantwortete Frage, was man mit ihr anfangen sollte: zahlreiche neue Kleider, die Erlaubnis, ein Faschingsfest zu veranstalten oder im Winter Ski fahren zu gehen, und dann, als sie schon erwachsen war, den Sportwagen, die rote *Opelette*, so wie

Erika sie erhalten hatte – unglaublich damals und nur dem Nobelpreis von Vater Thomas 1929 zu verdanken.

Was sie fühlte, konnte sie damals nicht unmittelbar kommunizieren, später jedoch in schöner Sprache in ihren Veröffentlichungen reflektieren. So schreibt sie in *Vergangenes und Gegenwärtiges*: Salem war »ein Reich mit Regeln, Bedingungen und Gesetzen, mit umfassenden Möglichkeiten, sich auszuzeichnen, zu blamieren, avancieren, reüssieren – hier war man nicht ›Kind‹, ›Schülerin‹, sondern ›Mensch‹, und eben dies war neu und gut.«[95]

Monika, die so sehr an der Familie hing, verspürte in der ausgefüllten Welt ihres Lebens in Salem keinerlei Heimweh. Sie konnte in den Ferien ins Zuhause zurückkehren, gestand sich jetzt aber neben Dank sogar Kritik am Elternhaus und den älteren Geschwistern zu, ohne diese jedoch zu äußern.

Monika hatte früh Klavierunterricht erhalten – wie Klaus und Elisabeth, Golo und Michael lernten Geige; Erika hatte laut den Quellen keinen Musikunterricht. Monika liebte ihre Klavierstunden auch in Salem und war musikalisch sehr begabt, aber sie war wie Erika auch ein Sprach-, Dialekt- und Nachahmungstalent, und sie war wie Erika sehr sportlich.

Sie schrieb später einen autobiografischen Text über ihre Probleme in der Pubertät: »Ich hatte von jeher eine große Scheu vor dem Beruf. Und meine Lehrer scheuten sich, mich zu lehren, nicht weil sie mich ungelehrig fanden, sondern a-gelehrig. Können hatte zu wachsen und sich zu entfalten wie Blumen und Blätterwerk, es mochte mir da niemand dreinreden. Und so war, was immer ich tat, ein Wildes, Unberechenbares, Aufleuchtendes und Verschwindendes und wieder Keimendes. Meine Berufsscheu empfand ich als Schutz – als Schutz vor dem Irrtum, der Verwechslung, vor dem falschgezogenen Los, dem man sich für immer verschrieb, ja und *eignen* tat man sich schließlich für alles, für die Rolle des Hamlets, des Affenzüchters, der Puffmutter, der Ordensschwester – warum denn spielt das sogenannte Hobby eine solche Rolle heute? Wer sich heute nicht zum Hobby bekennt, der lebt nicht und der gilt nicht ... Ich wurde zum professionellen Hobbyisten ...«[96]

Man kann die ihr attestierte Faulheit also auch anders interpretieren. Und schließlich bleibt noch der Kritikpunkt »Dienstmädchenniveau«. Erinnern wir uns: Die dienstbaren Geister im Hause Mann waren in ihrer frühen Kindheit über viele Monate hinweg ihre einzigen Ansprechpartner gewesen, Menschen, die ihr Zuwendung zuteilwerden ließen und die sie versorgten. Auf die konnte sie sich verlassen.[97] Von ihren Geschwistern hatte nur Klaus für sie Verständnis. Sie war ein typisches Mädchen, das Androgyne sagte ihr nichts. All das, was Monika ausmachte, stieß Katia ab, noch mehr aber Thomas Mann.

In Salem hatte Monika immer etwas zu tun, begriff ihr Elternhaus im Nachhinein als alles »abdeckend« und erkannte, wie befreiend es sein konnte, sich nach allen Seiten hin zu orientieren und auszuzeichnen, indem man die Regeln der Schule achtete. Lügner wurden wochenlang aus der Gemeinschaft ausgeschlossen, niemand durfte mit ihnen reden ... Das war vielleicht auch eine Lehre, die Monika als jüngerer Schwester, der notorischen Lügnerin Erika stets untergeordnet, sehr dienlich sein konnte. Den Sport in Salem beschreibt Monika als wesentliches Element der Schulphilosophie, desgleichen die kärglich eingerichteten Viererzimmer und den strengen Tagesablauf.

Um 21 Uhr wurde das Licht gelöscht, um 6.30 Uhr rief man die Zöglinge zum morgendlichen Dauerlauf. Und die absolute Vielfalt der Schüler deutete Monika Mann 1956 als Verwirklichung utopischer Gemeinschaftswünsche der Menschen: »Es mischten sich da aristokratische, proletarische, jüdische, womöglich uneheliche Kinder zu einer Gemeinschaft, zu einer freien, gleichsam kosmopolitischen kleinen Welt.«[98] Wie diese kleinen abgeschiedenen Gemeinschaften es an sich haben, blieb man den Kameraden innerlich verbunden, und ein spanischer Schulfreund Monikas diente, wie sie ebenfalls preisgab, ihrem Vater als Modell für den jungen Joseph in seinem Roman, der sehr eindringlich auch hinsichtlich seines Äußeren beschrieben wird, als ein junger Mensch, der »liebenswürdig noch in seinen Fehlern« war: »Es waren zum Beispiel die Nüstern seiner ziemlich kurzen und sehr geraden Nase zu dick; aber da hierdurch die Flügel gebläht schienen, trat etwas von Lebhaftigkeit, Affekt und fliegendem Stolz in die Physiognomie, was sich mit der Freundlichkeit der Augen gut zusammenfügte. Den Ausdruck hochmütiger Sinnlichkeit, den aufgeworfene Lippen hervorrufen, wollen wir nicht rügen ...«[99]

Monika Mann schloss sich in Salem vor allem einem Kreis interessierter Schüler rund um den Musiklehrer an: »Musikgeschichte, Stilübungen, Improvisationen und Blattspielen«[100] wurden gepflegt, sie spielte beim Schülerkonzert Schumanns *Kinderszenen* – dieser Erfolg war, so schreibt sie, Ausgangspunkt für ihr ernsthaftes jahrelanges Musikstudium. Nicht jedoch gibt Monika preis, wie kurz sie in Salem lebte und lernte: Sie ging dort 1926 ab, mit erst 16 Jahren.

Über ihre erste Liebe schreibt Monika unverstellt, ja

naiv, dass es ein Bauernsohn aus dem Allgäu namens Charly war, den sie täglich sah und mit dem sie dennoch auch täglich einen Brief wechselte. Schreiben gehörte für Monika Mann wie das Musizieren zum unmittelbaren Lebensvollzug, es war etwas Natürliches, aber es stand lange kein Kunstanspruch dahinter, anders als beim Vater und beim Bruder. Und die Natur war ihr wichtig, die Berge – allein ihr Anblick wurde für sie sehr sinnlich zum »Gedicht ohne Worte, zum Gebet ohne Worte, zur lebenden Poesie«[101].

Sie verliebte sich oft und heftig. Katia ging auch das auf die Nerven. Und obwohl sie hochbegabt Klavier spielte und malte, galt das nichts in den Augen der Eltern, die dennoch klaglos nach ihrer Rückkehr die Unterrichtsstunden weiter bezahlten ... Bezahlten, weil sie Schuldgefühle hatten, dieses Kind wenig bis nicht zu lieben? Dieses Mädchen, das gar nichts aus sich machte, wie sie fanden, verglich man es mit den Großen, und das nicht einmal an einem Gegenstand bis zur Versessenheit hängen blieb wie Golo am Lesen? Ihrer Freundin Kadidja Wedekind hat Monika einmal gestanden, dass ihr das Leben als »Mittlere« traurig vorkomme, da Golo und sie nicht recht zueinander passten und sie nicht die Gabe habe, sich in Szene zu setzen.

Ihr glückte jedoch, von den Eltern unbemerkt, in Salem ein großer Entwicklungsschritt in Form einer Loslösung von Zuhause und einer Definition des eigenen Ichs unabhängig davon, den außer ihr nur Golo und Elisabeth auf eigene Weise machten – aus den unterschiedlichsten Gründen die anderen drei Kinder nicht, mit tragischen Folgen.

Elisabeth und das Meer

Im Sommer 1924 reiste die Familie Mann an die Ostsee, auf die Insel Hiddensee, und zwar mit allen Kindern: Erika beschrieb diesen Aufenthalt als ihren ersten Kontakt mit dem Meer. Außerdem verbrachte Thomas Manns »Kollege« Gerhart Hauptmann dort die Ferien in seinem vertrauten Urlaubsdomizil. Der Literaturnobelpreisträger hielt quasi dort Hof. Thomas Mann sollte ihn im *Zauberberg* als Mynheer Peeperkorn lebensecht darstellen ... man kann auch sagen: karikieren.

Für die kleine Elisabeth aber, Thomas Manns »Kindchen«, wurde der erste Anblick des Meers zu einer Prüfung. Es ging um die Frage, ob sie ihrem Vater in der Intensität der Liebe zum Meer würde gleichkommen können: »Ich sehe mich noch: Gegen Abend, es war kühl, und ich zitterte ein wenig; teils weil es kühl war, teils aus Erregung. Wir standen am Strand. Ich, etwa fünf Jahre alt, an der Hand meines Vaters, und mein kleiner Bruder Michael, vierjährig. Wir schauten aufs Meer hinaus – das erste Mal in unserem Leben ... was mich am tiefsten beeindruckte, war der Horizont, der sich fest und ungebrochen, wie von einem überdimensionalen Zirkel gezeichnet, von einem Ende des Blickfeldes zum anderen hinzog. ›Das ist der Horizont‹, erklärte der Vater. ›Und was ist hinter dem Horizont?‹, fragte ich. ›Der Horizont und dahinter wieder der Horizont. Je weiter du hinausruderst, um so weiter zieht sich der Horizont zurück, so daß du immer nur einen Horizont siehst: bis ganz, ganz zuletzt Land in Sicht kommt,

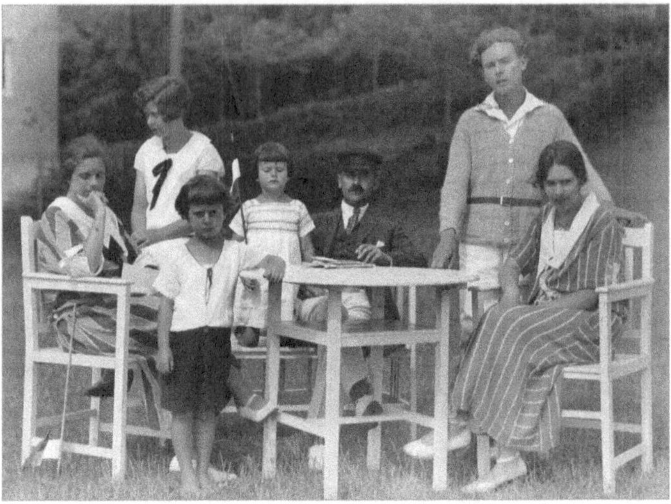

Familie Mann in der Sommerfrische 1924 auf Hiddensee: Michael, Katia, Monika, Elisabeth, Thomas, Klaus und Erika Mann

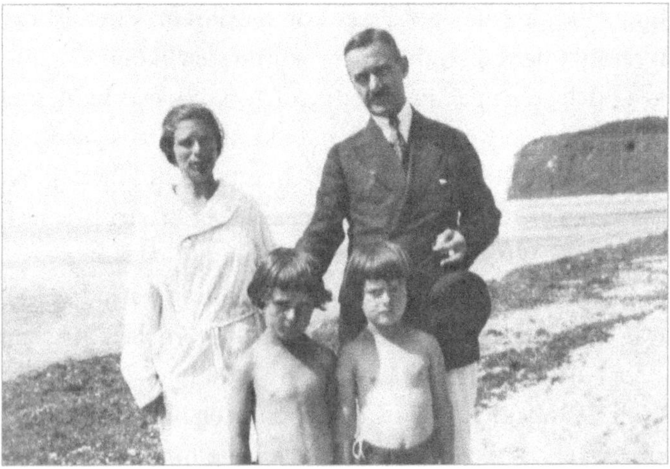

»Wir schauten aufs Meer hinaus – das erste Mal in unserem Leben ...« Elisabeth Mann (rechts) mit ihrem Bruder Michael und den Eltern am Strand von Hiddensee

und dann ist der Horizont verschwunden. Du kannst ihn dann aber wieder sehen, wenn du dich umdrehst.‹«[102]

Diese Initiation hat Elisabeths Leben geprägt, jedenfalls den Teil davon, den sie selbstbestimmt verbringen würde.

Aufbruch der »Großen« in die Bohème III

Der bislang sehr enge Kontakt Hedwig Pringsheims zu Erika und Klaus bröckelte nun. Die Großen schrieben der Großmutter gelegentlich aus Berlin, was sie im Tagebuch vermerkte. Zumeist baten sie dann um Geld. Diesen Wünschen wurde entsprochen. Immerhin bettelten sie charmant, mit schönen Worten verbrämt. Erika und Klaus waren nun schon eine Strecke weit auf einem Weg, der sie entfernte von ihrer Familie, aber dennoch wie Bumerangs immer wieder nach Hause trug. Ihre Ansprüche an ihr Leben hielten nicht Schritt mit ihren Einkünften aus der eigenen Arbeit, und so waren sie immer angewiesen auf Zuschüsse aus den Börsen der Familie: Das war zunächst die prall gefüllte der Pringsheims, später die immer voller werdende von Thomas und Katia Mann. Im Sommer 1924 feierten Klaus und Pamela Wedekind ihre Verlobung, beide waren knapp 18 Jahre alt. Gleichzeitig aber wurde Erikas Beziehung zu Pamela immer leidenschaftlicher. Pamelas Stil, sich zu frisieren, zu schminken und zu kleiden, kopierte Erika in nur leicht abgewandelter Form, wie zahlreiche Fotografien es nahelegen, zum Beispiel eine aus den frühen 1920er-Jahren, die die Gesichter der beiden jungen Frauen, die wie Zwillinge aussehen, eng aneinandergeschmiegt zeigt, Erika versonnen, Pamela spöttisch in eine unbestimmte Ferne blickend. Aber wie mag

Erika die Verlobung ihres Aissi mit ihrer Pamela wahrgenommen haben? War sie Ausdruck großer Freiheit, durfte man alles tun, was man sich in einem kleinen oder großen Rausch ausgedacht hatte?

Das war nur der Beginn eines immer verwirrenderen Beziehungsgeflechts rund um Erika und Klaus, die alle das Thema »Geschwisterliebe« variieren sollten.

Erika nahm ab September 1924 in Berlin Schauspielunterricht, den der Vater finanzierte. Seufzend zahlte er daneben das überhöhte Honorar des privaten Stimmbildners Oskar Daniel, und dank seines Empfehlungsbriefs fand der weitere Unterricht für Erika natürlich an Max Reinhardts berühmter Schauspielschule statt. Gegen Berlin hatten Thomas und Katia Mann zunächst Protest erhoben, die strapaziöse Stadt schien ihnen ungeeignet. Aber gegen den Willen der Großen kamen sie nicht an, und so zog nach Erika auch Klaus nach Berlin. Als zweiter Theaterkritiker beim *12-Uhr-Blatt*, auf den Posten empfohlen von Onkel Klaus Pringsheim, machte er seine ersten Gehversuche im Schreiben für ein breiteres Publikum.

Erika erhielt schon bald kleine Rollen (oder war Statistin) am Deutschen Theater unter Max Reinhardt, so in der Uraufführung von Shaws *Die heilige Johanna* mit Elisabeth Bergner. Sie erarbeitete sich einen Ruf, aber alle Rollen, die man ihr zuerkannte, waren in ihren Augen unbedeutend. Selbst als sie in Pirandellos Stück *Sechs Personen suchen einen Autor* die Erste Schauspielerin gab, war sie nicht zufrieden, ebenso wenig im März 1925 als Prinzessin in Carl Sternheims Stück *Oscar Wilde* – alles war ihr zu langweilig, sogar die Erfolge, die die im Repertoire vielfach in Serie gespielten Stücke erzielten. Nur neun Monate hielt es die Rastlose in Berlin, sie bat Max Reinhardt darum, ausscheiden zu dürfen, und wechselte im Sommer 1925 an die Bremer Bühnen.

Sie war knapp 20 und hatte einen größeren Erfolg mit ihrer Rolle im Stück *Kreidekreis* von Klabund aufzuweisen, und dennoch: Sie zweifelte ernsthaft an der Berufswahl und an den damit verbundenen Lebensbedingungen. Vor allem litt sie unter der Trennung von Pamela.

Außerdem hatte das Erscheinen des *Zauberbergs*, ein Donnerschlag für die deutsche Literatur, einschließlich der damit verbundenen öffentlichen Auftritte, Thomas und Katia Manns intensive Wahrnehmung ihrer Kinder, ihrer Leistungen, ihrer Probleme in der Liebe und im Beruf oder in der Schule sehr beeinträchtigt. Die Eltern konnten oder wollten etwa Klaus' erstes Bühnenstück *Anja und Esther*, das die Dreierkonstellation Klaus, Erika und Pamela Wedekind zum Thema hat, nicht würdigen – die Premiere jedenfalls besuchte Thomas Mann demonstrativ nicht, begnügte sich mit ironischen Einlassungen, maximal einer Irritation. Dies irritierte wohl auch Erika.

Klaus Mann hatte zuvor den Regisseur und Schauspieler Gustaf Gründgens kennengelernt, der sich vermutlich viel vom wohlklingenden Namen Mann bei einer Inszenierung des ersten Bühnenstücks von Klaus versprochen hatte und von den im Anschluss die Gazetten füllenden Artikeln über einen Stoff, der die Grenze des Sittlichen sprengte, aufgeführt durch drei »Dichterkinder«. Gründgens konnte nicht nur die Aufführung des Stücks überhaupt durchsetzen, sondern auch die Besetzung der Frauenfiguren durch Erika (Anja) und Pamela (Esther), des Dichters Kaspar durch Klaus Mann und des Jakob durch sich selbst. Regie führte Otto Falckenberg, der Bühnenbildentwurf stammte von Mopsa Sternheim, Thea und Carl Sternheims Tochter.

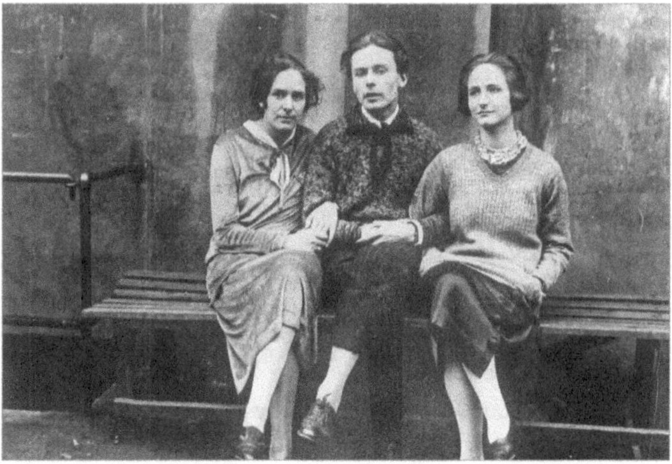

Liebe zu dritt – Erika und Klaus Mann mit Pamela Wedekind, 1925

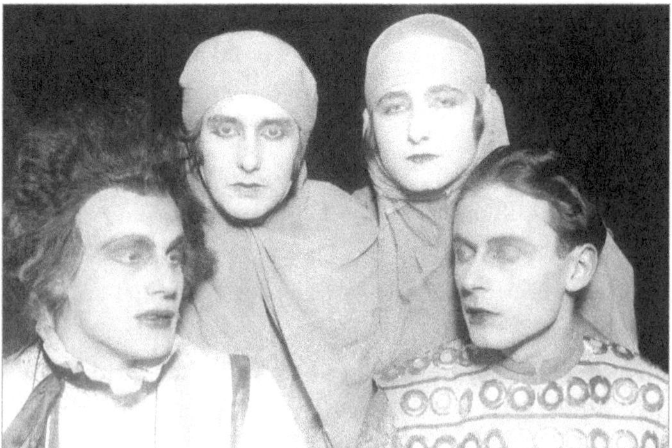

Das Kleeblatt im Stück »Anja und Esther«, 1925: Gustaf Gründgens, Erika Mann, Pamela Wedekind und Klaus Mann (von links)

Erika war mit dem Ergebnis zufrieden, da ihr der Bruder die Rolle auf den Leib geschrieben hatte, die wie alle seine Frauengestalten androgyne, dunkelhaarige und im Inneren einsame Wesen sind. Ihre Figur war auch die einzige in diesem »frühreifen« Stück, die als Verlassene echte Gefühle auszudrücken vermochte.

Die Premiere in München am 20. Oktober 1925 war allerdings ein Misserfolg, zwei Tage später an den Hamburger Kammerspielen wendete sich das Blatt für die Beteiligten: Gründgens schrieb für das Programmheft der Kammerspiele ein einschwörendes Vorwort, der 800 Personen fassende Saal war ausverkauft. Es regnete Applaus, aber auch Pfiffe, ein Tumult sondergleichen: »Dichterkinder spielen Theater«, so lautete die Schlagzeile.[103] Und die Journaille zerriss sich das Maul über den Skandal dieser Aufführung – für die Mann-»Zwillinge«, Pamela Wedekind, Mopsa Sternheim und Gustaf Gründgens war die Aufführung von ungeheurer Werbewirksamkeit. Obwohl viele negative Kritiken erschienen, buhlten die Bühnen landauf, landab um die Aufführungsrechte – und die drei Protagonisten Erika, Pamela und Klaus sowie Mopsa waren immer dabei, auf der Bühne oder in der ersten Reihe. Gründgens indes zog sich bald zurück – hatte er doch die Defizite des Stücks immer gekannt, aber auf die Publizität zu seinen Gunsten kurzfristig vertraut.

Je erregter die Diskussion wurde, etwa im Hessischen Landtag anlässlich der Aufführung in Darmstadt, desto bestätigter fühlten sich die vier Dichterkinder: Sie waren eine Gruppe von Außenseitern, duldeten gerade einmal für eine Zeit lang Gustaf Gründgens unter sich. Ein vierblättriges Kleeblatt.

Der unaufhaltsame Weg in die Politisierung 1926–1933

Erikas bürgerliche Ehe

Thomas Mann veröffentlichte 1925 *Unordnung und frühes Leid* und begann mit der Niederschrift seines Romanwerks *Joseph und seine Brüder.* Klaus veröffentlichte, unstatthafterweise, könnte man sagen, 1926 *Der fromme Tanz* und *Die Kindernovelle*, Ersteren mit seinem Bekenntnis zur eigenen Homosexualität, Letztere mit der Schilderung der Tölzer Sommeridylle der Manns, wobei Katia jedoch als Witwe auftritt, die mit einem anderen Mann ein fünftes Kind zeugt. Gewaltiger kann man den eigenen Vater nicht vom Thron stürzen. Klaus hatte bewusst provoziert, doch selbst diesen Angriff ließ Thomas Mann scheinbar unberührt an sich abprallen. Und Klaus kommentierte auch diese Haltung ausführlich, indem er dem Vater das Interesse am Tun der Kinder, ihren jeweiligen Aufenthaltsorten, ihren Arbeitsgegenständen und ihren Lebensgefährten geradezu absprach. Die Bannmeile der Diskretion existierte für ihn nicht mehr, jetzt, da dem jungen Schriftsteller das blanke Desinteresse entgegenschlug. Ebenso formulierten es später, doch wesentlich verhaltener, Golo, Monika und Michael.

Wie wirkte sich dies auf Klaus' Alter Ego Erika aus? Man kann das, was sich ereignete, eigentlich nur mit dem Wort »Orientierungslosigkeit« bezeichnen. Sie stand einerseits auf der Seite des Bruders, andererseits war sie an den Vater tiefinnerlich gebunden.

Doch nun gab es Gustaf Gründgens in ihrem Leben, der auf der Bühne funkelte und sprühte und ein markant aussehender Mann war. Erika war von ihm fasziniert. Er war sechs Jahre älter als sie, hatte sich aus kleinen Verhältnissen in Düsseldorf gelöst und eine Karriere als Schauspieler und Regisseur begonnen. Und auch Gründgens verehrte Erika, mehr aber noch begehrte er Klaus. Theater und Leben vermischten sich weiter.

Am 24. Juli 1926, dem Geburtstag von Katia und ihrem Zwillingsbruder Klaus, gingen Erika Mann und Gustaf Gründgens auf dem Münchner Standesamt die Ehe ein. Zuvor hatten die beiden »Großen« noch einmal Paris unsicher gemacht und sich von Großmutter Hedwig einen Zuschuss erbettelt.[104] Die Großmutter durfte auch im Juni des Öfteren mit der Enkelin etwas »Ausstattung« kaufen gehen. Lesen wir, wie sie schließlich den Tag der Eheschließung im Tagebuch reflektierte: »Um ¾ 11 Anfart [sic!] der Familie Mann, die den Trauzeugen Klaus zum Standesamt abholt … um ¾ 8 zum Hochzeitsfest gefaren, das sehr gemütlich, heiter u. herzlich verlief. Tafel mit 24 Personen (u. Persönchen), schön geschmückt, Tischreden, Tommys auf das Brautpaar besonders gut, außer Familie u. der sehr netten Mutter Gründgens noch Bruno Franks … Das Brautpaar reist morgen.«[105]

Die sachlichen Details: Thomas Mann und sein Schwager Klaus Pringsheim wurden Trauzeugen, von der Gründgens-Seite niemand. Das Hochzeitsdiner fand am Starnberger See statt, im Hotel Kaiserin Elisabeth in Feldafing. War es ein gutes Omen, in einem Haus, das der unglücklichen Sisi gewidmet war, diese Hochzeit zu feiern?

Und waren sie, Erika 20-jährig und verwöhnt, Gustaf als Schauspieler ein »Selfmademan«, völlig anders sozialisiert und daher verurteilt zum Erfolg, füreinander geschaffen? Den Tanz des Hochzeitsabends, den Rausch von Bühnenerfolgen beherrschten sie, fühlten sich darin wohl, wollten immer mehr davon ... aber den Alltag?

Erika wusste im Grunde schon vor ihrer Hochzeit, dass es mit Gustaf Gründgens aufgrund seiner Hypersensibilität, Reizbarkeit und seiner (genialischen? krankhaften?) Ausbrüche zu Problemen kommen würde. Außerdem liebte Erika weiterhin Pamela Wedekind. Und auch Gründgens soll vor der Hochzeit ernsthafte Zweifel geäußert haben, zumal er sich eher für das männliche Geschlecht begeisterte.

Gründgens hatte sich wahrscheinlich eine Art »Hafen« erträumt, als den er die Mann-Familie ansah, aber sich die Realität nicht klargemacht. Er hatte nur das Positive gesehen: dass er in eine großbürgerliche Familie einheiraten würde, mit einem bedeutenden Schriftsteller im Hintergrund, dessen Glanz auf ihn abstrahlen würde ... Er würde also profitieren. Und er würde Erika als Schauspielerin protegieren. Es wäre eine Situation mit Gewinn für beide Seiten, so seine Vision. »Liebe« war in diesem Konzept eher ein störender Begriff. Oder überflüssig.

Erika hingegen hatte im Brief an Hedwig Pringsheim von großer Liebe gesprochen. In einem fast gleichzeitig verfassten Brief an Pamela Wedekind schrieb sie hingegen, dass niemand ihr und ihrem Mann in Friedrichshafen im Hotel auf der Hochzeitsreise den Ehestand glauben könne. Und letztlich kommt man nach dem Studium all ihrer Briefe an die Großmutter zu dem Ergebnis, dass Erika genau wusste, wie weich ihre Großmutter war und wie empfänglich für schön geschriebene Bittbriefe mit einer Schilderung der Not oder der teuren Stadt, in der man leider gerade gestrandet war. Derartige Narrative schillernd und witzig auszukleiden, beherrschte die sprachgewaltige Tochter von Thomas und Katia Mann perfekt, und sie nutzte ihre Fähigkeiten. Und da sie zudem das erste Kind von Hedwigs Lieblingskind Katia war, nahm die Großmutter diese Hochzeit und alle damit verbundenen Betteleien Erikas ernst.

Den Heiligabend 1926 erlebte Großmutter Pringsheim kurz danach in der Poschingerstraße bei den Manns mit den musizierenden »Kleinen«, Elisabeth (Medi) am Klavier, Michael (Bibi) an der Geige: Sie durften mit acht bzw. sieben Jahren in diesem Jahr 1926 ein Konzert beim Bayerischen Rundfunk geben. Das erfreute die Eltern und die Großeltern natürlich und ist ein weiteres Zeichen dafür, wie begabt die gesamte Familie war. Monika fehlte, sie hielt sich in diesem Jahr abwechselnd in München, Frankfurt und Berlin auf, dort lebte sie bei den Pringsheim-Verwandten am Bayerischen Platz und ging abends gern in die Nachtbars, in die Bars der Bohème sogar auch, aber ohne Drogen zu konsumieren. Sie mochte zum Beispiel die Jockey-Bar, wo sie sich in den Pianisten verliebte.[106]

Erika vermochte derweil der bürgerlichen Ehe nichts abzugewinnen. Man muss diese Verbindung daher als zynischen Beweis ungeheurer Geltungssucht des Paars oder öffentlichkeitswirksames Spiel bezeichnen. Sie scheiterte denn auch schon nach Kurzem. Obschon in der Hamburger Oberstraße 125 eine noble Aussteuer mit der Braut einzog, gab es keinerlei gemeinschaftliches Leben. Erika gerierte sich als exquisite Verschwenderin, und selbst die guten Gagen von Gründgens reichten nicht für ihre Luxusbedürfnisse (nur Erika und Klaus hatten im Übrigen derartige Bedürfnisse nach Eleganz und Luxus, der ersten Klasse im Zug, dem Fünf-Sterne-Hotel, den teuersten Anzügen und Kleidern; die übrigen Kinder waren wesentlich bescheidener). Eine Zeit lang war es lediglich die gemeinsame Liebe zum Theater, die den Kitt abgab, waren es die großartigen Rollen, die Gründgens seiner Frau zuschanzte, etwa die der Polyhymnia in Jacques Offenbachs Operette *Orpheus in der Unterwelt*, die ihr Halt gaben, zumal sie enorm viel von ihm lernen konnte. Am 9. Januar 1929 dann wurde das Paar wieder geschieden.

Während der Ehe war Erika zwischendurch immer wieder in München gewesen: So anlässlich von Golos Abiturfeier am 27. März 1927. Zur Belohnung durfte er einmal in die »große Welt« mitkommen, so erinnert er sich. Erika traf an diesem Abend nicht nur Christa von Hatvany-Winsloe, sondern auch Therese Giehse zum ersten Mal: Einige Jahre später, 1931, sollte Erika in dem Film *Mädchen in Uniform* nach Christas Romanvorlage in der Filmfassung von Leontine Sagan die Rolle einer Erzieherin spielen.[107]

Klaus seinerseits schrieb ein neues Stück, *Revue zu Vieren*, und Gründgens wurde dafür in Leipzig als Regisseur angeheuert. Eine Neuauflage des großen Spaßes? Eine Tournee mit diesem Stück war jedenfalls geplant. Ewige Jugend, ewiges Karussell der Leidenschaft? Des Zeitvertreibs?

Man merkt, Klaus kreiste um den Beziehungswirrwarr, war darin komplett gefangen und gierte nach Öffentlichkeit. Das Stück war modern und kam wieder mit ihm und seinen Intimi als Selbstdarstellern aus. Gründgens jedoch war inzwischen noch kritischer geworden und stieg nach Aufführungen in Hamburg und Berlin aus. Auch Pamela

Wedekind fand Klaus – und daher sein Stück ebenfalls – inzwischen schrecklich, das Paar löste 1928 seine Verlobung. Das Stück fiel, wie die Geschwister voraussahen, komplett durch. Erikas Schauspielleistung kam immerhin in den Kritiken noch am besten weg ... In einer Rezension werden die »Dichterkinder« als »kindliche Greise« bezeichnet, in einer anderen als »lebende Magazinbilder«.[108] Die »Revue«, das Modegenre der damaligen Zeit, brachte selbst der erfolgsverwöhnten Erika in der Rolle der Hutmacherin kein Glück: Nicht nur fiel sie wie im Rollenbuch vorgesehen von der Treppe, sie fiel auch beim Publikum komplett durch. Es heißt, man hätte sich nach der Premiere am 21. April 1927 noch lange in den Theaterfluren geprügelt. Und weder in Berlin, Dresden, Breslau, Hamburg, München oder Wien noch in Prag, Budapest oder Kopenhagen sah es anders aus.

Doch nach wie vor stand Erika zu ihrem Bruder, sah ihn als Schriftsteller, während sie sich selbst als Schauspielerin mehr und mehr infrage stellte. Erneut hatte Klaus in der Hutmacherin sein Bild der Schwester gestaltet, einsam und traurig, wenig bereit, über sich zu sprechen. Machte sich Thomas Mann wohl um sein ältestes Kind Sorgen? Ja, das stand außer Zweifel – etwas Dunkles zog Erika in eine Tiefe, die nicht auslotbar war. Die sie aber immer durch ihren Humor überspielte, unsichtbar machte.

Alle auf der Suche

Nach außen steckten die »Großen« die schlechten Kritiken scheinbar lässig weg, doch mit 21 (Erika) und 20 Jahren (Klaus) erwogen sie, es wäre das Beste, einfach prominent zu verschwinden und gerade dadurch den nächsten pressewirksamen Coup zu landen.

Jede Nacht fuhr Erika nach ihrem Auftritt an den Münchner Kammerspielen mit ihrem kleinen Auto in diesem August 1927 an den Starnberger See, wo Klaus logierte. Bei ihm liest sich die alles entscheidende Unterhaltung jener Nacht so: »›Ich weiß nicht, was mit mir los ist‹, klagte sie. ›Alles geht nach Wunsch, aber ich habe keinen Spaß daran.‹ Es gab ein Schweigen, ehe sie hinzufügte: ›Der Starnbergersee [sic!] ist hübsch, und es spielt sich nett an den Kammerspielen. Aber ich wäre lieber anderswo. Zehntausend Meilen weg von hier.‹ ›Gar keine schlechte Idee‹, sagte ich. ›Es gibt genug Dinge, vor denen man davonlaufen möchte …‹«[109]

Und so wurde die Idee einer Art Flucht geboren, eine kleine Vortragstournee auf Einladung der amerikanischen Verleger von Klaus, Boni & Liveright – getarnt als Amerikareise. Erika brannte für diese Idee und organisierte die Reise. Es war für die Geschwister der Beginn einer Reihe von Fluchten, eines unsteten Vagabundierens durch das Leben ohne eine eigene Bleibe, nur in Hotels oder im Elternhaus, in das man ja immer flüchten durfte.

Auch bei Monika gab es Suchbewegungen, die jedoch wenig spektakulär waren und daher von ihren Eltern mit einer gewissen Resignation betrachtet wurden: Was sollte daraus eigentlich werden? Sie probierte sich aus, besuchte unter anderem die Kunstgewerbeschule in München, später eine Kunstschule in Paris. Niemand konnte ihr raten. Ihr Bruder Golo war Student, er hatte konsequent den Absprung aus der Familie geschafft, ohne jedoch seine Loyalität zu ihr aufzugeben. Und die »Kleinen« bereiteten den Eltern die Freuden, die ihrem Alter angemessen waren. Am

21. Juni 1927 traten sie als Jüngste im Schülerkonzert auf. Ein weiterer kleiner Triumph nach so vielen bedrückenden Erfahrungen für die Eltern mit ihren Kindern: Diese beiden Kleinen schaffen es, sie werden wahrscheinlich Musiker, sagten sich Katia und Thomas. Hedwig Pringsheim lobte zum Heiligabend 1928 die »wirklich nette Musikauffürung [sic!]«[110] der Kleinen. Und diesmal war auch Monika wieder dabei, die ab Herbst 1926 in Lausanne eine fast einjährige Klavierausbildung absolviert hatte. Von einer Karriere als Pianistin war nicht die Rede – für sie galt die Musik als Hobby. Es war Usus bei den Manns, die Dinge kleinzureden, die schön waren, und die Dinge zu beschweigen, die hässlich oder traurig oder, wie bei Monika: nicht tauglich waren. Es war bezeichnenderweise lediglich Monika, die es gelegentlich wagte, traurige Dinge beim Namen zu nennen. Für Elisabeth hingegen schien es offenbar keine traurigen Dinge zu geben. Sie ging von vornherein in einer Unerschütterlichkeit durchs Leben, die ihresgleichen suchte.

»Rundherum«

Aus der Reise nach Amerika, Nordamerika wohlgemerkt, zum Zweck einer kleinen Vortragstournee, wurde unversehens eine Weltreise, eben »rundherum«, und Erika und Klaus schlugen natürlich auch Kapital daraus, indem sie hinterher, 1929, ein flott geschriebenes, sie als junge, begabte, bestens vernetzte Menschen der Kulturszene ausweisendes Reisebuch auf den Markt brachten: *Rundherum. Das Abenteuer einer Weltreise.*

Das wesentliche Element des Buches wie auch offenbar

der gesamten Reise war das rasante Tempo. Erika war ja schon längst Autofahrerin zu diesem Zeitpunkt und bekannt für ihren draufgängerischen Fahrstil. Klaus liebte das Fahren nicht, aber er passte sich Erika im geschwinden Schreibstil an. Gleichwohl: Anfänglich hatte man den Ozean zu überqueren, auf einem Schiff, und da Erika und Klaus sich die erste Klasse auch als Kinder von Thomas Mann nicht leisten konnten, mussten sie mit der zweiten vorliebnehmen, und so wurden sie gelegentlich aus den Sportbereichen der ersten Klasse verwiesen. Man liest das Buch gern, fragt sich aber zuweilen: So viel Zeit, so viele Kilometer für so wenig Einsicht?

Die Frage der Rassentrennung in den USA wird denkbar emotionslos behandelt. Der Tenor ist: Das hat mit ihnen als Gästen nichts zu tun, dieses Problem muss Amerika selbst lösen. Im Grunde ist es ein apolitisches Buch. Der Dreck in verschiedenen amerikanischen Städten wird bemerkt, aber Armut? Davon ist nicht die Rede. Und Alkohol fließt in den Kreisen, in denen die Mann-Zwillinge verkehren, in Strömen – davon, dass dies unter der Prohibition in den USA (1920–1933) geschieht, fällt kein Wort. Man tut grundsätzlich nur, was gefällt, und das unterscheidet sich natürlich um Lichtjahre von der Haltung Thomas und Katia Manns. Es ist aber auch eine allgemeine Haltung von jungen Leuten ihrer Generation, die sich den amerikanischen »Stil« zu eigen machten. Den können die beiden sehr gut kopieren, denn da, wo sie aufkreuzen, immer eingeladen, denn sie sind ja die berühmten Kinder eines noch berühmteren Vaters, gibt es nur Reichtum, Glamour und Kreativität. Gleich nach ihrer Ankunft feierte man in der Presse die »Literary Mann-Twins«. Der Freund aus Münchner Zeiten, Ricki Hallgarten, der als Sohn eines

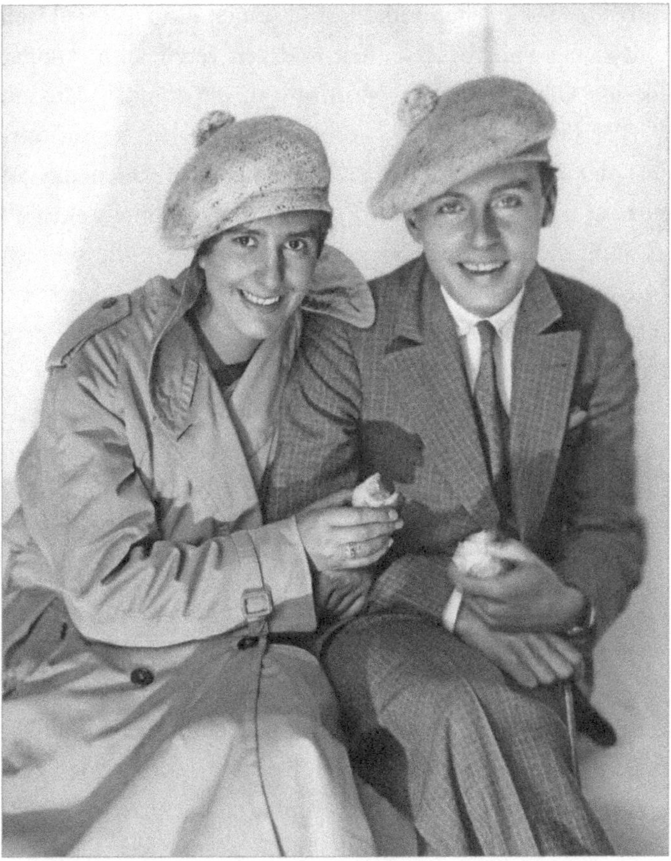

Die »Mann-Twins« 1927 vor ihrer Weltreise

wohlhabenden Münchner Vaters in New York nun allerdings Blumen ausfuhr, empfing die beiden am Hafen.

Das Buch vermittelt daher fälschlich den Eindruck eines durchgehend reichen Landes, mit seinen Eliteuniversitäten und seiner Sportbesessenheit und den verrückten evangelikalen Gläubigen. Der Mordfall an der kleinen Marion Parker ließ die »Twins« immerhin leicht die Sensationslust der amerikanischen Presse kritisieren. Doch das ist nur ein singulärer dunkler Punkt. Auf der Sonnenseite gab es auch die unendlich vielen Theateradepten, die sehr an Europa interessierten Menschen, die gerne die Vorträge der Mann-Zwillinge besuchten: über Rilke oder die europäische Jugend, zunächst noch in holprigem Englisch vorgetragen. Das Buch ist auch ein Bericht, der die narzisstische Begeisterung über die eigene Leistung feiert, sich in den USA behaupten zu können.

Wo sie nur konnten, ließen sie sich einladen, schnorrten Geld, denn der Vorschuss des Verlegers war schon bald aufgebraucht. Das störte sie nicht. Sie lebten nur im Augenblick. Es waren eben die *roaring twenties*. Und natürlich mussten sie auch nach Hollywood im Pullman-Bus reisen, um zu tun, als ob sie ein bisschen filmen wollten.

Das Namedropping ist auffällig, der Name jeder Persönlichkeit, die in Amerika reüssiert hatte, fällt natürlich in *Rundherum*: Bei Emil Jannings wird getafelt, Pola Negris Äußeres wird genauestens beschrieben, Upton Sinclair ist ebenfalls eine halbe Seite wert. Ein kleines Resümee der Amerikareise, das immerhin halbwegs mit den teils sehr oberflächlichen Einzelbetrachtungen versöhnt, klingt bei ihnen so: »Wir haben während eines Aufenthalts von sechs Monaten diesen Kontinent dreimal durchquert; wir haben die großen und manche kleinen

Städte gesehen; Bibliotheken, Schlachthäuser, Universitäten; Filmateliers, Krankenhäuser, Varietés; Gärtnereien, Nachtlokale, Kirchen; musikalische Salons, Sportpaläste, Cafeterias, Theater ... Vieles ist uns als bedenklich aufgefallen. Als einzige Erklärung und Entschuldigung für solch unangenehme Eindrücke kommt man immer wieder auf die Formel von der ›Jugend des Landes‹. Der *Haß auf Amerika* kann für einen Europäer etwas Aufrüttelndes haben (und das schadet nichts), er ist sogar produktiv machend, kommt er nur leidenschaftlich genug. Immer wenn uns Haß anpackt vor einer bestehenden Macht, gibt es einen ethischen Aufschwung. Das üppig gedeihende, aufreizend wohlhabende Amerika mit ganzem Herzen zu verabscheuen – und zwar aus Liebe für das zerrüttete alte Europa, wo man aber immer noch den Geist vermutet –, könnte eine anständige und positive Regung des Herzens sein. Aber Bewunderung für das, was hier sich vorbereitet und im Werden ist, muß nicht auf Kosten unserer Liebe zu Europa gehen. Schöner wäre es, wenn jede neue Liebe, die wir erfahren, unsere Liebe zu Europa reicher und schwerwiegender machte.«[111]

Sie hatten wirklich die Bandbreite der amerikanischen Gesellschaft, wenn nicht gründlich kennengelernt, so doch in sie hineingeschnuppert und mit ihrer schnellen Auffassungsgabe und Intelligenz sehr vieles verstanden, doch im Wesentlichen waren sie stolz auf ihre Leistung, mit relativ wenig Geld so viel erfahren zu haben.

Außerdem hatten sie Glück, sie erlebten Amerika kurz vor dem großen Börsenkrach 1929, der die Sorglosigkeit der Amerikaner, ja der gesamten Welt erschütterte. Ein Reflex dieser Entwicklung findet sich allerdings in ihren späteren Schriften, als die Weltwirtschaftskrise auch

Deutschland erreicht hatte und die Weimarer Republik in eine immer größere Krise geriet.

Über Honolulu ging es weiter nach Japan, wo sie nur kurz verweilten, um dann ein wenig enttäuscht festzustellen, dass es mit China aufgrund der politischen Ereignisse nicht klappen würde, woraufhin sie sich für einen Aufenthalt in Korea entschieden, um dann auf der Reise in die Sowjetunion doch für vier Stunden in der chinesischen Stadt Changchun einen Zwischenstopp einzulegen und schließlich die Fahrt im Zug durch das riesige sowjetrussische Gebiet anzutreten – erneut ganz ohne Geld. Wäre da nicht als Deus ex Machina der ihnen von Angesicht unbekannte, dennoch wohlbekannte Schriftsteller Bernhard Kellermann als Retter im Zug aufgetreten, der ihnen die gesamte Verpflegung auf der Rückfahrt spendierte und sie so wieder in ihre gute Laune junger Welteroberer katapultierte – die Reise wäre wohl deutlich weniger vergnüglich verlaufen.

Es folgte ein Aufenthalt in Moskau, wo sie mit erneuten Telegrammen versuchten, die letzten Geldspritzen zu erlangen. Dritter Klasse reisten sie schließlich über Warschau nach Berlin: »In dem Augenblick, da wir die Kaiser-Wilhelm-Gedächtniskirche wiedersahen, war schon die ganze Weltreise zum Traum geworden.«[112] Und so war es wohl auch: Zu kurz in den einzelnen Ländern außer den USA, zu wenig vorbereitet, zu getrieben waren sie gereist. So war ihr Lebensgefühl: Aber sie hatten eine Weltreise aufzuweisen.

Zurück in Deutschland

Insgesamt hatte die Reise neun Monate gedauert. Am 27. Oktober 1927 waren Erika und Klaus in Rotterdam aufgebrochen, im Sommer 1928 trafen sie wieder in Berlin ein. Unterwegs hatten sie bei der Zeitungslektüre einen kleinen Schock erlitten: Sie erfuhren, dass sich die Herzensfreundin Pamela Wedekind mit dem fast 30 Jahre älteren Theaterdichter Carl Sternheim verlobt hatte.

Jetzt wurde das Reisebuch schnell fertig geschrieben, für das die beiden unterwegs Skizzen angefertigt hatten. Während der Arbeit an diesem Buch leckte Erika Blut, was das Schreiben anging, von dem sie sich eigentlich strikt hatte fernhalten wollen. Zwar wollte sie am liebsten wieder zum Theater zurück, knüpfte aber gleichzeitig Kontakte zu den verschiedensten Zeitungen, dem Boulevardblatt *Tempo* des Ullstein Verlags, den *Münchner Neuesten Nachrichten*, dem *Bayerischen Staatsanzeiger*, den *Kasseler Nachrichten*, den *Wiener Neuesten Nachrichten* und der deutschsprachigen Zeitung *Bohemia*, die in Prag erschien.

In den Jahren bis 1933 sollten etwa 100 Artikel, Reportagen, Rezensionen und andere journalistische Kleinformen aus ihrer Feder erscheinen. Außerdem arbeitete sie für den Rundfunk. Ihre journalistischen Themen waren unter anderem alltägliche Erlebnisse einer »modernen jungen Frau« von damals, einer, die rasant Auto fährt und darüber rasant schreibt, einer, die sportlich ist, die sich nicht alles bieten lässt, die sich in Hotels gut auskennt und ihre Ansprüche formuliert. Außerdem verfasste sie passend

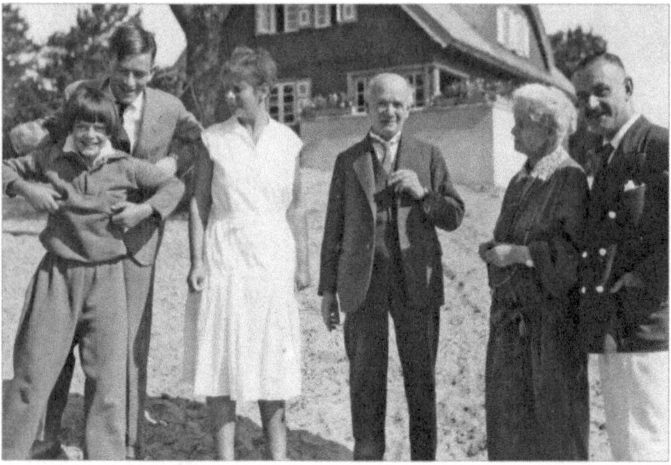

Der 80. Geburtstag von Großvater Pringsheim im Sommerhaus auf Nidden am 2.9.1930: Elisabeth, Golo, Katia, Alfred und Hedwig Pringsheim, Thomas Mann

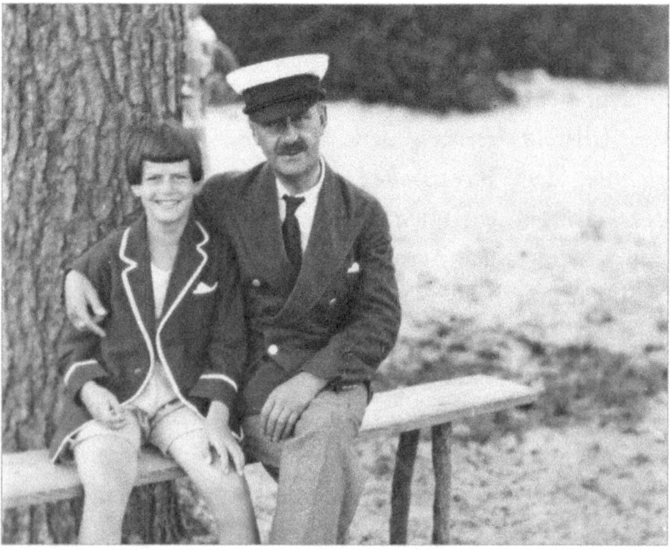

Der »Zauberer« mit seiner Lieblingstochter Elisabeth in Nidden

zu ihrem Lebensthema, der Unruhe, ein kleines Theaterstück, *Hotels*, dies im Sommer 1929. Es gilt heute als verschollen.

Inzwischen hatte Thomas Mann die Nachricht erhalten, dass er in diesem Jahr den Nobelpreis für Literatur bekommen solle. Und großzügig, wie er war, zahlte er die nicht unerheblichen Schulden seiner beiden Großen aus der Weltreise. Auch die anderen Kinder erhielten opulente Geschenke, Monika zum Beispiel das schon erwähnte kleine Auto. Selbst reiste er mit Katia und den beiden »Kleinen« in diesem Sommer erstmals nach Nidden auf die Kurische Nehrung, wo die Idee geboren wurde, sich ein Haus mit »Toskanablick« bauen zu lassen. Von 1930 bis 1932 sollte er dieses Sommerhaus auch tatsächlich genießen können.

Der »Zauberer« setzte sich außerdem bei verschiedenen Bühnen für Erika ein, um ihr ein Engagement zu verschaffen. Erika und das Theater, eine Beziehung von Anziehung und Abstoßung und letztlich nur eine von vielen Möglichkeiten der Beschäftigung für eine unstet zwischen verschiedenen Tätigkeiten changierende Person, die sich auch partnerschaftlich nicht binden konnte nach der unglücklichen Liebe zu Pamela Wedekind.

Im Winter zuvor hatte Erika in Frankfurt am Main Theater gespielt, wo man sie langfristig unter Vertrag nehmen wollte. Aber die Rolle in dem dort aufgeführten Stück ähnelte zu sehr jenen aus *Anja und Esther* und aus *Revue zu Vieren*. Erika strebte mittlerweile auf der Bühne die großen Frauenrollen der klassischen Stücke an, etwa die Königin in *Don Carlos*, die sie auch wirklich einmal in München am Prinzregententheater erfolgreich spielen konnte. Weitere Rollen dieses Zuschnitts blieben ihr jedoch in München verwehrt. Der Intendant argumentierte mit den ihm auferlegten Sparzwängen, und Erikas unverblümt fordernde Briefe fanden in ihm keinen aufgeschlossenen Empfänger.

Marokko

Im Winter 1929/30 planten Erika und Klaus auf dessen Wunsch hin eine zweite große Reise: Diesmal sollte es mit dem eigenen Auto über Frankreich und Spanien nach Marokko und eigentlich bis in den Kongo gehen, um von dort mit dem Schiff erneut nach Amerika überzusetzen. Erika spielte gerade in der Gründgens-Inszenierung von André-Paul Antoines Boulevardstück *Die liebe Feindin.* Immerhin an Max Reinhardts Berliner Kammerspielen. Wegen des großen Erfolgs sollte verlängert werden, aber das hätte die Abreise mit Klaus, die für Mitte März 1930 geplant war, verzögert. Und sehr zum Zorn von Gründgens, der mit seiner inzwischen zur Freundin gewordenen Ex-Frau deshalb auch vollends brach, sagte Erika ab. Für den Vollblutschauspieler Gründgens war Erikas Verhalten inakzeptabel, für sie jedoch das Leben nur dann interessant, wenn sie unter vielen Optionen die auswählen konnte, die ihr im Augenblick zusagte.

Die auf wesentlich längere Dauer angelegte Reise währte schließlich »nur« zwei Monate. Die Geschwister hatten sich in weiser Voraussicht hinsichtlich der unterwegs anfallenden Ausgaben Reportage-Aufträge bei den Blättern gesichert, für die sie ohnehin immer schrieben, und Erika hatte ebenso weise ein Praktikum in einer Münchner Kfz-Werkstatt absolviert. Reifenwechsel war das eine, aber es konnte ja in der Wüste noch dies und das am Auto kaputt gehen, und Autowerkstätten waren damals in Afrika noch rar.

Marokko bedeutete in jeder Hinsicht das große Erlebnis für die Geschwister. Allem voran die Königsstadt Fez, wo sie gar drei Wochen Aufenthalt nahmen. Hier kam es auch zu dem schrecklichen Drogenerlebnis der beiden, das für Erika eine Lehre bereithielt: Maß halten. Beide kamen wegen starker Halluzinationen, verbunden mit Panikattacken, in die dortige Klinik. Für Klaus war es der Einstieg in seine Drogenabhängigkeit, von der er, wenige Entzugsaufenthalte und seine Militärzeit in den USA ausgenommen, nicht mehr loskam. Zwar hatten sie auch zuvor schon in Berlin Kontakt mit Drogen gehabt, das Marokko-Erlebnis jedoch war etwas völlig anderes, Erschreckendes, die Persönlichkeit Auflösendes ...

Als Katia einmal ihrem ältesten Sohn schrieb, man könne, wenn männlicher Wille und produktive Gaben vorhanden seien, »zumal als Sohn von mir«, schon mit dem Drogenproblem fertigwerden, irrte sie sich insofern, als sie Klaus einen »männlichen Willen« zuschrieb, so Viola Roggenkamp. Einen solchen schreibt diese Biografin Erika Manns stattdessen dem »Wotanskind«, der Vatertochter Erika zu.[113]

Nach der Rückkehr wünschten die Geschwister, der bunte Reigen von Reisen, Schreiben, Theaterspielen für Erika, von Schreiben und Herumgeistern in der Szene für Klaus könnte so weitergehen – sie hatten ihr Leben auf Tempo und Exzentrizität ausgerichtet. Es durfte schrill und anstrengend sein, es durfte auch risikoreich sein. Hauptsache, dass kein Stillstand herrschte, keine Langeweile aufkam.

Erika und Therese

Klaus dramatisierte jetzt Jean Cocteaus kleinen Skandalroman *Les enfants terribles – Kinder der Nacht*, auch dies als Ausdruck der Verbundenheit mit der eigenen auch moralisch bedenklichen Zeit. Es war der 12. November 1930: Erika stand mit Therese Giehse in dem Cocteau-Stück auf der Bühne der Münchner Kammerspiele, wo die Giehse seit 1926 fest engagiert war. Nur Letztere in der Rolle des Dienstmädchens wurde bei dieser Inszenierung gelobt, die Aufführung war ansonsten ein kompletter Reinfall: Als zu abgehoben von den drängenden Fragen des Lebens galt das Thema der Geschwisterliebe. Immer noch also das Kreisen um sich selbst, die eigenen Befindlichkeiten …

Zwei unterschiedlichere Frauen als Therese Giehse und Erika sind kaum zu denken, und dennoch wurde es privat intensiv zwischen den beiden: Therese konnte sehr gut zwischen purer Höflichkeit und wahrer menschlicher Freundlichkeit unterscheiden, und sie hatte Erika als ihre Freundin angenommen. Das wollte schon einiges heißen angesichts ihrer hohen menschlichen Ansprüche. Bald verband sie ein Liebesverhältnis, was für die ältere Giehse fast unvorstellbar gewesen war, so mondän war Erika und so bieder sie selbst. Dennoch: Beide Frauen teilten die Unbedingtheit ihrer Gefühle, die sie auch darstellen konnten, und die Liebe zum Theater, das sie beide als eines für »das Volk« ansahen. Und daher sollte es Antworten auf wichtige Lebensfragen bieten. Insofern bewegte sich Erika jetzt weg von dem hedonistischen Theaterbegriff aus der Zeit an der Seite ihres Bruders zu einer verantwortungsbewussten Auffassung des Berufs. Beide kamen aus denkbar unterschiedlichen Milieus – Therese, Tochter einer jüdischen Familie, wohnte gegenüber einer Münchner Synagoge, hatte rote Haare und war seit Kindertagen dick. Sie wurde, im Gegensatz zu Erika, schon sehr früh diffamiert. Erika war die privilegierte Tochter eines Nobelpreisträgers, die sehr spät begriff, woher der Wind für Familien mit zum Teil jüdischer Abstammung in Deutschland damals wehte und was der Verlust der Demokratie für sie bedeuten könnte.

Therese bestärkte Erika als Schauspielerin. Sie liebte Erika, nahm aber wahr, dass diese von vielen Menschen, Männern und Frauen, umschwärmt wurde. Anders als Gustaf Gründgens forderte Therese von Erika jedoch nicht, dass sie eine bestimmte »Beziehungsrolle« spielen sollte, etwa die der Hausfrau oder Gastgeberin, und Erika lernte von Therese, die sie bewunderte, enorm viel.

Nein, die beiden »großen« Mann-Kinder politisierten 1930 noch nicht, obwohl andere, sehr wache Menschen bereits die Zeichen der Zeit wahrnahmen und richtig deuteten, denn schon lange hatte Hitler in zahlreichen Reden deutlich gemacht, dass München für ihn die Hauptstadt der »Bewegung« war. Bei der Reichstagswahl am 14. September 1930 war die NSDAP nach der SPD die zweitstärkste Partei geworden. Erika und Klaus nahmen das zur Kenntnis, doch eher mit Abscheu und Widerwillen als mit dem Gefühl der eigenen Bedrohung, und hier waren sie kein Einzelfall: Die Generation der jungen Künstler und Intellektuellen in Deutschland war zu individualistisch, zu verstrickt in Persönliches und kleine Grabenkämpfe, als dass sie sich im großen Stil zusammengetan hätte, um die Weimarer Republik zu verteidigen.

Erst in ihren amerikanischen Vorträgen und Rundfunkreden in den 1930er-Jahren, also aus der Erfahrung des Exils heraus, sollte Erika Mann die These, ihre Zeitgenossen, sie selbst eingeschlossen, hätten den Nationalsozialismus zu lange verharmlost, immer wieder anführen als einen Grund für die schreckliche Entwicklung.[114]

Neue Pläne und der Verlust eines alten Freundes

Gleich nach ihrer Rückkehr von der großen Reise zogen die Geschwister wieder in der Poschingerstraße ein, weil es allzu praktisch war: Da gab es ihre Zimmer, Dienstboten machten das Leben leicht, interessante Gäste belebten die Gespräche, man tauschte sich mit den Eltern und den jüngsten Geschwistern aus. Die »Mittleren« waren studienhalber unterwegs. Monika etwa setzte ihre künstlerische Ausbildung 1931/32 in Frankfurt am Main fort. Für die Großen galt: Man konnte kommen und gehen, wie man wollte. Nichts wurde im Haus von einem verlangt außer Freundlichkeit und charmantes Plaudern ...

Eine Rundfunkproduktion 1931, für die Erika die Leonore Sanvitale in Goethes *Torquato Tasso* geben konnte, begeisterte die Mann-Familie. Erika war eine multimedial wirkende vitale junge Frau von großem Talent.

Noch einmal konnte sie auch ihrer Lieblingsbeschäftigung, dem rasanten Autofahren, frönen, als sie gemeinsam mit Freund Ricki Hallgarten, der inzwischen zurück in München war, als Beifahrer an einer veritablen Rallye des ADAC gemeinsam mit der Firma Ford teilnahm: Am 24. Mai 1931 gingen sie mit 14 weiteren Konkurrenten in Berlin an den Start. Die Aufgabe bestand darin, viele

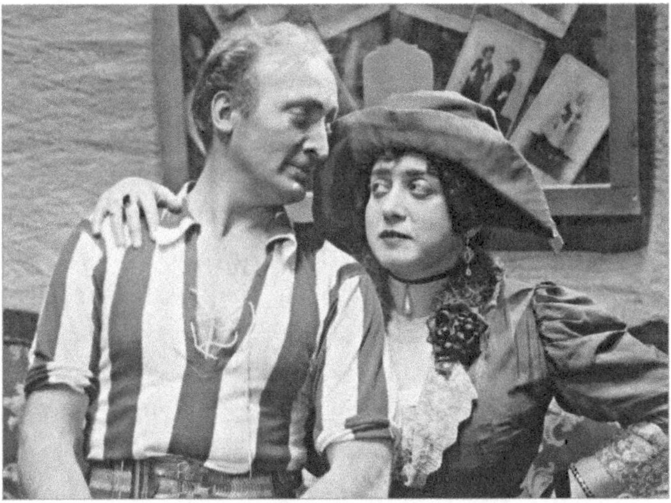

Hans Albers und Therese Giehse bei der Generalprobe zu Ferenc Molnárs Stück »Liliom« an der Berliner Volksbühne, 1931

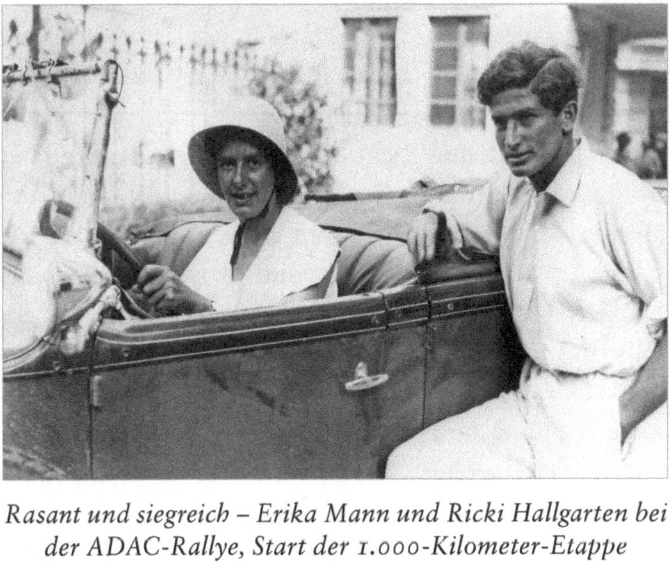

Rasant und siegreich – Erika Mann und Ricki Hallgarten bei der ADAC-Rallye, Start der 1.000-Kilometer-Etappe in Rom 1931

Länder Europas auf einer 10 000 Kilometer langen Rundstrecke in zehn Tagen einmal zu durchqueren. Das bedeutete, pro Tag 1000 bis 1200 Kilometer zu fahren. Es bedeutete damit auch, so gut wie nicht auf der Strecke zu schlafen, zumal Erika versprochen hatte, von unterwegs Berichte an »ihre« Berliner Zeitung *Tempo* zu schicken. Sie passierten die Schweiz, Frankreich, Spanien, Portugal, Österreich, Ungarn, Jugoslawien. Und war Erika durch ihre früheren Erfahrungen nicht prädestiniert für eine solche halsbrecherische Unternehmung, bei der während des Tankens die Straßenkarte studiert oder rasch gefrühstückt werden musste? Das Projekt entsprach ihr ganz und gar!

Und das Unglaubliche geschah: Am 6. Juni 1931 fuhren tatsächlich Erika Mann und Ricki Hallgarten als Sieger der Rallye über den Kurfürstendamm! Eindrücke aus den vielen durchquerten Ländern hatten sie nicht vorzuweisen, da es immer und ständig hieß: Tempo! Dran bleiben! Aber aufsehenerregend war es und machte wieder Schlagzeilen. Solange Erika jung war, berauschte es sie, wenn man öffentlich von ihr Kenntnis nahm.

Den Jugendfreund Ricki hatte sie mitgenommen, da er in ihren Augen stark suizidgefährdet war. Sie wollte ihn ablenken, auf andere Gedanken bringen, ihm zeigen, wie schön die Welt war. Man könnte so weit gehen, Ricki Hallgarten als bipolare Persönlichkeit anzusehen. Jedenfalls sind Klaus' Beschreibungen seiner sich plötzlich verdunkelnden Augen, seiner schwankenden Gefühlslage in diese Richtung interpretierbar. Er war hochbegabt, labil und charakterisierte sich selbst, so Klaus Mann, als »jüdisches Herrschaftskind«.[115]

Ricki war Künstler, seine Sicht auf die Welt meist düster: Er zeichnete groteske Figuren, alle schräg von unten betrachtet. Erika ahnte, dass Ricki litt, und wollte sein Talent einbinden, etwas erdenken, das Ricki zu einem Arbeitsprojekt verhalf und gleichzeitig anderen Freude machen konnte – am besten Kindern. So kam sie auf die Idee, es auch einmal mit einem Kinderbuch zu versuchen: Sie würde für den Text verantwortlich sein, Ricki für die Illustrationen. Zunächst entstand 1930 eine Weihnachtsgeschichte für die Zeitschrift *Tempo*. 1931 schrieb sie ein großes Weihnachtsspiel, *Jan und das Wunderhündchen*, das zu Weihnachten 1932 in Darmstadt uraufgeführt wurde. Ricki hatte das Bühnenbild entworfen. Das Stück wurde leider später nicht mehr aufgeführt.

Erika Mann liebte Kinder, wusste aber vielleicht schon 1930 instinktiv, dass sie selbst keine haben würde. Ihre jüngsten Geschwister waren für sie ein wenig der Ersatz für die eigenen Mutterfreuden. An den Geschwistern testete sie auch ihre Kindergeschichten – in Buchform sollten es insgesamt sieben werden, die sie Elisabeth und Michael auch widmete.

Im Grunde die schönste, mit Ricki Hallgarten als Illustrator und »Mitausdenker«, ist bereits *Stoffel fliegt übers Meer*, die Geschichte von einem kleinen Jungen, der für seine armen Eltern etwas tun und daher heimlich den reichen Onkel in Amerika besuchen möchte. Ebenso heimlich gelangt er in ein Luftschiff und erhält in Amerika nach etlichem Herumirren wirklich Hilfe vom Onkel. Es ist ein Märchen, aber im modernen Zaubergewand des technischen Fortschritts. Mit ihrer Kenntnis Amerikas vermochte Erika auch das Lokalkolorit hervorragend wiederzugeben. Gemeinsam mit den eindrucksvollen Illustrationen Ricki Hallgartens wurde das Buch 1932 ein großer Erfolg und erlebte zehn Auflagen in kurzer Zeit, verlegt bei

Levy und Müller in Stuttgart.[116] Außerdem wurde es noch vor dem Zweiten Weltkrieg in die verschiedensten europäischen Sprachen übersetzt. Der Schriftsteller und Übersetzer Hans Reisiger, ein Freund der Manns und daher vermutlich wenig objektiv, eher als »Hofberichterstatter« einzuschätzen, fand treffende Worte bei Erscheinen, indem er den *Stoffel* als »das schönste, reichste und wärmste Kinderbuch, das ich seit Kästners *Emil und die Detektive* und Kiplings *Fischerjungs* gelesen habe«[117], bezeichnete. Erika Manns Schreibweise sei sowohl von Herzenswärme als auch von Humor und Scharfblick gekennzeichnet – und das trifft tatsächlich zu: Das Buch liest sich heute immer noch ganz frisch und strahlt große Zuversicht aus.

Solche Zuversicht hätte Erika ihrem Freund Ricki gern auf Dauer geben und ihn von seinen Selbstmordgedanken abhalten wollen. Er war hellsichtig, der Aufstieg der Nazis schockierte und verunsicherte ihn, und er hatte seine Ängste seinem besten Freund Klaus auch ausgiebig dargelegt: »Was machen wir uns denn noch vor? Wir haben verloren, es ist aus mit uns! Aus, aus, aus, mit euch und mit mir, mit uns allen, mit Offi und Ofey [Hedwig und Alfred Pringsheim][118] und [...] den Gewerkschaften! Die Nazis werden kommen und meinen kleinen Hund Wolfram schlachten und Erikas Wagen kaputtmachen und deine Bücher, Klaus, und meine Bilder auch!«[119] Daher planten die Mann-Geschwister, die diese Konsequenz für sich selbst wohl immer noch nicht wahrhaben wollten, ihn im Anschluss an die Rallye mit auf ihre Reise nach Persien zu nehmen. Erika und Klaus fanden, es wäre eine großartige Idee, Europa einfach mal wieder zu verlassen.

Minutiös plante Erika die Reise mit Ricki, Klaus und ihrer Freundin seit 1930, der Schweizer Industriellentochter Annemarie Schwarzenbach. Auch auf Annemarie galt es aufzupassen, befand sie. Keinesfalls aber wollte sie sich in Annemaries Arme werfen, die seit dem ersten Kennenlernen schmerzlich in die von ihr bewunderte Erika verliebt war. Vielmehr ging es Erika darum, diesen dreien, inzwischen rechnete sie intuitiv auch Klaus zu den Unterstützenswerten, da Gefährdeten im Leben, durch diese Reise Lebensmut, lang anhaltende Lebensfreude zu vermitteln. Just Ricki dachte an die praktischen Dinge und erwarb eine persische Grammatik, Tropenhelme, Zelte und sogar einen Revolver, gegen Straßenräuber, wie er wie nebenbei fallen ließ …

Das Abschiedsessen in der »Poschi« stand an, noch am Tag zuvor war das Viererteam von den Münchner Studios abgelichtet worden, für die Wochenschau in den Filmkinos. Die Reise sollte die nächste in der Kette der werbewirksamen Aktionen der »Mann-Twins« werden.

Ricki hatte am Vormittag mehrfach angerufen und noch einige Details die Reise betreffend durchgegeben. Nach dem Mittagessen klingelte erneut das Telefon, und die Dame des Hauses, Katia, wurde verlangt: Die Polizei aus Utting am Ammersee, wo Ricki damals wohnte, meldete sich mit der Nachricht, dass er sich eine Kugel ins Herz geschossen und einen kurzen Brief hinterlassen habe – des Inhalts, Frau Katia Mann in München sei zu benachrichtigen. Die hatte nun also Rickis Eltern die traurige Botschaft zu übermitteln … und auch ihrer eigenen Familie.

Es folgte ein Beinahezusammenbruch Erikas. Sie war außer sich, wahre Tränenbäche brachen aus ihr hervor. Klaus schildert: »›Was für ein Wahnsinn!‹ wimmerte sie immer und immer wieder … Ich sehe meinen Vater – gestern war es –, wie er, über die Kauernde geneigt, ihr plötzlich verwildertes, zerzaustes Haar liebkoste und ihr die Tränen trocknete mit seinem großen, nach Eau-de-Cologne duftenden Taschentuch. ›Komm, komm, komm‹, sagte der Vater ...«[120] und tröstete seine Tochter damit, dass sie doch so viele Freunde habe, die sie auch liebten ... Doch Erika war untröstlich, denn sie fühlte, dass ihre Rettungsversuche versagt hatten: Hier hatte ein Freund so große Todessehnsucht gehegt, dass selbst sie mit ihrem starken Lebenswillen, ihrer ansteckenden Abenteuerlust diesen Menschen nicht am Leben hatte erhalten können.

Den Abschiedsbesuch bei dem aufgebahrten Ricki in Utting machten die Geschwister natürlich wieder gemeinsam, beide gleichzeitig weinend, beide gleich überrascht, wie klein, ja gleichsam geschrumpft der tote Freund wirkte. Und sie sahen eine Blutmalerei auf der weißen Wand, erkannten sie als Menetekel, aber ahnten noch nicht, worauf sie sich beziehen sollte.[121] Dabei hatte Ricki Hallgarten ja alles genauestens vorhergesehen.

Anstatt nach Persien reisten Klaus und Erika, und mit ihnen Annemarie Schwarzenbach, genannt »Miro«, nach Rickis Tod nach Venedig. Das musste sein. Die schöne Annemarie, auch sie quasi ein Zwilling Erikas vom Äußeren her, knabenhaft und elegant, eine Frau, die die Frauen liebte, ebenso auf das Auto versessen war und ruhelos in der Welt umherschweifte. Eine promovierte Historikerin schon mit 23 Jahren, die unter ihrer harten, politisch äußerst rechts orientierten Mutter zu leiden hatte. Häufig schämte sich Annemarie für sie und auch für den ganzen Reichtum, den sie mitbrachte. Nur allzu gern finanzierte Annemarie als neue Finanzquelle Erikas Luxusbedürfnis. Im Gegenzug ersehnte sie sich Freundschaft, wohl auch Liebe. Doch Erika suchte keine neue Liebe mehr, sie war einzig und allein auf Abenteuer aus. Und sie fühlte sich für Annemarie verantwortlich, da diese über Erika auch Mopsa Sternheim kennengelernt und mit ihr das Morphium für sich entdeckt hatte ...

Erikas Politisierung

Der 13. Januar 1932 ist der Tag, auf den Erika Mann später ihren Entschluss datierte, sich politisch gegen den Nationalsozialismus zu engagieren: Ein Abend der Internationalen Frauenliga für Frieden und Freiheit im Saal des Münchner Hotels Union war annonciert, und Erika hatte der Freundin der Familie, Ricki Hallgartens Mutter Constanze, als einer Repräsentantin der Liga zugesagt, einige Texte aus der pazifistischen Zeitschrift *Die deutsche Zukunft* öffentlich zu lesen. Die SA habe die Veranstaltung gestört, es sei zur Saalschlacht gekommen und sie sei unmittelbar durch einen fanatisierten SA-Mann bedroht worden, berichtete sie.

Der nachfolgende Bericht über die Veranstaltung im *Völkischen Beobachter* vom 16. Januar 1932 unter dem Titel *Pazifistenskandal in München* rüttelte Erika Mann dann endgültig wach und initiierte ihre Politisierung gegen Hitler und den Nationalsozialismus. Da hieß es, nachdem der Auftritt einer französischen Pazifistin, Marcelle Capy, kritisiert worden war: »Ein besonders widerliches Kapitel stellte das Auftreten Erika Manns dar, die als Schauspielerin, wie sie sagte, ihre ›Kunst‹ dem Heil des Friedens widmete. In Haltung und Gebärde ein blasierter Lebejüngling, brachte sie ihren blühenden Unsinn über die ›deutsche Zukunft‹ vor ... Das Kapitel ›Familie Mann‹ erwächst sich nachgerade zu einem Münchener Skandal, der auch zu gegebener Zeit seine Liquidierung finden muß.«[122] Mit diesem Artikel war nun auch Thomas Mann gewarnt. Frühere Angriffe, die ihn seit 1928 als Repräsentanten der dekadenten deutschen Literatur attackierten, ihn schon mit den *Buddenbrooks* zum Symbol der Degeneration einer ganzen Schriftstellergeneration deklariert hatten und die in den letzten Jahren vor allem seine Kinder Erika und Klaus dazu anführten, hatte er stets – klug? oder stolz? oder blind? – ignoriert.

In anderen Zeitungen der Nationalsozialisten wurden die Frauen der Friedensliga gar als »Klub von Irrenhausanwärterinnen« und »Zuhälterinnen der jüdischen Sklavenhalter«[123] bezeichnet. An diesem Punkt reagierten Erika Mann und Constanze Hallgarten, denn noch war das Deutsche Reich ein Rechtsstaat: Sie klagten wegen Beleidigung und erhielten zwar erst im September 1932, aber dennoch einen gerechten Prozess und am Ende eine Entschädigung: Erika führte Beweis gegen die in der Presse vorgebrachte Behauptung, sie sei nur ein kopfähnliches Gebilde, indem sie ein Porträtfoto einreichte ... Die nationalsozialistischen Presseorgane wurden zu Geldstrafen verurteilt.

Politisiert und gewarnt war sie also, waren alle Manns durch diese Attacken, aber das führte 1932 noch nicht zu konkreten Handlungen, denn es kam ja der Sommer, und angeblich hatte sich politisch auch alles halbwegs wieder zurechtgerückt ... Allerdings prozessierte Erika in dieser Zeit auch vehement gegen das Theater im bayerischen Weißenburg, das als Erstes von einem Engagement mit der nicht mehr regierungstreuen Mann-Tochter zurücktreten wollte. Die Streitbare blieb unerbittlich – und obsiegte auch hier gerichtlich: Da das Theater am Ende nicht zahlungsfähig war, wurde der Theaterfundus gepfändet und dem Bergwaldtheater drohte das Aus.[124]

Weihnachten 1932 saßen die Manns noch einmal ganz friedlich in der »Poschi« um den Baum, denn die Wirtschaft in Deutschland hatte sich in der zweiten Jahreshälfte erholt, und die Nationalsozialisten hatten bei der Reichstagswahl im November deutliche Stimmenverluste erlitten. Die Gefahr schien für viele, so auch die Manns, gebannt. Sie konnten und wollten es einfach nicht wahrhaben.

Die Pfeffermühle

Der Neujahrstag 1933 ist der Gründungstag von Erikas künstlerisch-politischem Kabarett, der *Pfeffermühle*. In der sogenannten *Bonbonniere*, einem Nachtlokal direkt neben dem Hofbräuhaus, kam Erika Manns erstes Programm zur Aufführung, und es dauerte zweieinhalb Stunden, was durchaus bemerkenswert ist: Fast 20 Nummern wurden bis zum 31. Januar täglich vor vollem Haus gespielt. Der Ton war ironisch, literarisch fein nuanciert und keineswegs politisch scharf. Schon Onkel Heinrich hatte 1923 gemeinsam mit Walter Mehring und Leopold Schwarzschild eine Revue für die *Bonbonniere* geschrieben und aufgeführt – alle großen Berliner Kabaretts gastierten sommers gern hier. Es war damals die »erste Adresse« für engagierte Kleinkunst in München. Und »die Manns« waren schließlich Nobelpreisträger! Also war es ein Heimspiel, möchte man meinen, und so dachte auch lange noch Thomas Mann.

Höchstwahrscheinlich war es Erikas Freund Magnus Henning, der die Idee eines politisch-literarischen

Kabaretts aufgebracht hatte. Erikas Theaterbegeisterung, ihre Freude, aufzutreten und zu »missionieren«, würden mit dieser Kleinkunstform perfekt zur Geltung kommen, befanden er und sie, und so luden sie eine kleine Zahl bester Freunde und Kollegen ein, an den Programmen der *Pfeffermühle* mitzuwirken, wie sie ihr Kabarett nach einem Einfall des Vaters nennen wollte: Erika, die als Halbwüchsige in der Familie die fade Pilzsuppe gewürzt hatte, pfefferte nun die Bürgerseele, wollte sie mit scharfen Texten zum Aufwachen bringen. Therese Giehse, Routinière der Bühne, wurde so etwas wie die »zweite Seele« der *Pfeffermühle*, und der Komponist und ausgebildete Barpianist Magnus Henning war der Dritte im Bunde. Mit beiden Freunden hatte Erika damals eine intime Beziehung. Zum Ensemble gehörten außerdem der Schauspieler Albert Fischel, die Schauspielerin Sybille Schloß sowie die Tänzer Claire Eckstein und Edwin Demby.

Auch für Therese Giehse war das politische Kabarett etwas Neues, das sie faszinierte. Sie führte Regie. Erika schrieb die meisten Texte, doch einige Texte der Lieder oder Szenen stammten auch von ihrem Bruder Klaus, Walter Mehring, Hans Saal und Wolfgang Koeppen.[125] Viele Nummern wurden von Erika und der Giehse gemeinsam entwickelt, wenngleich sie als Schauspielerinnen unterschiedliche Stile verfolgten: Für Erika stand der Effekt, den eine Nummer erzielen konnte, ganz im Vordergrund, Therese Giehse hingegen wollte eine Rolle verkörpern, den Menschen, den sie darstellte, innerlich verstehen, etwa auch ihre eigenen Probleme als Jüdin und Frau in der NS-Zeit in gewisser Weise damit kreativ verarbeiten.[126]

Erika führte durch das Programm. Sie sei spät aufgewacht, was das Politische betraf, gab Thomas Manns

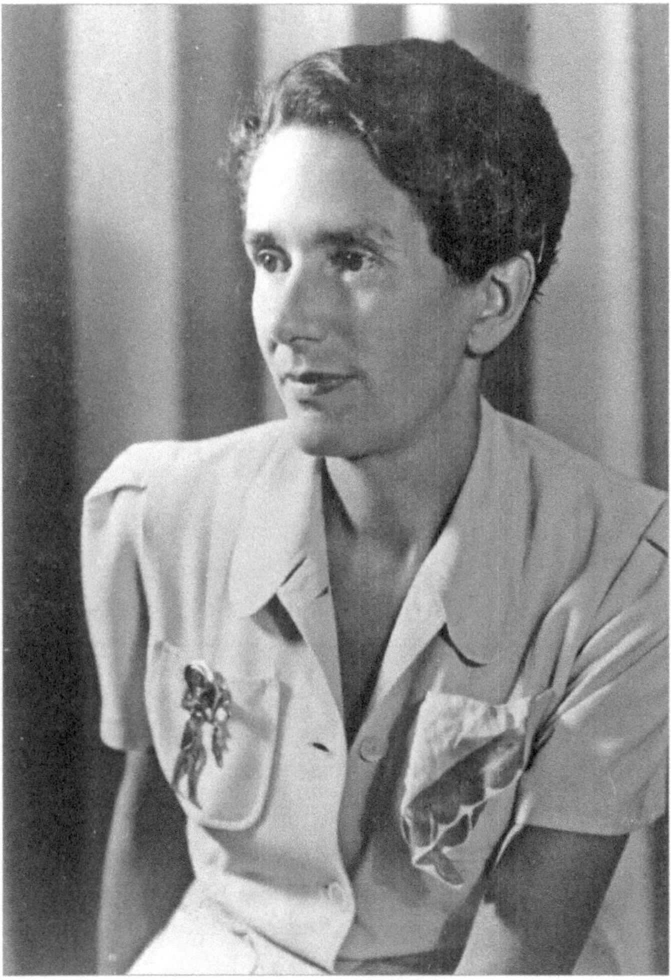

»Was wollten wir? Die Nazis bekämpfen.
Deshalb nannten wir uns ›literarisch‹.«
Erika Mann gründete ihr künstlerisch-politisches
Kabarett ›Pfeffermühle‹ am 1. Januar 1933

älteste Tochter später in Amerika unumwunden zu (und ähnelte sie nicht auch darin ihrem geliebten Vater?). Dass sie eine verwöhnte Tochter aus privilegiertem Hause war, brachte sie deutlich zum Ausdruck, aber auch die eindeutige politische Absicht: »Was wollten wir? Die Nazis bekämpfen. Deshalb nannten wir uns ›literarisch‹.«[127]

In dieser Situation vertraute Katia der 14-jährigen Elisabeth erstmals ihre Sorgen um die Zukunft der Familie an.[128] Sie alterte geradezu sichtbar in diesen ersten Monaten 1933, wie Golo sich erinnerte.[129] Elisabeth besuchte nun auch selbst Aufführungen der *Pfeffermühle* und verstand als Teenager bereits die Bedrohung. Als sie hörte, dass jüdische Menschen »abgeholt« wurden, schockierte sie das so sehr, dass sie daraufhin Platzangst bekam, Schluckbeschwerden, Asthma und für sie untypische melancholische Anwandlungen. Denn sie hatte ein grundsätzlich optimistisches Temperament. Sie war das einzige Kind in der Familie, das in dieser Zeit nicht in ein Internat kam. Sie blieb fest an der Seite ihrer Eltern, die sich ihrer freuten – und sie sich an ihnen.

Katia Mann erlebte nun auch Therese Giehse öfter, die sieben Jahre älter als Erika war und laut Katia »rein jüdisch«[130], ohne jedoch die jüdischen Riten zu beachten. Sie konnte also Weihnachten mit den Manns ganz unbefangen feiern und tat das auch. Dennoch: Die Giehse war ungetauft, also jedenfalls anders jüdisch als sie selbst, befand Katia und hegte aufgrund der eigenen Taufe und der aller ihrer Kinder noch einige Zeit lang die Vorstellung, dass es für sie und ihre Familie doch nicht so schlimm kommen würde. Nachfragen zu diesem Thema tat sie lange kurz und ärgerlich ab. Und wesentlich länger noch befanden sich ihre aufgeklärten Eltern Pringsheim, die als

Mäzene und Wohltäter so viele Projekte und Menschen in München und anderswo unterstützt hatten und weiter unterstützten, ebenfalls in dem irrigen Glauben, es gebe eine Gerechtigkeit und sie könnten in München und in der Arcisstraße weiterhin ihre Heimat behalten.

Erika war damals die Einzige in der Familie, die fähig war, schlüssige politische Analysen zu vollziehen und zu artikulieren, die auch gehört wurden. Die Form des Kabaretts vermochte vielerlei zu bündeln – ihre schauspielerische Begabung sowie die, Dialekte und andere Stimmen zu parodieren, ihren Humor und schließlich ihre sich entwickelnde Überzeugung, man müsse etwas gegen das Naziregime tun.

Das Januar-Programm war noch vergleichsweise harmlos, politisch betrachtet. Wenn es überhaupt Vorbilder gab, so am ehesten das politisch-literarische Münchner Kabarett *Die Elf Scharfrichter*, gegründet 1901.[131] Die mitwirkende Sybille Schloß war soeben wegen ihres jüdischen Vaters von den Münchner Kammerspielen entlassen worden, und so hatte nahezu jeder der Mitwirkenden Gründe, zu überlegen, wohin man gehen könnte außerhalb von Deutschland. Bühnenkünstler wie Schriftsteller waren natürlich stark an ihre Muttersprache gebunden, Musiker, bildende Künstler und Tänzer hatten es sicherlich leichter. Wir dürfen uns eine Ausnahmesituation vorstellen, wie sie in Deutschland seit Jahrhunderten beispiellos war. Denn die kulturelle (und wissenschaftliche) Elite bestand vielfach aus hochbegabten Menschen jüdischen Glaubens oder jüdischer Herkunft. Die Familie Mann hatte in dieser Hinsicht ein Ass im Ärmel: Mit den lukrativen Erlösen aus den Büchern, die teilweise im Ausland deponiert wurden, würde es Thomas Mann möglich sein, seine Familie ins

Exil zu bringen bzw. den erwachsenen Kindern zumindest Wege aufzuzeigen, wie dieses zu erreichen wäre.

Das erste *Pfeffermühlen*-Programm war in München höchst erfolgreich, sowohl durch den Kartenverkauf – die *Bonbonniere* war immer ausverkauft – als auch bei der Kritik, sodass Erika unverzagt am zweiten Programm arbeitete, in das etwa das *Märchen vom Fischer und seiner Frau* oder eine Ballade von François Villon eingebunden wurde. Diese Texte waren nach außen unverfänglich, doch Erika wählte sie bewusst angepasst an die politische Situation aus, sodass man die Botschaft wohl vernehmen konnte, wenn man genau hinzuhören verstand.

Pikanterweise war Adolf Hitler immer wieder gleichzeitig nebenan im Hofbräuhaus lautstark mit dem absoluten Gegenprogramm zugange ... Hier hielt er auch erstmals als Kanzler eine Rede. Sein Innenminister Frick saß derweil in einer Vorstellung der *Pfeffermühle* und machte sich kritische Notizen.[132] Hinter den politischen Kulissen arbeitete man bereits an der Ausbürgerung der Mann-Familie.

Schon ein Jahr später wurde Erika Manns Ausbürgerung aktiv betrieben. Onkel Heinrich Mann hatte sich im Februar 1933 bereits nach Frankreich abgesetzt – er war als Linker bekannt, als Franzosenfreund außerdem. Er hatte sich für einen gemeinsamen Kampf der Sozialdemokratie mit den Kommunisten gegen Hitler eingesetzt. Höchste Zeit, Deutschland zu verlassen – und wirklich fand sich sein Name schon auf der ersten Ausbürgerungsliste vom 25. August 1933, die die neue Regierung unter Hitler im *Deutschen Reichsanzeiger* auf der Titelseite bekannt machte.[133]

Weg aus Deutschland
1933–1936

Entscheidung für das Exil

Wie kam es aber konkret zu der Entscheidung aller Manns für das Exil?

Die *Pfeffermühle* sollte gerade einen neuen Aufführungsort in Schwabing beziehen, das Serenissimus, geleitet von einem Unternehmer, der sich zwar zum Nationalsozialismus bekannte, dennoch gern den Erfolg des Kabaretts zu seinen Gunsten ausnutzen wollte. Der vorgesehene Eröffnungstermin am 1. April 1933 wurde für Erika und ihre Truppe jedoch durch das Ermächtigungsgesetz vom 24. März 1933 obsolet. Damit trat die Gleichschaltung der Länder in Kraft, ausgehend von Bayern. Heinrich Himmler wurde hier zum Politischen Polizeikommissar ernannt, Reinhard Heydrich als sein Adlatus sollte sich persönlich der Verfolgung der Familie Mann annehmen.

Thomas und Katia Mann hatten nach einer anstrengenden Vortragsreise über Amsterdam, Brüssel und Paris mit einem Vortrag des Schriftstellers über Richard Wagner einen Erholungsurlaub in der Schweiz angetreten, gemeinsam mit Elisabeth. Hier erfuhren sie von den politischen Ereignissen, waren zwar vorerst in Sicherheit, wollten aber bald zurück in ihr Münchner Haus. Erika und Klaus überredeten die Eltern am Telefon, noch eine Weile in der Schweiz zu bleiben. Da sie befürchteten, dass das Telefon abgehört würde, sprachen sie lediglich davon, das Klima in Deutschland wäre derzeit zu schlecht …

Thomas Mann war hin- und hergerissen. Er war schließlich ein deutscher Schriftsteller und keinesfalls Sozialdemokrat oder Kommunist. Was sollte er im Ausland? Und wie würde sein Verleger Gottfried Bermann Fischer agieren, ein Jude, für den die Lage natürlich prekär geworden war? Auch das Haus in der Poschingerstraße müsste man ja im Falle des Falles zurücklassen. Was würde aus all diesem so lieb gewordenen Eigentum werden, mit dem Thomas Mann zutiefst verbunden war, was mit den Büchern, gar den Tagebüchern? Erika und Klaus konnten sich, sofern ihr Vater nach Deutschland zurückkäme, seine Geiselnahme vorstellen – und dass man ihn nur im Austausch gegen Heinrich Mann freilassen würde … Dieses Szenario leuchtete dem Vater schließlich ein, und er hörte auf die beiden »Großen«.[134]

Am 1. März 1933 brachen Erika und Klaus ebenfalls in die Schweiz auf, zum Skifahren, wie es den Anschein hatte, aber natürlich im Wesentlichen, um mit den Eltern die Situation zu besprechen. An das April-Programm der *Pfeffermühle* im Serenissimus glaubten sie nicht mehr wirklich, kehrten aber am 10. März noch einmal nach München zurück und begriffen, dass es jetzt bereits darum ging, die endgültige Abreise ins Exil vorzubereiten und gleichzeitig so zu tun, als plante man noch weiter den Auftritt der *Pfeffermühle*.

Klaus fuhr am 13. März nach Paris, da er die Stadt liebte und André Gide, Julien Green, René Crevel und Jean Cocteau dort wirkten, die er alle sehr bewunderte; etliche der jüdischen Emigranten unter den Schriftstellern waren dort bereits angekommen. Erika indessen stellte sich für

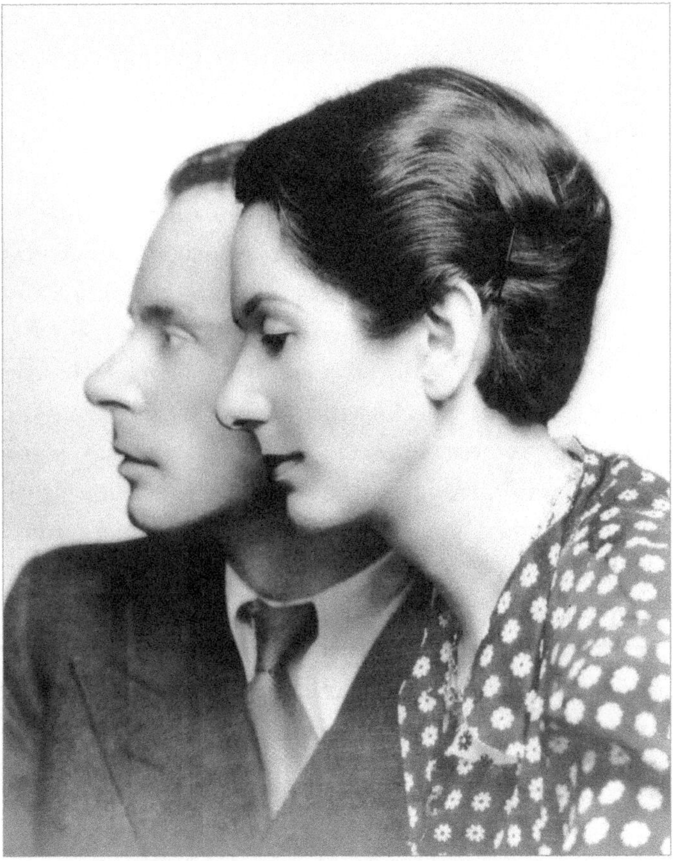

Die »Mann-Twins«, noch vereint zu Beginn der 1930er-Jahre

die *Pfeffermühle* eine Zukunft in der Schweiz oder anderswo in Europa vor. Nun kam es zu dem sehr prominent in der Mann-Familie kolportierten großen Einsatz Erikas, zuweilen auch als ihre bedeutendste Lebensleistung beschrieben, aber leider überhaupt nicht mit Sicherheit zu datieren.[135]

Rasch, sozusagen im Spontanentschluss, raffte Erika jedenfalls in der »Poschi« in des »Zauberers« Arbeitszimmer die Manuskripte und Materialien für seine *Joseph*-Romane zusammen, für deren Recherchen er bereits 1925 gemeinsam mit Katia nach Palästina und – wesentlich ausführlicher – nach Ägypten gereist war. Wer das mehrbändige Werk kennt, mag in etwa eine Vorstellung davon entwickeln, was für eine Menge an Papier das gewesen sein muss. War es bereits am 13. März, dass Thomas Mann das Material in Händen hielt? Das Datum scheint plausibel zu sein, da Thomas Mann im Tagebuch am 15. März glücklich vom Erhalt des Manuskripts berichtet. Demgegenüber datieren die Brüder Golo und Michael sowie die Philologen das Eintreffen des Konvoluts auf Anfang April. Doch es ist unwahrscheinlich, dass Erika Anfang April von Zürich nach München gefahren ist – in diesem Monat hielt sie sich in Zürich auf, um die Wiedereröffnung der *Pfeffermühle* zu planen.

Mutig und beherzt war die Aktion in jedem Fall und kostete Erika all ihre Gewitztheit und ihren Mut, wie sie es auch in *Escape to Life* (Boston 1939, dt. 1991) beschrieb, dort aber in einer »dramatisierten« oder »filmischen« Version: »Ich fuhr zurück. Eine dunkle Brille setzte ich auf und meinte, sie würde mich unkenntlich machen. In Wirklichkeit machte sie mich nur auffällig. Aber so dumm ist man. Es war ungemütlich. Und den Augenblick, in dem ich, meinen treuen alten Hausschlüssel benutzend, das Tor aufsperrte, ohne dass die Nazi-Wache es merken durfte, und den anderen, in dem ich die Treppen hinaufschlich, auf denen so viel Szenen meiner Kindheit sich abgespielt haben, das dicke Manuskript zu mir steckte und diebisch leise in mein Zimmer lief mit dem Schatz, werde ich so leicht nicht vergessen. In meinem Zimmer blieb ich ein paar Nachtstunden in völliger Dunkelheit ... Ich packte das dicke Manuskript, in Zeitungspapier eingewickelt, unter den Sitz meines braven Ford zu den öligen Werkzeugen. An den Grenzen herrschte damals die fürchterliche Ordnung noch nicht, die mich heute, zeigte ich mich dort, das Leben kosten würde ...«[136]

Auch Therese Giehse musste natürlich als Jüdin München verlassen, sie konnte in Arosa bei den Manns unterschlüpfen. Und weitere Mitglieder der *Pfeffermühle* mussten ebenfalls in die sichere Schweiz nachgeholt werden – ein typisches Projekt Erikas, die daneben unermüdlich nach einem Raum für die Aufführungen fahndete, um die Genehmigungen durch die Behörden nachsuchte, sich durchfragte und versuchte, Schliche zu finden, wenn man ihr Unmöglichkeiten vorstellte. Zeitweilig glaubte selbst Erika nicht mehr, dass alle Hürden überwunden werden könnten.

Als Familienemissär bestimmten die Eltern den treuen Golo, der glaubte, immerhin sein Staatsexamen als Gymnasiallehrer in Deutschland noch ablegen zu können. Er sollte so viel Geld wie möglich vom Familienkonto abheben und im Haus nach dem Rechten sehen. Die Bewachung der »Poschi« war inzwischen wohl aufgegeben worden. Auch sollte er die jüngere Schwester Elisabeth mitbringen, die nach dem Skiurlaub gedacht hatte, unter der Obhut der Hausdame Marie Kurz weiter in der »Poschi« wohnen zu können, um ihre Gymnasialausbildung in München abzuschließen. Aber das ging nur drei Wochen lang gut. Das Klima in der Schule war komplett umgeschlagen: »Ich ging sehr gern in die Schule. Und ich war also drei Wochen weg gewesen. Und ich hab' es nicht fassen können, dass sich Menschen in drei Wochen so verändern können, dass sie genau das Gegenteil von dem sagen, was sie vorher gesagt haben.«[137] Elisabeth hielt den Schwenk schlicht nicht aus – war sie zuvor anerkannt gewesen, und zwar als gute Schülerin, aber auch als Tochter Thomas Manns, so war genau das jetzt ein Problem. Kurz und gut, sie wollte zurück in die Schweiz – ohne Pass, nur mit einem Jugendausweis ausgestattet, war das keine so einfache Sache, die aber Golo meisterhaft löste, indem er gemeinsam mit der kleinen Schwester per Bahn an den Bodensee reiste und dort mit ihr das Ausflugsschiff in die Schweiz bestieg. Auch der 13 Jahre alte Michael berichtete per Brief aus seinem Internat in Neubeuern in Oberbayern, dass er selbst und ein Mitschüler dem Fackelzug der SA als Einzige ferngeblieben seien und wie ekelhaft er die politische Entwicklung finde. Während einer Klassenfahrt nach Rom sollte er sich wenig später allein von seiner Klasse absetzen und selbstständig in die Schweiz gelangen. Als die letzten der »Kinder« begaben sich im Mai 1933 schließlich Golo und Monika von Deutschland aus ins Exil, und zwar direkt nach Frankreich.[138]

Die Vorbereitungen für die *Pfeffermühle* in der Schweiz verliefen aus Erikas Sicht quälend langsam, da die Aufenthaltserlaubnis für Flüchtlinge an die Bedingungen, nicht zu arbeiten und nicht politisch aktiv zu sein, gekoppelt war: Die Schweiz wollte ihre diplomatischen Beziehungen auch zu Nazideutschland nicht gefährden. Außerdem herrschte dort damals hohe Arbeitslosigkeit.[139] Erika hatte demzufolge die Tatsachen so zurechtrücken müssen, dass sie die Auftrittsgenehmigung erhielt. Sie gab sich als »Arbeitgeberin« aus, die sich verpflichtete, in ihrer Truppe mindestens zwei Schweizer Bürger zu engagieren, und fand mit Robert Trösch und Valeska Hirsch tatsächlich zwei Schweizer, die gern mitarbeiten wollten und das, was das Kabarett an Fähigkeiten verlangte, mitbrachten. Es verging der ganze Sommer mit dieser Organisation, doch immerhin war der Urlaub in Südfrankreich noch möglich für Erika. Und auch dort wurde sie dringend gebraucht.

Sanary-sur-Mer

Monika erhielt im April 1933 einen Brief ihres Vaters, der zwar nicht erhalten ist, aber von Golo, der wohl von allen das »brillanteste« Gedächtnis hatte, wie familiär verbürgt ist, zitiert wird: »Meine liebe Monika! Es hat uns sehr gefreut zu hören, dass Du Dich entschlossen hast, in den Stande der Ehe zu treten ... Als Mitgift kann ich Dir eine Summe bieten, wie sie in meiner Familie seit Generationen üblich ist; auf die heutige Währung übertragen einhunderttausend Reichsmark. Dein Bruder G. wird dafür sorgen, dass Du sie erhältst noch vor Deiner Hochzeit, welcher wir angesichts des Gesundheitszustands Deiner Mutter wohl leider nicht werden beiwohnen können ... Dein treuer Vater Thomas Mann«.[140] Hintergrund waren die Versuche der Manns, ihr Vermögen nach der »Machtergreifung« der Nationalsozialisten so rasch wie möglich ins Ausland zu transferieren. Monika zeigte Golo das

Schreiben, nach seiner Aussage hell lachend, und sagte, sie wisse, dass nun alles aus sei. Das sollte heißen, dass Thomas Mann keinen Weg mehr zurück nach Nazideutschland für die Familie sah. Monika war damals keineswegs mit einer Person liiert, mit der sie »in den Stand der Ehe treten« wollte.

Die beiden »Großen« lebten zu dem Zeitpunkt im Hôtel de la Tour in Sanary, wo Erika ihr Kinderbuch *Muck, der Zauberonkel* fertigstellte.[141] Wie die Editionsgeschichte beweist, war es auch noch in den 1950er-Jahren durchaus »anschlussfähig«, wie ja auch beispielsweise die Bücher Erich Kästners für Kinder und Jugendliche – und mit diesen hat man Erika Manns Kinderbücher oft verglichen. Es ist ein überaus sympathisches, Zuversicht, Güte und Humor ausstrahlendes Buch: Die beiden Jungen Ecki und Hassi sind die kleinen Helden. Ihr Onkel ist Zauberer in Varietés und Theatern. Er führt auch im Haus seiner Schwester, der Mutter der Jungen, seine beeindruckenden Tricks vor, sodass die Brüder sich ganz und gar in Mucks Sphäre begeben und heimlich im Theater herumgeistern. Schließlich verschwindet einer der beiden Jungen dort, und erst der Zauberonkel findet ihn schlafend in einer Kiste und bringt beide Kinder wohlbehalten nach Hause. – Gestaltete sich so ein Wunsch der Exilantin Erika, dass alle kleinen verschwundenen Kinder »nach Hause« kommen konnten, dass es solch einen Zauberonkel geben sollte für alle?

Jetzt, im Frühsommer 1933, ging es jedoch zunächst um etwas ganz Praktisches, und auch dafür war Erika einfach das am besten geeignete »Kind« – und sie übernahm diese Rolle wie immer bereitwillig: Die Manns, um möglichst viele der Kinder bei sich aufnehmen zu können, zumindest aber Elisabeth, Michael und Monika, suchten in Südfrankreich ein Haus mit mindestens sechs Zimmern, samt ordentlichen Sanitärräumen. Die Suche gestaltete sich schwierig und dauerte lange. Daher wurde es notwendig, dass alle vorübergehend in Hotels, ebenfalls an der Côte d'Azur gelegen, in Bandol etwa im Grand Hôtel, logierten. Es ist schwer vorstellbar, dass Thomas Mann unter diesen Umständen arbeiten konnte – und tatsächlich funktionierte das sehr schlecht, zumal sein angestammter Schreibtisch mit allen für ihn so wichtigen Gegenständen noch fehlte, und so wuchs der Druck, den Katia auf Erika ausübte, doch bitte rasch ein geeignetes Haus zu finden.

Sie selbst war durch den Verlust der »Poschi« und mit all den nachfolgenden praktischen Problemen des Exils stark reduziert in ihren Kräften, was alle Familienmitglieder bemerkten. Und das beunruhigte die Kinder, denn »Mielein« musste ja den »Zauberer«, den aus dem Nichts Literatur hervorzaubernden Bestsellerautor, stützen, ihm Gesprächspartnerin, Sekretärin, Organisatorin, Beraterin und Bewahrerin seines Wohlbefindens sein und eben auch noch zwei halbwüchsige Kinder betreuen und fördern. Schließlich fanden Erika und Klaus die wunderbare Villa *La Tranquille*, die Ruhige, die alle Bedürfnisse der Manns erfüllte.

Monika hat die Exilantenpersönlichkeit des Vaters eindrücklich beschrieben. Auch die Analyse ihrer Texte beweist, wie stark sie in ihrem eigenen Schreiben an ihm, an der Familie orientiert war, zumindest bis zu seinem Tode: »Mein Vater parlierte französisch, fuhr in einem ›Peugeot‹ und aß ›Croissons‹ [sic!], aber in ihm vertiefte sich das ›Goetheerlebnis‹, die deutsche Liederkunst und anderes mehr. Unversehrtes. Wahre Schätze des Ursprungs, denen das wirkliche Heute nichts anhaben konnte. Oder? Man wurde misstrauisch, witterte Zusammenhänge – Nietzsche, Wagner, Schiller, Schumann ...«[142]

Thomas Mann fuhr also einen gebrauchten Peugeot, den er in Toulon erstanden hatte, da seine drei in München gebliebenen Wagen, der Horch, der Buick und der rote kleine DKW, durch die Politische Polizei beschlagnahmt worden waren, was den Schriftsteller schockartig auf das Sofa gebannt hatte, während Katia, die elf Pfund seit dem Frühling abgenommen hatte, kaum noch Kraft hatte zu trösten. Immerhin hatte man noch nahezu 200 000 Franken in der Schweiz, das deutsche Vermögen nicht mit eingerechnet, von dem Golo ja einiges hatte retten können.

Hedwig Pringsheim brachte der Tochter vorsichtig bei, dass sie eine amerikanische Familie in der »Poschi« herumgeführt habe, die das Haus leidenschaftlich gern mieten wolle, für einen sehr anständigen Mietzins. So wurde es (für zwei Monate) gemacht. Daraufhin ließ Katia per Expressbrief Ida Herz, die alte Freundin der Familie, gleichzeitig Archivarin Thomas Manns, anweisen, das Silber, das Porzellan, die Bücher und Schallplatten in Kisten zu verpacken und zu spedieren. Und wirklich war es höchste Zeit, denn das Gesetz zur Einziehung von volks- und staatsfeindlichem Vermögen, das auch jenes der Manns betraf, wurde soeben in Berlin vorbereitet.

Thomas Manns Leben und damit das seiner Familie hatte sich durch das Exil radikal verändert: keine Vortragsreisen mehr vorerst, kein Theater, keine Konzerte oder Opernbesuche, keine Empfänge, kein Lob durch Gäste, keine Presserezensionen oder Interviews. Die Abende in München oder die Vortragsreisen waren gesellschaftliche Ereignisse gewesen, die Thomas Manns Berühmtheit natürlich gesteigert hatten. Katia Mann war gern an seiner Seite aufgetreten, und die Kinder, sofern sie in München waren, hatten von diesen interessanten Gästen profitiert, ein internationales Netzwerk dadurch aufgebaut. Thomas Mann, das nahm Monika wahr, sensibel, wie sie war, brauchte Zeit, um in der völlig anderen südfranzösischen Landschaft und dem gesellschaftlichen »Nowhere«, wo man alles aus sich selbst schöpfen musste, die Arbeit wiederaufzunehmen. Niemand wusste, wie lange Sanary der Ort des Bleibens sein würde und wie es weitergehen könnte. Doch alle gaben sich nach Kurzem der »Beschaulichkeit« und dem Genuss hin, den ein Aufenthalt am Meer immer bietet, und der eigenen Arbeit: Schreiben oder Klavierspielen. Und es kamen immer mehr Emigranten nach Sanary[143] – für alle eine Zwischenzeit.

Der große Wermutstropfen wurde der Familie eingeschenkt, als Großmutter Hedwig aus München Ende August meldete, dass die gute alte »Poschi« – »Haus und Garten, mitsamt der Figur«, der Hermes-Plastik von Hans Schwegerle – beschlagnahmt sei, vorerst, bis Thomas Mann zurückkäme. Mit dieser Nachricht nahm er mitsamt seiner Familie endgültig Abschied von seinem stillen Plan, nach Deutschland zurückzukehren, er, der zeitgenössische deutsche Schriftsteller schlechthin.

Die Familie hatte mit der Erfahrung von 1933 noch einmal ganz besonders zueinander gefunden. Man war froh, dass man beisammen war, dass alle Deutschland heil hatten verlassen können und ein Teil des Vermögens immerhin gerettet worden war. Die größte Sorge waren jetzt die Großeltern Pringsheim, denn zwar waren sie tatsächlich für zwei Wochen nach Frankreich gereist, auf Besuch bei den Manns, doch trotz aller Versuche Katias, sie ebenfalls zum dauerhaften Exil zu überreden, kehrten sie anschließend wieder nach München zurück.

Das Familienproblem um »Die Sammlung« und das Tagebuchproblem des »Zauberers«

In Südfrankreich schmiedete Klaus den Plan, eine literarisch-politische Exilzeitschrift zu gründen, *Die Sammlung*. Obwohl sie nur zwei Jahre lang, von September 1933 bis August 1935, existieren sollte, wurde sie die wichtigste Zeitschrift des Exils, für die illustre Größen wie Albert Einstein, Ilja Ehrenburg oder Leo Trotzki schrieben. Klaus konnte für das Patronat drei herausragende Schriftsteller gewinnen: Aldous Huxley für die englische, Onkel Heinrich Mann für die deutsche und André Gide für die französische Ausgabe. Die zweimal monatlich erscheinende Zeitschrift war von Beginn an ein von Problemen belastetes Projekt: Zuerst war es die Finanzierung, die nur dank der großzügigen Förderung durch Annemarie Schwarzenbach gestemmt werden konnte, die auch an der Redaktion mitarbeitete. Ein zweites Problem jedoch hätte Klaus nie und nimmer vorausgesehen, nämlich dass sich der eigene Vater (und mit ihm auch dessen Kollegen und Freunde René Schickele und Alfred Döblin) gegen die Zeitschrift aussprachen, wenngleich alle drei literarisch mit den Positionen von Klaus und den übrigen Autoren keinen Dissens hatten. Im Impressum der ersten Nummer vom September 1933 wurde Thomas Mann als Mitarbeiter genannt. Das hatte er seinem Sohn zugesagt. Doch für Thomas Mann und die genannten Schriftsteller war eine Art »Etikettenschwindel« erfolgt, insofern als sie niemals mit einer derartig politischen Ausrichtung der Zeitschrift gerechnet hatten, die ihnen ausgerechnet durch den ersten Beitrag, den von Thomas Manns Bruder Heinrich, verdeutlicht wurde.

Der Hintergrund ist, dass Thomas Mann und seine Kollegen schlicht Angst um ihre Existenz als deutsche Schriftsteller hatten: Sie wollten ihre Werke weiterhin in Deutschland veröffentlichen, weshalb sie meinten, nicht in einer Zeitschrift, die gegen Nazideutschland opponierte, publizieren zu dürfen. Auch die *Joseph*-Romane waren weiterhin für eine Veröffentlichung in Thomas Manns angestammtem S. Fischer Verlag vorgesehen, der noch in Berlin residierte. Und seitens des Verlags wurde man sogar in Sanary vorstellig, um den wichtigsten Autor zur Distanzierung von der *Sammlung* zu überzeugen. Leider sollte diese Manipulation gelingen.

Thomas Manns innere Unruhe und Arbeitsunfähigkeit der ersten Exilwochen wichen einer Entspannung, wie er sie lange nicht gekannt hatte: Die südfranzösische Landschaft schien ihm sogar verwandt zu sein mit der des Heiligen Landes, das er in den *Joseph*-Romanen so anschaulich schildert. Grund für diese Entspannung war auch die Tatsache, dass seine Tagebücher, die Golo in seinem Auftrag verpackt hatte und spedieren ließ, nach einer langen Irrfahrt offenbar unkontrolliert und in Gänze in seine Hände gelangten. All seine Befürchtungen, seine nur dem Tagebuch anvertrauten Neigungen zu jungen, schönen Knaben, seine intimsten Gefühle, könnten ans Licht kommen, wichen von ihm. Es gelang ihm, den ersten Teil der *Joseph*-Romane, die *Geschichten Jaakobs*, noch 1933 publikationsfertig zu machen: Dass dieses Buch so wichtig für den Schriftsteller war, liegt eindeutig an dem biblischen

Stoff, zu dem er intensive Studien zum Judentum und zum Alten Testament betrieben hatte. Er selbst und einer seiner wichtigsten Biografen, Hermann Kurzke,[144] stimmen darin überein, dass dieses Romanwerk seinen literarischen Beitrag zur Bekämpfung des Antisemitismus darstellt.

Die Uhren tickten also glücklicherweise wieder normal im Hause Mann in Sanary. Und das war der Ausgangspunkt für alle Kinder, dass auch sie wieder eine gewisse Normalität leben durften ... Diejenigen, die schon verstanden hatten, dass sich die eigene Kreativität unter den Umständen eines unzufriedenen, unkreativen Vaters nicht entfalten konnte, hatten aus Selbstschutz eigene Unterkünfte gewählt: Erika, Klaus und Golo, der in der Nähe in der Villa *Les Roseaux* bei dem Schriftsteller William Seabrook und dessen Freundin Marjorie Worthington lebte und an einem großen Aufsatz schrieb, aber täglich in die Villa *La Tranquille* herüberkam, um Elisabeth und Michael zu unterrichten, die daneben, wie auch Monika, weiter ihren musikalischen Studien nachgingen. Daneben lockte alle Familienmitglieder: das Meer!

Katia Manns 50. Geburtstag am 24. Juli wurde in Sanary recht groß gefeiert, wieder einmal mit einem von Erika verfassten »Festspiel«. Außer Klaus waren alle Kinder da. Gäste waren die befreundeten Schickeles, Heinrich Mann, seine Ehefrau Nelly und eine Gesellschaft illustrer Emigranten.

Erika nutzte das Fest, um einmal mehr für *Die Sammlung* von Klaus zu werben und gegen Gottfried Bermann Fischers Ansinnen anzureden, Thomas Mann möge nach Deutschland zurückkehren. Der Vater steckte in einem Gewissenskonflikt. Seine Tochter hatte die besseren Argumente, er jedoch fürchtete um seine Veröffentlichungsmöglichkeiten. Erika opponierte gegen Bermann Fischer, wann immer sie mit dem Vater sprach – noch nie zuvor hatte sie sich ihm entgegengestellt. Drei Jahre lang sollte sich Thomas Mann um eine Entscheidung herumwinden. Erika und Klaus Mann waren erschüttert und niedergeschlagen. Doch zunächst blieb ihre Gefühlswelt dem Vater verborgen.

Zürich – neue Normalität

Erneut war es Erika, die den Auftrag erhielt, nach einer Sommerpause für den »Zauberer« in einem sicheren deutschsprachigen Gebiet die nächste und hoffentlich feste Bleibe für die Mann-Familie zu finden, und dies alles neben ihren Lesungen und Honorarauftritten für den Schweizer Rundfunk, der künstlerischen Leitung der Modenschau des Zürcher Warenhauses Globus und der Vorbereitung des ersten Auftritts der *Pfeffermühle* in der Schweiz. Sie lebte glücklich in ihrer Partnerschaft mit Therese Giehse, wo es aber auch funkte und krachte, denn beide Frauen waren temperamentvoll. Aber sie zogen weiter künstlerisch an einem Strang, und so konnte die *Pfeffermühle* am 30. September 1933 ihre Eröffnungsvorstellung im Gasthof Hirschen am Hirschenplatz, Niederdorfstraße 13, geben. Therese in der Rolle der Frau X., einer Frau aus dem Volk, die sich passiv und feige zu allen politischen Scheußlichkeiten verhält, überzeugte das Publikum.

Zwei Tage zuvor war der schwer bepackte Peugeot der Manns von Sanary in die Schweiz gefahren worden und die Familie hatte mit fünf der sechs Kinder ihren Einzug in das Haus Schiedhaldenstraße 33 in Küsnacht am Zürichsee gefeiert.

Die *Pfeffermühle* erfreute sich in Zürich eines sensationellen Erfolgs. Die Kasse des Impresarios Hans Keiser, der das Ensemble unter Vertrag nahm und eine Tournee durch verschiedene Städte der Schweiz noch für November und Dezember vereinbarte, klingelte. Auch die Presse bejubelte das geistreiche literarische Kabarett, das als immer stilsicher und anregend beschrieben wurde.

Erikas Auftreten gegen Dummheit und Schläfrigkeit wurde gelobt – sie habe das neue Bänkellied erfunden, wurde ihr bescheinigt.[145] Die Familie war stolz auf ihren Erfolg. Sie selbst wusste inzwischen, dass sie in dieser Profession ständig am Ball bleiben, weiter organisieren, verhandeln, neue Nummern und Texte erfinden, die Moderationen des Abends abwechslungsreich variieren und mit den Pressevertretern sprechen musste. Es war ein Balanceakt, ein literarisch-politisches Kabarett gerade hier, in der neutralen Schweiz, zu zeigen: aufrichtig sein, doch ohne politisch Partei zu ergreifen, wie die Schweizer Bestimmungen es forderten. Deutlich sein, auch mit Nachdruck, aber ohne Hasstiraden gegen bestimmte Politiker in Nazideutschland oder der Schweiz. Erika war ohnehin seit Langem nervös und wurde es jetzt mehr und mehr. Und so wie Klaus nahm sie öfter Zuflucht zum »Thun«, wie das Codewort der beiden Geschwister für Drogen lautete.

Elisabeth und Michael lebten auch nach den Sommerferien 1933 noch in der Familie. Erika wohnte mit Therese Giehse zusammen, Golo ging nach Frankreich, Klaus war schon dort, und Monika zog nach Florenz. Die »Kleinen«

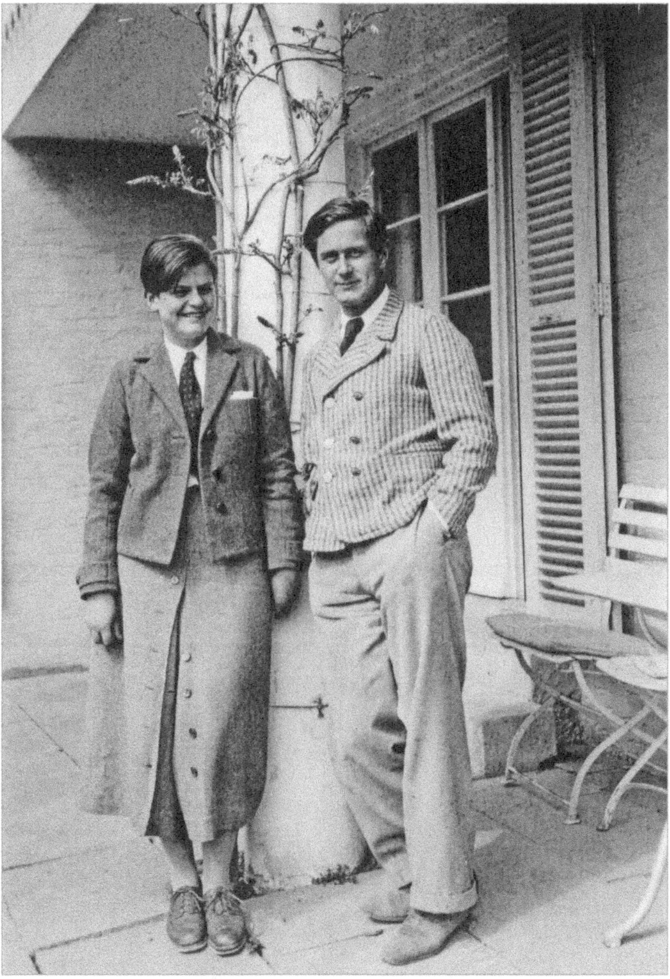

»Die Kleinen« – Elisabeth und Michael
im Schweizer Exil, 1933

besuchten ab Ende 1933 in Zürich das Freie Gymnasium und studierten nebenbei am Konservatorium, Elisabeth, um sich dort auf die Prüfung zur Konzertpianistin vorzubereiten, Michael indes wollte Bratschist werden.

Extrem belastbar und ehrgeizig, stand Elisabeth diszipliniert regelmäßig zwischen 4 und 5 Uhr früh auf, um Schularbeiten zu erledigen und sich mit einem privaten Studium zu beschäftigen, das wesentlich später seinen Niederschlag in ihrem Werk finden sollte: der Geschlechterthematik. Sie wollte wissen, warum Frauen, so wie ihre Eltern es immer betonten, angeblich keine Künstlerinnen und vieles mehr eben auch nicht sein können. Elisabeth studierte den Rechtshistoriker Johann Jakob Bachofen ein Jahr lang, sie las sich in Sokrates, Platon, Aristoteles, Schopenhauer und Nietzsche ein. Die Eltern wussten davon und waren in erster Linie amüsiert von der Ernsthaftigkeit »Medi-Eisenstirnchens«. Was sie sich in den Kopf setzte, zog sie auch durch. So übersprang sie im Laufe ihrer Schullaufbahn zwei Klassen. Aber die Eltern beobachteten die selbst auferlegte Disziplin der Tochter zum Teil auch mit Sorge. Doch sie hatte auch immer wieder großen Spaß bei selbst veranstalteten Festen, wenn die Eltern verreist waren.

Kritik setzte es jetzt vonseiten der »Großen« wegen der bei den »Kleinen« angeblich so defizitären literarischen Bildung. Sie hatten nur halb recht, denn wenn ein junger Mensch sich ernsthaft der Musik verschreibt, dann muss ein Preis gezahlt werden: Üben bedeutet, Zeit zu investieren. Aber Elisabeth hatte auch ihr spezielles Problem mit dem Musikstudium als Berufsvorbereitung, insofern als ihr jedes Vorspiel eine Art Marter war. Wollte sie ernsthaft eine Karriere als Konzertpianistin anstreben? Oder doch dem Diktum des Vaters gehorchend eben das nicht? Verglichen jedoch mit den Problemen, die die Eltern bei ihren anderen Kindern wahrnahmen, ausgenommen Golo, waren die von Elisabeth *quantité négligeable*. Ihr hervorragendes Abiturzeugnis (Matura im Literaturzweig des Freien Gymnasiums in Zürich) wurde ihr erst nach der Vollendung des 18. Lebensjahres ausgehändigt und ging später bei einem der viele Umzüge der Familie einfach verloren.

Sehr früh verliebte sich Elisabeth auch, nicht nur als ganz kleines Mädchen, wie es der Vater in *Unordnung und frühes Leid* beschreibt, sondern auch als Schülerin: Ihre Gefühle gehörten zunächst über Jahre dem Verleger Fritz Landshoff, der die im September 1933 gegründete Exilzeitschrift *Die Sammlung* verlegte und den Klaus als den »schönsten menschlichen Kontakt« seit dem Tode Ricki Hallgartens bezeichnete. Landshoff war jüdischer Abstammung und ging daher 1933 in die Niederlande, wo ihm Emanuel Querido angeboten hatte, eine deutschsprachige Abteilung seines Verlags aufzubauen: Hier konnten Klaus Mann, Heinrich Mann, Anna Seghers, Lion Feuchtwanger und viele der jüdischen jetzt im Exil lebenden Autoren in ihrer Sprache veröffentlichen. Fritz Landshoff, der Menschenfreund, zahlte die Honorare in Monatsraten – so konnten sich diese Autoren über Wasser halten, selbst im Exil. Aber der wesentlich ältere Landshoff, Jahrgang 1901, war zwar sehr nett zu Elisabeth, als »Objekt der Begierde« nahm er sie aber kaum wahr, denn er verehrte und liebte Erika. Für sie war jedoch Landshoffs starke Drogensucht, die sie ebenso bei ihrem Bruder Klaus wahrnahm, abschreckend. 1939 soll sie schließlich, offenbar aus Verzweiflung über Landshoffs Abhängigkeit, doch den Vorschlag einer Eheschließung ausgesprochen haben – den er wohl aus der Erkenntnis heraus, was ihre Motive sein mochten, ablehnte. Die Verstrickungen in Familie und Freundeskreis nahmen also kein Ende.

Wie mochte sich Elisabeth fühlen, als damals relativ pummeliger Teenager, dem von der großen Schwester auch noch abgeraten wurde, zum Frühstück Brötchen zu essen statt eines dünnen dunklen Brots? Jedenfalls fixierte sich Elisabeth ganze fünf Jahre lang auf diese zum Scheitern verurteilte Liebe zu Landshoff, sodass ihr Kummer über das Nichterhörtwerden sogar von den Eltern bemerkt wurde. Diese schalteten erneut, wie auch im Falle von Klaus und Golo zuvor, ihren Freund, den Zürcher Neurologen Dr. Erich Katzenstein, ein. Der wiederum wollte Elisabeth überzeugen, sich für das Künstlertum zu entscheiden, um auf das Los einer Durchschnittsfrau zu verzichten.[146]

Sie war inzwischen 18 Jahre alt und wollte zunächst nicht mit dem Arzt sprechen, litt jedoch unter Asthma, Schlaflosigkeit und verschiedenen anderen psychosomatischen Beschwerden. Als Landshoff seine neue Flamme, die Schauspielerin Rini Otte, mit ins Küsnachter Haus brachte, durchlitt Medi schließlich, wie der Vater empathisch im Tagebuch notierte, geradezu ein Martyrium. Aus der dann doch ein Jahr dauernden Therapie bei Dr. Katzenstein nahm Elisabeth zwei entscheidende Lehren mit: »Erstens mal hat der gute Dr. Katzenstein mir beigebracht, daß man Sachen nicht zu stark wollen darf. Man muß sich mehr distanzieren. Und zweitens hat er mir beigebracht, daß ein Ziel, dem man nachgeht, daß man das nie erreicht.«[147] Er schenkte Medi ein Bändchen von Laotse zum Abschied.

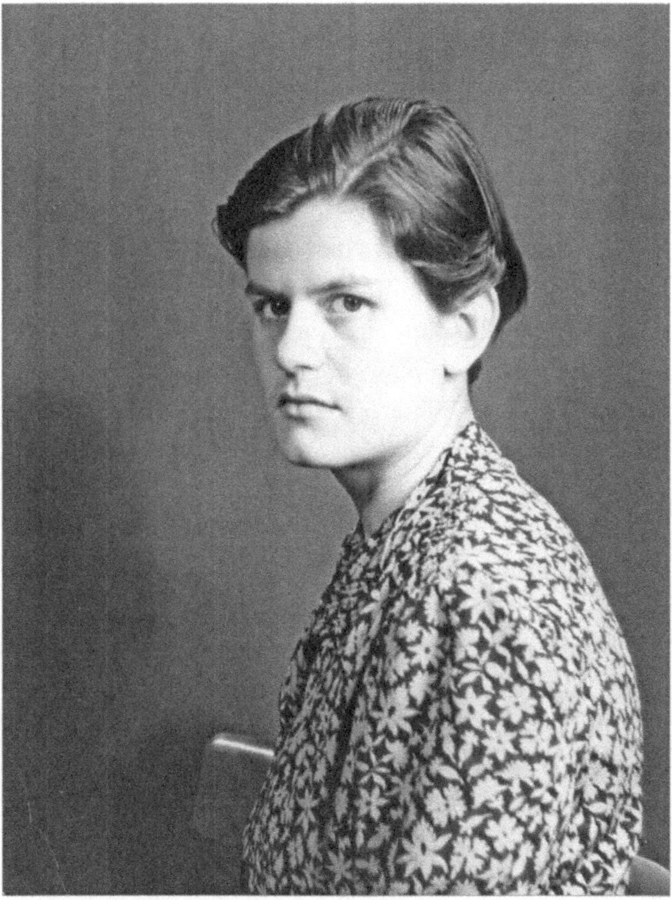

Elisabeth »Eisenstirnchen«, unglücklich verliebt, ca. 1936

Die Pfeffermühle in der Schweiz

Das neue Programm führte die Truppe der *Pfeffermühle* durch die gesamte Schweiz, das Oberengadin, Aarau, Olten, Basel und Bern. Lotte Goslar, die aus Dresden stammende »Grotesk-Tänzerin«, hatte sich dem Ensemble angeschlossen und glänzte mit ihren bizarr-komischen Nummern. Der zweite Teil des Abends unter dem Titel *Kaltes Grauen* bestand aus einem Lied, das Erika selbst sang, im Pierrotkostüm, während Therese Giehse das *Lied von der Dummheit* interpretierte: Sie gab eine Germania im langen rosa Babykleid mit Strohperücke auf dem Kopf, von Hass auf jede Intelligenz erfüllt.

Doch bald wandten sich in der Schweiz die rechten Kräfte, die Frontisten, die mit den deutschen Nationalsozialisten sympathisierten, gegen die Truppe. Der deutsche Generalkonsul in Zürich, bei dem Thomas Mann seinen abgelaufenen Pass Anfang 1934 erneuern lassen wollte, machte ihm unmissverständliche Andeutungen über die Unvorsichtigkeit seiner Tochter. War der *Pfeffermühle* und Erika zunächst auch die Schweizer Presse sehr freundlich gesinnt gewesen, hatte sich das Blatt jetzt gewendet. Insbesondere in der Mutter ihrer Freundin Annemarie Schwarzenbach erwuchs Erika eine besondere Feindin, da sie mit den Nationalsozialisten sympathisierte und in Erika eine moralisch fragwürdige, kommunistische Verderberin ihrer Tochter sah. Prompt erteilte Renée Schwarzenbach Erika Mann Hausverbot. Und das war nicht alles, denn sie animierte ihre Familie (und diese wiederum die gleichdenkenden

Frontisten) dazu, die Vorstellungen der *Pfeffermühle* lautstark zu stören, sodass Erika schließlich Personenschutz und die *Pfeffermühle* Saalschutz bei den Vorstellungen erhielt.

Unverdrossen aber arbeitete die Prinzipalin schon am dritten Schweizer *Pfeffermühlen*-Programm. Darin war neben nach außen unverfänglichen Nummern, die auf deutschen Märchen beruhten, aber doch scharfe Kritik an den politischen Verhältnissen übten, besonders das grandiose Lied *Der Prinz von Lügenland* eine Hauptnummer: Erika verkörperte diesen Prinzen, gewandet in eine schwarze SS-Uniform und mit Reitpeitsche ausgestattet. Im Lied wird das Lügen als Kunst beschrieben und proklamiert, dass man im Lügenland seine Feinde morden dürfe ... Doch dann eskalierte die Situation: Es wurde »Pfui« und »Juden raus« gerufen, 70 Menschen grölten auf der Straße: »Die Juden sind unser Unglück.« Das war gegen die jüdischen Mitglieder der *Pfeffermühle* gemünzt. Und derjenige, der mit einer Militärpfeife die Chöre in Gang gesetzt hatte, war niemand anders als James Schwarzenbach, der Neffe Renée Schwarzenbachs ... Schlägereien und Verhaftungen folgten, ebenso ging es bei den folgenden zwei Vorstellungen. Flugblattaktionen der Frontisten mit antisemitischen, frauenfeindlichen und pronationalsozialistischen Parolen wurden verteilt und richteten sich gegen Erika Manns »jüdisches Emigrantenkabarett«.[148] Doch noch stellte sich der Zürcher Stadtrat hinter die *Pfeffermühle*, gab bekannt, dass nur eine Mitwirkende (das war Therese Giehse) Jüdin sei, eine weitere (das war Erika Mann) lediglich eine jüdische Mutter habe und dass das Ensemble kooperiere und bereit sei, drei Nummern, die offenbar zu sehr provoziert hatten, aus dem Programm zu nehmen.

Doch die *Neue Zürcher Zeitung* hatte den politischen Mut verloren, die *Pfeffermühle* mit positiven Rezensionen zu verteidigen.

Erika hingegen verlor den Mut trotz des Gegenwinds nicht. Sie wollte weiterspielen. Selbst eine Entführungsdrohung tat sie kalt lächelnd ab und übernachtete für einige Zeit in einem Zürcher Hotel, äußerte sich mutig und vernünftig in der Presse, widerlegte Punkt für Punkt die ihr entgegengebrüllten Invektiven, besonders diejenigen, eine »Hetzbühne« zu sein und den eigenen »Privatdreck« zu veröffentlichen, indem sie etwa fragte: »Wäre ein Krieg, der kommen könnte, unser Privatdreck?«,[149] oder indem sie ein Einstehen gegen Gewalt und Unterdrückung als frei von jeder Verletzung des Gastrechts in der neutralen Schweiz kennzeichnete. Sie ging sehr klug vor, immer im Glauben, mit Argumenten zu überzeugen. Sie wirkte optimistisch nach außen, wenn sie auch im Inneren überzeugt war, dass es sich nicht nur um momentan verblendete, ignorante Menschen handelte, die man mit guten Argumenten von der besseren Sache überzeugen könnte, vom Pazifismus, vom Eintreten für positive Werte wie Demokratie und Zivilcourage. Sie versuchte, in ihrer Presseerklärung die hasserfüllten Anschuldigungen zu entkräften, die Renée Schwarzenbach gegen sie und Klaus richtete und damit militante Aktionen des Familienclans rechtfertigte. Ohne Erfolg.

Monikas Jahre in Florenz

Monika hatte sich bereits seit vielen Jahren der Musik verschrieben. Nach den gemeinsamen Monaten in Sanary im

Jahr 1933, wo sie anders als die übrige Familie noch für einige Zeit in einem kleinen Häuschen mit gemietetem Klavier wohnte, ging sie nach erfolgreicher Bewerbung nach Florenz zu Luigi Dallapiccola, einem bekannten Konzertpianisten und Komponisten im Bereich der Zwölftonmusik, der nur wenige Privatschüler hatte.

Monika war mittlerweile 23, hatte alle möglichen kreativen Ausbildungen, durch die Eltern großzügig finanziert, durchlaufen – die Garten- und Kochschule, Gesangsunterricht, Klavierunterricht und Zeichenunterricht. Und trotz vieler Beziehungen und Lieben gab es keinen Heiratskandidaten, der ihr genehm gewesen wäre. Das Klavierspiel aber bannte sie damals immens.

Durch den Briefwechsel mit Monika bekam Katia Mann den Eindruck, dass diese noch immer in einer Traumwelt lebte, in der einzig ihre Bedürfnisse und kleinen Probleme zählten, etwa dass die Trauben teurer geworden waren und sie die Toilette in der Unterkunft mit anderen teilen musste. Dass sie den »Ernst der Lage« gar nicht erfasst hatte.

Seltsamerweise wurde aber selbst jener Ritterschlag, den Dallapiccola ihr durch seine Aufnahme als Privatschülerin erteilte, in ihrer Familie nicht recht gewürdigt. Lag es an der immer etwas beiläufigen Art, mit der sie sprach, an der man, wenn man an die gewaltigen Formulierungskünste von Thomas und Katia gewöhnt war, nicht ablesen konnte, um was für einen Meister es sich bei Dallapiccola handelte? Oder war alles, was Monika anfing (und auch schon lange fortsetzte), einfach nichts, nicht wert, es auch nur freundlich zu kommentieren? Immerhin wurde die wöchentliche Klavierstunde beim Meister vom elterlichen Geld bezahlt. In ihrem Monika-Büchlein über die Kinderjahre der

Tochter vermerkte Katia einen Ausspruch Thomas Manns, dass Monika schalkhaft sei, nichts weiter.[150] Eine für ihn typisch weibliche Charaktereigenschaft …

Monikas Florentiner Wohnung befand sich in der Via delle Badesse. Es war eine Art Turmwohnung mit Dachterrasse. 123 Stufen musste man überwinden. Monika belebte ihren Alltag durch Einladungen, scharte einen äußerst lebendigen Kreis unterschiedlichster Menschen um sich. Ein Besuch in Küsnacht im Herbst 1934 ließ die Eltern erstmals aufmerken: Eine sehr zum Vorteil veränderte Monika erschien da, gertenschlank, elegant gekleidet, in sehr aufrechter Haltung … Doch angeblich sei sie nach drei Wochen im Elternhaus, so die Mutter im Brief an Klaus, wieder in ihre früheren Fehler zurückgefallen, habe sich etwa in der Speisekammer auch außerhalb der Mahlzeiten bedient und sei ansonsten gänzlich unbeschäftigt gewesen.[151] Monikas Wunsch, die Eltern in Zürich zu besuchen, war von diesen als verfehlt angesehen worden. Dass sie an der Familie hing wie eigentlich alle Kinder, das leuchtete hier offenbar nicht ein, da es ein Erfahrungswert war, dass dieser Tochter das Elternhaus »nicht bekam«.

In den insgesamt zwei Jahren in Florenz begriff Monika, dass sie nie Konzerte würde geben können, dass sie viel zu nervös selbst für Vorspiele war. Die Mutter versuchte noch einmal ihr Bestes, per Brief, schickte auch Geld und riet zu einem praktischen Beruf. Monika zweifelte und grübelte, fühlte sich einsam. Sie suchte einen Partner, besser gesagt: den Mann fürs Leben. Monika sei unendlich träge und letztlich unbelehrbar, behauptete Katia, die immer nachhaltiger verärgert über ihre Tochter war. Katias Sorgen kreisten derweil um die Verwerfungen zwischen Erika und ihrem »Reh« Thomas. Das waren die wahren Konflikte, nicht die verwöhnten Phantasmagorien einer Monika, die schon wieder von einer traurigen Liebesgeschichte lediglich briefliche Andeutungen lieferte. Doch sie lernte 1936 schließlich auch den Kunsthistoriker Jenő Lányi kennen, der bedeutsam für sie werden sollte.

Ende 1936 war Monika erneut in Küsnacht, wirkte gealtert mit 26 Jahren, hatte den Klavierunterricht abgebrochen ... Sie blieb selbst am Heiligen Abend auf ihrem Zimmer – schwer erträglich für die so gefassten, haltungsstarken Eltern und auch die tapfere Erika.

Die Pfeffermühle im europäischen Ausland

Auf der Dezember-Tournee 1934 durch die Schweiz war es für Erikas *Pfeffermühle* ungemütlich geworden: Etliche der als Stationen vorgesehenen Kantone verweigerten ihr die Auftrittsgenehmigung, die Tournee endete vorzeitig. Erika indes hatte unverdrossen die Fühler in andere europäische Länder ausgestreckt, um dort zu gastieren. Das funktionierte auch: Es folgten in den nächsten 15 Monaten 85 Gastspiele, in der Tschechoslowakei, in den Niederlanden, in Belgien, in Luxemburg – und nur einmal noch in der Schweiz. Joseph Roth würdigte ihre Tätigkeit Anfang 1935 per Brief so: »Sie machen zehnmal mehr gegen die Barbarei als wir alle Schriftsteller zusammen.«[152]

Erika bereitete speziell die Auftritte in Prag über ihre und die elterlichen Kontakte bestens vor, hatte Ansprechpartner, die vor Ort schon alle Wege geebnet hatten, zumal sie mit den erfolgreichen Vertragsabschlüssen für die Niederlande und skandinavische Länder auftrumpfen konnte: Zweimal trat die *Pfeffermühle* daraufhin im

Jahr 1935 in Prag und im Osten der tschechischen Republik auf, wo die deutsch besiedelten Gebiete waren. Vor allem in Prag gab es damals eine große deutschsprachige Kulturszene, denn zahlreiche Menschen waren in die liberal-demokratische Republik unter Tomáš Masaryk und seinem Außenminister Edvard Beneš emigriert, etwa auch Manfred Georg, Erikas ehemaliger Chef beim Feuilleton des Berliner *Tempo*, der nun beim Prager *Montagsblatt* tätig war: Menschen wie er unterstützten Erikas Versuche, die *Pfeffermühle* nach Prag zu bringen. Und nicht zuletzt hatte der ausgebürgerte Heinrich Mann 1933 die tschechische Staatsbürgerschaft erlangt. Diese Lösung des Ausbürgerungsproblems sollte auch für die meisten anderen Mitglieder der Mann-Familie die Option werden.

Aber selbst in der Tschechoslowakei gab es politischen Gegenwind für Erikas Kabarett, und er kam gerade von der deutschen Minderheit (22 Prozent der Bevölkerung), die stark der Nationalsozialistischen Partei des Sudentenlandes anhing, die wiederum von der im Deutschen Reich abhängig war. Wenngleich man also in Prag den Rechtsruck verhindern wollte, konnte man nicht (ebenso wenig wie die anderen europäischen Anrainerländer Deutschlands) gänzlich mit dem Deutschen Reich brechen.

Es ging also auch in Prag für Erika um enorme Kompromisse einzelne Nummern betreffend, die ihr von den Zensurbehörden gestrichen wurden. Und überall waren die Empfindlichkeiten andere, sodass sie nie wusste, welche Nummern sie anbieten durfte und welche nicht. Die kritischsten waren ihr ja die wichtigsten, doch hatte sie begriffen, dass sie in jedem Land neu und anders konziliant sein musste. Dabei ging ihr Konzilianz eigentlich gehörig gegen den Strich.

Zuweilen verpflichtete sich Erika per Unterschrift – und vertrat damit auch die Regisseurin Therese Giehse –, für eine Vorstellung bestimmte Lieder oder Verse aus einzelnen Liedern zu streichen, aber die Giehse präsentierte diese trotzdem. Und es gab auch keine »Reklamationen«. Die beiden Frauen hatten Mut, rechneten mit der Bequemlichkeit der Behörden, die nicht unbedingt jede Aufführung mitverfolgen würden, und sie kamen damit relativ lange durch.

Und so verging auch das Jahr 1935 für Erika und ihre Truppe mit erfolgreichen Reisen durch Europa. Bei der zweiten Tournee durch die ČSR hatte Erika erst am Tag der Premiere in Prag erfahren, dass man ihr zwei Drittel ihres Programms gestrichen hatte, was sie zwei Stunden Charme und Verhandlungsgeschick kostete, um wenigstens einen Teil des Gestrichenen wieder einbauen zu dürfen. Es war also zäh und wurde von Monat zu Monat zäher, da die politischen Verhältnisse alles bestimmten. Und diese wurden immer einengender.

Erika liebte die Niederlande, gerade die kleinen Städte. Zwischen 1934 und 1936 trat sie jeweils für mehrere Monate in den Niederlanden auf, wobei sich Abstecher nach Belgien und Luxemburg anschlossen.[153] Die 1000. Vorstellung der *Pfeffermühle* in Amsterdam war der absolute Höhepunkt: Publikum und Presse waren begeistert, aber die Behörden mehrerer Länder hatten sich zusammengetan und forderten von Erika und Therese Giehse, dass sie ihre Programme in Zukunft als reines »Amüsiertheater« gestalten sollten. Darauf konnten die beiden Frauen nur mit einem klaren Nein antworten und die Konsequenz daraus ziehen: In Europa würden sie nicht mehr lange spielen können.

Die 1034. und letzte europäische Aufführung der *Pfeffermühle* fand auf Einladung von Max Reinhardt, Erikas einstigem Schauspiellehrer, in seinem Domizil, dem Salzburger Schloss Leopoldskron, statt. Er wollte Erika einen Gefallen tun, obwohl er nicht einmal mehr seine Stromrechnungen bezahlen konnte – es war also eine romantisch mit Kerzen beleuchtete Halle aus Stein, in der das Kabarett zum letzten Mal seine Botschaft vermittelte. Selbst Valeska Hirsch und Lotte Goslar hatten sich für diese Gala noch einmal bitten lassen. Der Stargast war »die Dietrich«, die während der Vorstellung ständig ans Telefon gerufen wurde, was einer besonderen Darbietung gleichkam.

Wie in ihrer Kindheit und Jugend war Erika auch in den Zeiten des Vagabundierens mit ihrem Kabarett oft krank. Speziell ihre schon früher oft aufgetretenen Atemwegserkrankungen wirkten jetzt berufsfeindlich und schränkten ihre Sprechfähigkeit ein. So nahm die Bühnenkünstlerin immer sehr starke Medikamente und brachte sich in ihren Theater- und Kabarettjahren immer wieder, wie schon als Jugendliche, an den Rand ihrer Kräfte, was mittlerweile einem Verhaltensmuster gleichkam.

Immerhin verbrachte sie einen Urlaub mit Klaus, Annemarie Schwarzenbach und Fritz Landshoff in Südfrankreich und auf Mallorca, einen weiteren gemeinsam mit Therese Giehse im Haus von Annemarie in Sils Baselgia im Oberengadin und war dann endlich wieder einmal ausgeruht und braun gebrannt. Und sie bekam das Gefühl, nicht umsonst alle Strapazen auf sich genommen zu haben, denn nicht nur unmittelbar nach den Veranstaltungen, auch später in ihrem Emigrantendasein sollte Erika Menschen treffen, die ihr berichteten, in einer Aufführung der *Pfeffermühle*, sei es in der Schweiz, in den Niederlanden, in Luxemburg oder anderswo, sensibilisiert worden zu sein durch die feinen Warnungen der Texte, und dass letztlich ihre Emigration auf das Erlebnis einer Aufführung der *Pfeffermühle* zurückgegangen sei.[154]

Erika Manns eigentliches Ziel war genau das: mit anspielungsreichen literarischen und musikalischen Mitteln aufrütteln. Und daher sprach das Programm auch im Ausland lebende Deutsche oder die deutschsprachige Bevölkerung an, auch Urlaubsgäste aus Deutschland, die im eigenen Land »so etwas« natürlich nicht mehr geboten bekamen. Nicht zuletzt waren bekannte Künstler und Wissenschaftler wie Stefan Zweig und Ernst Bloch unter den Besuchern, und diese waren bereits »sensibilisiert«.

Erikas Ausbürgerung und Eheschließung

Schon zuvor jedoch war Erika für das Deutsche Reich zu einer persona non grata geworden, sodass man dort aktiv ihre Ausbürgerung betrieb. Zur Vorbereitung derselben wurde seitens des Auswärtigen Amts, des Innen- und des Propagandaministeriums sowie der Gestapo seit 1934 eine stetig sich füllende Akte über sie geführt: Darin kann man die Denunziationen jener Menschen nachlesen, die verlangten, dass Erika Mann ihre »Verhöhnung Deutschlands« unterlassen solle.[155] In der über 100 Seiten langen »Ausbürgerungsakte«, zu der die deutschen Botschaften in der Schweiz, in den Niederlanden und in Prag zuzuliefern hatten, wird außerdem dargelegt, dass sich Erika Mann deutschfeindlich betätige. Es wird etwa darauf Bezug genommen, dass sie in ihrem *Pfeffermühlen*-Programm in dem Lied *Prinz von Lügenland* eine SS-Uniform in verhöhnender Absicht getragen habe.

Im Juni 1935 wurde Erika Mann dann ausgebürgert und war damit staaten- und passlos. Da sie dies vorausgesehen hatte, konnte sie eine schnelle und pragmatische Lösung finden, indem sie nämlich kurz zuvor, am 12. Juni 1935, in das Vereinigte Königreich flog – zum Zweck ihrer Eheschließung und der damit verbundenen Erlangung der britischen Staatsbürgerschaft. Ihren britischen Ehemann kannte sie zu diesem Zeitpunkt noch nicht, aber immerhin dessen guten Freund: Der Schriftsteller Christopher Isherwood hatte sich im Mai 1935 auf Empfehlung seines Freundes Klaus Mann eine Vorstellung der *Pfeffermühle* in Amsterdam angesehen. Erika hatte ihn danach in einem Restaurant getroffen und relativ unvermittelt mit der Frage konfrontiert, ob er sie pro forma ehelichen könne. Die Gründe für diese Frage nannte sie auch. Isherwood lehnte dieses Ansinnen für sich selbst aus verständlichen Gründen ab. Er hatte eine erzkatholische Mutter und war selbst homosexuell, versprach aber, einen Freund zu fragen. Das war der (ebenfalls homosexuelle) Schriftsteller und Lehrer W.H. Auden, der offenbar auf die Anfrage hin ohne Aufschub an Erika nur ein Wort telegrafierte: »delighted.«[156]

Über den Verlauf der Begegnung liegen wiederum verschiedene Versionen der »Lügenprinzessin« Erika vor, aber klar ist, dass sie Auden am 12. Juni 1935 in England traf, dass sie drei Tage später in Ledbury auf dem Standesamt heirateten und dass Auden anlässlich dieser Zeremonie weder Erikas Familienstand (geschieden) noch ihr Alter kannte. Beide verzichteten einvernehmlich auf alle

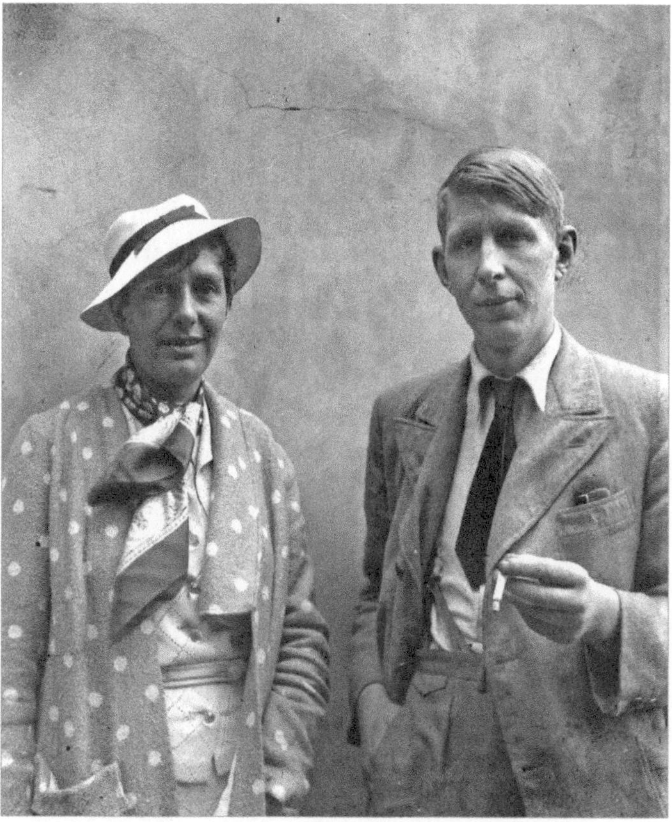

Das frisch getraute »Ehepaar« Erika Mann und W. H. Auden am 15. Juni 1935 in Ledbury

finanziellen Ansprüche an den Ehepartner, und das war es dann: Auden musste eilends in die Schule zurückfahren, in der er unterrichtete.

Trotz dieser ungewöhnlichen und kurzen Begegnung zum Zwecke der Eheschließung wurden sie sehr gute Freunde. Auden kam diverse Male in das Haus der Manns nach Küsnacht und lebte später einmal in Brooklyn in einer Art Wohngemeinschaft mit Golo Mann, Benjamin Britten, Paul und Jane Bowles sowie Carson McCullers (die damals unglücklich in Annemarie Schwarzenbach verliebt war). Er schrieb Erika oft und warnte sie vor Überarbeitung, aber auch vor einem Zuviel ihres Hasses auf die politischen Gegner. Er gab die weisen Ratschläge eines »Onkels«, wie er sich scherzhaft bezeichnete.[157] Ein Jahr später sollte dieser verständnisvolle Mann auch der noch gefährdeteren Therese Giehse einen britischen Scheinehemann beschaffen, den Schriftsteller J.F.N. Hampson Simpson.

Auf der Rückreise von ihrer Trauung traf Erika Mann, auch das gehörte zu ihrem Plan, in London den Theateragenten Rudolf Kommer, um mit ihm über die Idee einer *Pfeffermühlen*-Tournee in den USA zu sprechen, denn Klaus hatte schon lange darauf gepocht, noch einmal dorthin zu reisen. Mit Erika. Zutiefst enttäuscht über die 1935 notwendig gewordene Einstellung seiner Zeitschrift *Die Sammlung*, erhoffte er sich von einer Auffrischung der USA-Reise auch eine persönliche Gesundung.

Doch noch war die Zeit für Erika nicht reif, noch galt es in Europa zu bleiben, galt es zu kämpfen. Der Weggang von zahlreichen Künstlern riss Lücken in die *Pfeffermühlen*-Truppe: Sybille Schloß, Heinrich Ortmayr, Igor Pahlen und Johann (Hans) Sklenka, dann sogar auch

Lotte Goslar, die hervorragende Tänzerin und Mimin, gingen aus ganz individuellen Gründen eigene Wege. Für die letzten Monate der *Pfeffermühle* wurden von Erika unter Aufbietung all ihrer verbliebenen Kräfte neue Künstler engagiert. Insgesamt sind über die Zeit von Januar 1933 bis Januar 1937, dem Datum der Auflösung der Truppe, 27 Künstler dort tätig gewesen. Nur drei von ihnen, Erika Mann, Therese Giehse und der Pianist und Komponist Magnus Henning, waren die ganze Zeit dabei.

Das Zerwürfnis

Jahresbeginn 1936: Das Wanderleben mit der *Pfeffermühle* war anstrengend genug. Aber schlimmer noch war das, was Erika abends in den Hotels zu lesen bekam, dass nämlich Gottfried Bermann Fischer, Thomas Manns Verleger, »ein Schutzjude des nationalsozialistischen Verlagsbuchhandels«[158] sei. Die Glosse, die sie las, war gezeichnet vom Herausgeber der wichtigen politischen Exilzeitschrift *Das Neue Tage-Buch*, Leopold Schwarzschild. Der im Hause Mann sehr geschätzte Publizist war als Jude ebenfalls emigriert. Die Glosse ging aus von der Behauptung, Bermann Fischer wolle sich in Absprache mit dem Reichspropagandaministerium im Ausland niederlassen und einen »getarnten Emigrantenverlag« aufmachen, der dem Hitler-Regime genehm sei und ein entsprechendes Programm bieten werde. Jahrzehnte später[159] entschuldigte sich Schwarzschild für diesen Artikel beim Verlagsleiter, für den Augenblick aber reagierte Bermann Fischer aus London, wo er tatsächlich für eine Niederlassung sondierte, die er schließlich in Wien realisierte, indem er seine Vorzeigeautoren Thomas Mann, Annette Kolb und Hermann Hesse um eine öffentliche Stellungnahme zu seiner Ehrenrettung bat. Und so geschah es in interner Absprache der drei Schriftsteller. Dieser öffentliche Protest samt der Verpflichtung des eigenen Festhaltens am Verlag von Bermann Fischer erschien eine Woche später, am 18. Januar 1936, in der *Neuen Zürcher Zeitung.*

Erika war außer sich, dass ihr Vater den Emigranten Schwarzschild verdammte, indem er Bermann den Rücken stärkte. Vor allem warf sie ihm vor, dass diese öffentliche Erklärung seine erste seit Beginn des Naziregimes war und er darin kein einziges Wort gegen dasselbe zu sagen gewusst hatte. Und dabei hätte er doch Schwarzschild geschätzt und sich drei Jahre lang über Bermanns feige Zurückhaltung, sich der Emigration anzuschließen, erbost. In ihren Augen hätte es weitaus sinnvollere Möglichkeiten gegeben, für die Emigranten und ihre Anliegen einzutreten – insbesondere natürlich *Die Sammlung* von ihrem Bruder Klaus.

Hier trat der Unterschied der Charaktere von Vater und Tochter zutage, und in diesem Unterschied liegt auch der Urgrund der Bewunderung Thomas Manns für Erika: Sie war mutiger als er selbst, sie traute sich viele Jahre lang fast alles zu. Er hingegen musste immer lange überlegen, bevor er handelte, wollte auf keinen Fall zwischen die Fronten geraten, wollte vermitteln und schlichten.

Erika lehnte es vorerst ab, den Vater wiederzusehen … Ihr Brief an ihren »Zauberer« vom 19. Januar endet sehr ernst: »Du wirst mir diesen Brief wahrscheinlich sehr übel nehmen, – ich bin darauf gefaßt und weiß, was ich tue. Diese freundliche Zeit ist so sehr geeignet, Menschen auseinanderzubringen – in wievielen Fällen hat sie es schon getan. Deine Beziehung zu Doktor Bermann und seinem Haus ist unverwüstlich, – Du scheinst bereit, ihr alle Opfer zu bringen. Falls es ein Opfer für Dich bedeutet, daß ich Dir, mählich, aber sicher, abhanden komme, –: leg es zu dem übrigen. Für mich ist es traurig und schrecklich.«[160]

Nicht der Vater selbst, Katia antwortete zwei Tage später. Sie bat um Nachsicht, um Geduld, gab zu, sie selbst sei auch nicht für die öffentliche Erklärung gewesen – und sie baute eine goldene Brücke, indem sie schrieb, sie gehe sicher davon aus, dass sich in absehbarer Zeit ein Weg finden werde … Wofür, wohin? Das ließ sie klug offen, schaffte damit auch für Erika Denk- und Handlungsspielraum.

Thomas Mann indes laborierte mehrere Tage an seinem zwölf Seiten langen Antwortbrief an Erika, den er auf den 23./24. Januar 1936 datierte. Im Tagebuch hat er dazu notiert: »Schrieb den Brief an Eri zu Ende, für sie und für die Nachwelt.«[161] In diesem legte er Gottfried Bermann Fischers persönliche Integrität dar und wies auch nach, dass der Verleger niemals Protektion durch das NS-Regime erhalten habe. Der Brief endet nach der Rechtfertigung für Bermann mit einem sehr zärtlichen, Erika zugewandten Passus. Darin beschreibt er seine Verwandtschaft mit ihr in rührender und kluger Weise: »Zum Sichüberwerfen gehören gewißermaßen Zwei, und mir scheint, mein Gefühl für Dich läßt dergleichen gar nicht zu. Wenn ich denke, wie Du manchmal gelacht und Tränen in den Augen gehabt hast, wenn ich euch vorlas, so scheint mir Deine Ankündigung auch wieder unwahrscheinlich. Du bist viel zu sehr mein Kind Eri, auch noch in Deinem Zorn auf mich, als daß sie sich so recht erfüllen könnte. Meine Ergriffenheit bei Deinen *Pfeffermühlen*-Produktionen beruht immer zum guten Teil auf dem väterlichen Gefühl, daß das alles eine kindliche Verlängerung meines eigenen Wesens ist – ich bin es nicht gerade selbst, es ist nicht meine Sache, das zu machen, aber es kommt von mir her. Es kommt im Grunde auch Dein Zorn auf mich kindlich von mir her; er ist sozusagen die Objektivierung meiner eigenen Skrupel und Zweifel.«[162]

Erika setzte diesem in ihren Augen von Hybris geprägten Bescheidenheitsgestus (eigentlich ein logischer Widerspruch, aber vielfach vorgekommen, da sich die Hybris doch gern kaschiert ...) einen nächsten Brief entgegen, in dem sie mutig und klarsichtig die politischen Verhältnisse analysierte und eine andere Deutung präsentierte: Sie sprach sich gegen das Festhalten des Vaters an Bermann Fischer als Verleger und gegen die Bedeutung Deutschlands als Rezeptionsort für ihn aus. Sie forderte ihn eindringlich auf, sich der Emigration anzuschließen, was auch in seinem eigenen Sinn sein müsste. In ihrem Brief vom 29. Januar 1936 erklärte sie dem Vater nochmals ihre kritische Haltung ihm gegenüber. Schließlich fragte sie ihn: »Aber was *soll* mir am Herzen liegen, wenn nicht die Würde und Unbescholtenheit dessen, was Emigration heißt, und Deine Würde und Unbescholtenheit in ihr?«[163] Sie selbst, vor allem aber Klaus und alle gemeinsamen Freunde waren währenddessen in der *Neuen Zürcher Zeitung* vom 26. Januar 1936 als zweitrangige Autoren desavouiert worden: durch Eduard Korrodi, Chefredakteur des Feuilletons, der geschrieben hatte, es handle sich bei den emigrierten Schriftstellern nicht um Dichter, in die Emigration sei die »Romanindustrie« gegangen, niemand vom Range Gerhart Hauptmanns oder Ernst Jüngers. Daraufhin telegrafierten Klaus und Fritz Landshoff verstört an Thomas Mann und baten um eine Erklärung zugunsten des Amsterdamer Querido-Verlags, in den Landshoff eingetreten war.

Nun endlich reagierte der »Zauberer«. Er ließ am 3. Februar in der *Neuen Zürcher Zeitung* einen offenen Brief an Eduard Korrodi abdrucken. Darin stellte er sich erstmalig offen gegen Nazideutschland, da aus diesem Regime »nichts Gutes kommen kann, für Deutschland nicht und für die Welt nicht«[164]. Im Hintergrund hatte Erika, die wusste, dass ihr Vater diesen Brief vorbereitete, sekundiert und ihm Gegenbeispiele zur »Romanindustrie« geliefert, etwa das der von Thomas Mann geschätzten Lyrikerin Else Lasker-Schüler, und er selbst führte unter anderem Hermann Hesse, Bertolt Brecht und Johannes R. Becher an.

Erika war zu diesem Zeitpunkt mit der *Pfeffermühle* in Prag. Dort las sie den Artikel und telegrafierte daraufhin dankbar und mit Glück- und Segenswunsch an den Vater.[165]

Es war also ein veritabler Familienstreit aus politischen Gründen, der nun zu einem für beide Seiten befriedigenden Ergebnis gelangt war, das für den Vater sogar einem Befreiungsschlag gleichkam. Dieser Befreiungsschlag bedeutete allerdings für Thomas Mann als Konsequenz die Ausbürgerung aus Deutschland. Und die hatte er ja bis dato vor allen Dingen vermeiden wollen.

Nachdem Thomas Mann versucht hatte, die französische oder die Schweizer Staatsbürgerschaft zu erlangen, und dies gescheitert war, sollte er 1936 das Angebot der ostböhmischen Stadt Proseč dankbar annehmen, dort eingemeindet und damit tschechoslowakischer Staatsbürger zu werden. Alle Familienmitglieder außer der Britin Erika wählten dann ebenfalls diese Option.

Und wohin jetzt?
1936–1938

Die Pfeffermühle in den USA?

Im September 1936 verließen Erika und Klaus Mann Europa und reisten erneut nach Nordamerika. Klaus wollte dort als Schriftsteller leben, Erika brachte viel Energie mit, um die *Pfeffermühle* dort wieder aufleben zu lassen. Sie wusste allerdings, dass es schwierig sein würde, eine Kunstform wie das politische Kabarett in diesem Land, das von Europa, gar erst Deutschland relativ wenig Kenntnis hatte, erfolgreich einzuführen. Und dann noch die sprachliche Hürde …

Thomas Mann hatte sogar einen Werbetext für die *Peppermill*, die amerikanische Ausgabe von Erikas Kabarett, geschrieben, der in mehreren Zeitungen abgedruckt und als Prospekt verschickt wurde.[166] Ihren Ehemann auf dem Papier, W. H. Auden, konnte sie überreden, die wichtigsten Sketche zu übersetzen. Auch hatte sie zunächst vor, weitere Nummern auf Deutsch zu präsentieren.

Erika und Klaus wohnten in New York im Bedford Hotel, dem Emigrantenhotel schlechthin. Erika sondierte erst einmal das Terrain, was so viel hieß wie: ständig neue Menschen kennenlernen, Absprachen treffen, nach Washington reisen … Das Schwierigste war, einen geeigneten Raum für die Aufführungen der *Pfeffermühle* zu finden. New York entsprach ihrem eigenen Lebensrhythmus, hier Fuß zu fassen, erschien ihr anfangs wie ein Traum. Ein ständiger Spielort wäre ihr daher sehr zupassgekommen. Sie suchte daneben zusätzliche Mitwirkende, einen Übersetzer für neue Texte und Sponsoren. In all diesen Dingen war sie sehr erfolgreich.

Es kam im Januar 1937 wirklich zu ersten Vorstellungen der *Peppermill* in einem Theatersaal im 17. Stockwerk des Chanin Building. Da Erika so um ihre Mitspieler aus Europa geworben hatte, waren Magnus Henning, Sybille Schloß, Lotte Goslar und Therese Giehse im November 1936 für diese Vorstellungen über den Ozean gereist. Einen Monat Vorlauf vor der Premiere hatten sie, der vor allem dazu dienen sollte, dass die Schauspieler verständliches Englisch lernten. Keine leichte Aufgabe, insbesondere nicht für Therese Giehse, die sich gegen die Sprache sperrte. Erika schrieb am 27. November 1936 an ihre Mutter aus dem Hotel Bedford: »Nun ist jedermann hier eingemietet, – und der trouble, Geschäfte, wildwütige Geselligkeit, vermehrt durch all die Komplikationen mit Giesskys Psychele, – ist weder von Pappe, noch auch ginge er auf etwelche Kuhhaut. Es herrscht: größte Nervosität wegen der englischen Sprache, – beunruhigendeste Eifersucht wegen der vielen und undurchschaubaren Beziehungen und Freundschaften, die in der Zwischenzeit sich angesponnen ...«[167] Therese Giehse, von Erika Mann Giessky genannt, war geplagt von starker Eifersucht auf Erikas neue amerikanische Identität, die ihr missfiel, weil sie darin gar keinen Platz mehr hatte – die sie aber doch billigen musste wegen der sehr potenten Geldgeber, die zugunsten der *Peppermill* gezeichnet hatten.

Unter ihnen war allerdings neben Vicki Baum, Emil Ludwig, dem amerikanischen Verleger Thomas Manns

Alfred Knopf und Max Reinhardt auch der New Yorker Bankier Maurice Wertheim, der Erika verehrte und dem man eine Liaison mit ihr nachsagte. Sie war 31, er 50, und seine zweite Ehe soeben geschieden worden ... Erika Mann war für ältere Männer empfänglich. Es gefiel ihr, verwöhnt zu werden, woran es der Philanthrop Wertheim beileibe nicht fehlen ließ: Er liebte die Kunst, er liebte das Theater – und doch: In den wenigsten Biografien zu Erika Mann steht etwas über ihn und seine Beziehung zu Erika. Eher noch wird darin der jüdische Arzt und Schriftsteller, der ebenfalls aus Deutschland emigrierte Martin Gumpert erwähnt. Auch er war ein interessanter Partner, und mit beiden Männern hatte Erika wohl vor Ankunft der übrigen *Pfeffermühlen*-Mitglieder ein Verhältnis – mit Martin Gumpert, der sie leidenschaftlich liebte, auch noch wesentlich länger. Er war in der Mann-Familie ein gern gesehener Gast.

Erika erwartete sogar ein Kind von ihm, ließ es aber abtreiben. Dazu Elisabeth: »Sie wollte es nicht. Nein, sie wollte sich nicht so an ihn binden. Und zwar: Der Grund war auch nur ein Vorwand, sie wollte es eben einfach nicht. Sie hat gesagt, in diese Welt will sie kein jüdisches Kind setzen. Aber das hat mich nie überzeugt.«[168] Erika selbst sagte später öfter beiläufig zu diesem Thema, dass ein Kind einfach nicht gepasst habe, dass sie permanent reisen musste und also nichts mit einem Kind hätte anfangen können. Sie wählte stattdessen für sich ein Leben voller wechselnder Aktivitäten an zahlreichen Orten, mit kluger Agitation gegen Nazideutschland, in der Hoffnung, die USA würden das auch langfristig anerkennen. Der Erfolg über etliche Jahre gab ihr lange recht.

Es wirkt so, als ob es in Erika Manns Leben wirklich

ernsthafte Beziehungen nicht geben konnte angesichts ihrer sehr speziellen Bindung an den Vater, als wären ihre Affären mit Männern und Frauen nicht gerade »minderwertige« Beziehungen, doch vielleicht etwas »Untergeordnetes«, denn die Familie, das Wohl, das Schreiben des Vaters und sein Werk, die eigene Beziehung zu ihm – das war das Wesentliche. Darauf basierte alles. Der Wohlstand, das Ansehen, die Möglichkeiten, die Reichweite auch der Äußerungen der Tochter, die Bedeutung ihrer Aktivitäten. Und dabei wurde die schöne, androgyne, kluge Erika von zahlreichen Männern und Frauen sehr geliebt. Therese Giehses Eifersucht jedenfalls wuchs in Amerika mehr und mehr, und darunter, so Erika in einem nächsten Brief an die Mutter, habe auch deren Kunst gelitten.[169]

Trotz all der Kämpfe, die Erika austrug – die Premiere der *Peppermill* war kein Erfolg, die Kritiken waren verhalten. Das politische Kabarett war in den USA unbekannt, und daher blieb das Publikum aus ... Maurice Wertheim tilgte aber alle Schulden, wie Erika ihrer Mutter berichtete: »Alles wurde bereinigt und aufs beste applanieret, nur daß, natürlich, dann wieder meine Freundschaft mit ihm darunter ein wenig zu leiden hatte, von der freilich ohnehin niemand sagen könnte, wieweit sie zu treiben gewesen wäre, – ist doch der unermeßlich Reiche einfach eine Schattierung *zu* reich, – man kann es irgendwie nicht aushalten, – es ist eine Sache mit Extrazügen und Kammerdienern, – es kommt einem ja blasphemisch vor, – zynisch und unadäquat. Wie dem auch sei, – ich bin auch ständig umgezogen, – erst vom *Bedford* in ein Etablissement namens *Elysee* (sehr teuer und schön), – dann von dort (da zu teuer und schön, mehr in der Richtung der Extrazüge) ins heimatliche *Astor* ... Meine Aufenthaltsgenehmigung endigt mit dem 31. März, – es ist *nicht* gesagt, daß man sie mir verlängert, sie sind hier oft so verdammt drollig.«[170]

Hatte sich Erika verspekuliert mit ihrer Idee, die *Pfeffermühle* in die USA zu versetzen? Sie hatte gewiss darauf vertraut, dass ihr Charme auch in Amerika überzeugen würde. Sie hatte jedoch nicht einkalkuliert, dass dieser sprachgebunden war und dass sie eine in den Augen der Amerikaner defizitäre Kabaretttruppe anführte, ohne schöne Revuegirls mit langen Beinen und schillernden Kostümen, wie es sie in Amerika immer auf derartigen Bühnen gab, eine Truppe, die zudem teilweise nur rudimentär Englisch sprach. Ebenso wenig war ihr klar gewesen, dass sie mit einem »Zugpferd« wie Therese Giehse, die nicht dem damals gängigen Schönheitsideal entsprach, in Amerika keinen Bühnenerfolg erringen würde. Sie hatte auf ihre subtilen Inhalte gesetzt, die jedoch in den USA gar nicht verstanden wurden ... Trotz all ihrer Anstrengungen sollte es nur bei einer Vorstellungsreihe, nämlich der in der *New School* in New York, zu einem in ihren Augen erkennbaren Erfolg kommen.

Ihr Privatleben verkomplizierte sich derweil immer mehr durch eine Reminiszenz aus Europa: Das »Schweizerkind« Annemarie Schwarzenbach war Erika nachgereist, da sie die Ältere weiterhin liebte. Ihrerseits brach Annemarie dann das Herz der jungen amerikanischen Schriftstellerin Carson McCullers, die ähnliche Gefühle für diese hegte wie Annemarie für Erika. Die Situation wurde ständig verwickelter, Erika ging an ihre Grenzen, einmal mehr, und sie brauchte jetzt Drogen. Nicht in dem Umfang wie ihr Bruder mittlerweile, aber doch regelmäßig. Wenn Erika jedoch Annemaries Morphiumkonsum betrachtete, dann wurde es ihr mulmig. Das konnte nicht lange gut gehen. Annemarie war derartig depressiv und sprach nur von Selbstmord, dass selbst die beredte Erika ihr keinen Trost mehr spenden konnte. Da kam ihr natürlich Ricki Hallgarten in den Sinn, und sie fragte sich, ob sie all ihre engsten Menschen – Mopsa Sternheim, Ricki, ihren Bruder Klaus – durch ihre absolute, kompromisslose Liebe und jetzt zusätzlich durch die Einforderung eines politischen Engagements auf der richtigen Seite zum Drogenkonsum gebracht hatte. Ob sie also an der Drogensucht ihrer Liebsten schuld war. Oder kam die Sucht aus ihnen selbst? Oder war es die Zeit? Sie selbst behauptete für sich, den Drogenkonsum bewusst steuern zu können und daher nicht wirklich gefährdet zu sein. Aber schon jetzt war es ein gefährlicher Mix aus Aufputschmitteln, Schlaftabletten, anderen Medikamenten, Zigaretten, Drogen und Alkohol, den sie regelmäßig konsumierte.

Bei Annemarie aus der schwerreichen Schweizer Industriellenfamilie war es gewiss auch die Übersättigung, das Nichtwissen, wie ein sinnvolles Leben für eine Gemeinschaft überhaupt aussehen sollte in der damaligen Zeit, verbunden mit dem Wunsch nach einem Menschen, der nur sie liebte, den nur sie liebte.

Ein Drahtseilakt. Aber je intensiver, je genauer wir die Menschen betrachten, die uns hier begegnen, umso mehr fällt auf, wie sehr sie darum rangen, einen sinnvollen Ort ihrer geistigen und künstlerischen Existenz in einem unausweichlich auf den Krieg zusteuernden Szenario zu finden. Wie unglaublich schwierig muss es gewesen sein, die moralische Kraft zu bewahren für eine ausgewogene Standortbestimmung. Hier fungierte Erika Mann eindeutig als ein *born leader.* Sie besaß den inneren Kompass zu entscheiden, was zu tun, warum und mit wem zu reden und wie zu agieren war.

Ihr Bruder Klaus, immerhin, hatte jetzt ein Nahziel: Er schrieb an seinem Roman *Mephisto*, um den sich später einmal jahrelange Rechtsstreitigkeiten ranken sollten, denn hier setzte er seinem Ex-Schwager Gründgens in der Figur des Hendrik Höfgen ein zweifelhaftes Denkmal, sodass man das Werk für einen Schlüsselroman halten konnte, wenngleich Klaus Mann stets betonte, dass er keinen bestimmten Menschen, sondern den Typus des machtversessenen Karrieristen-Künstlers hatte beschreiben wollen.

Erika jedoch scheiterte bei ihrem Nahziel: Zur Enttäuschung aller wurde die Amerika-Tournee der *Peppermill* abgesagt, die aus Deutschland angereisten Künstler Magnus Henning und Therese Giehse kehrten nach Europa zurück – die Giehse erhielt, als Jüdin extrem gefährdet, vor Einfahrt ihres Überseeclippers in Le Havre glücklicherweise Nachricht vom Theater in Zürich, dass sie engagiert sei, und reiste stante pede dorthin –, während Sybille Schloß und Lotte Goslar auf eigene Faust in Amerika andere Engagements annahmen.

Erika als ›lecturer‹

Auch Erika blieb 1937 überwiegend in den USA. Sie hatte ein neues Terrain ausgemacht, das ihr Bedürfnis nach Aufklärung der Amerikaner über die Frage, was denn gerade eigentlich da drüben, in *merry old Europe*, los war, befriedigen konnte.

Es war das Amerika unter Präsident Franklin D. Roosevelt, der den *New Deal* ins Leben gerufen hatte:

Amerika war in dieser Zeit relativ liberal, tolerant und daher *das* Ziel der Emigranten aus Europa, der vielen jüdischen Künstler, Gelehrten und Kaufleute. Die große jüdische community, die ohnehin hier schon lange residierte, half, es gab Auffangmöglichkeiten, Hilfsorganisationen und spendenbereite Bürger. Vor allem wurde inzwischen in Vorträgen und auf Demonstrationen vor Hitler und einem drohenden Krieg gewarnt.

Erika erkannte, dass sie sich hier einreihen konnte, dass sie auf Zuhörer hoffen durfte und damit sogar Geld verdienen konnte: Sie lernte schnell und dank ihres Nachahmungstalents auch immer besser Englisch und wurde *lecturer.* Mit anderen Worten: Ab 1937 und bis zum Ende des Krieges war sie unermüdlich in Bussen und Zügen durch den gesamten nordamerikanischen Kontinent unterwegs, von einer Agentur vermittelt, um in Stadthallen, Stadien, Kirchen und an den seltsamsten Orten über den Nationalsozialismus zu sprechen, über die Bedrohung, die Hitler darstellte. Eine Rede oder ein Vortrag wurde gefolgt von Fragen, die sie zu beantworten hatte, und auch diese Hürde verstand sie inzwischen zu meistern.

Bei ihrem ersten Auftritt überhaupt dieser Art, im New Yorker Madison Square Garden, sprach sie am 15. März 1937 in der vom *Jewish Congress* und dem *Jewish Labour Committee* veranstalteten Massenkundgebung über *Die Frau im Dritten Reich.* 15 Minuten Redezeit standen ihr zur Verfügung. Ein solches Thema in dieser Kürze! Erika Mann musste sich zu diesem Zeitpunkt bereits auf das amerikanische Tempo und die Zeitbeschränkung bei Vorträgen eingerichtet haben. Und nicht nur das: Man hatte sie nicht im Hotel abgeholt, wie zugesagt worden war. Sie musste allein anreisen und fand eine unsagbar große

Menschenmenge vor, sie musste sich also auf eigene Faust zum Podium vorkämpfen, um dann mit ihrer ersten amerikanischen Rede gleichsam ins kalte Wasser zu springen. Doch das war es ja, die Herausforderung, das niemals zuvor Erlebte, was sie belebte und inspirierte. Ihr Vortrag war wohl in der Zielsetzung richtig, in den Details vereinfachte sie allzu sehr, etwa was die Frage der Zwangssterilisationen betraf, die an Frauen in Nazideutschland vorgenommen wurden.[171] Jedenfalls thematisierte sie zu Recht die Nürnberger Gesetze vom September 1935, worin Ehen zwischen jüdischen und arischen Menschen oder auch Beziehungen zwischen ihnen und sogar die Anstellung von »arischen« Haushaltshilfen in jüdischen Haushalten verboten wurden, kurz: Juden ausgegrenzt, diffamiert und ihrer Bürgerrechte beraubt wurden. Erika Mann forderte die Zuhörer auf, den Nationalsozialismus als das zu bekämpfen, als das sie ihn erkannt hatte: als hochgefährlichen Feind des Fortschritts, der Zivilisation und der Menschenwürde.

Als allgemeines Ergebnis des *Jewish Congress* wurde ein Boykott deutscher Waren beschlossen. Erika war, anders als viele andere Menschen in den USA, Europäer und Amerikaner, eine Hardlinerin: Sie forderte konsequent den Einfuhrboykott von Stahl und Baumwolle nach Deutschland, da diese Güter kriegswichtig waren.[172] Sie selbst erhielt eine großartige Presseresonanz, ihr Bild erschien im *Time Magazine*, und damit war sie ab sofort ein begehrter *lecturer*. Sie wurde von William Colston Leigh, einem der wichtigsten Agenten für Vortragende, engagiert, der ein halbes Jahr lang Touren für sie organisierte, bei denen sie vier- bis fünfmal pro Woche zu Vorträgen auftrat, an oft sehr weit voneinander entfernten Orten. Sie hatte damit eine neue Arbeits- und Missionsplattform gefunden und war jetzt autonom. Sie musste keine ganze Truppe emotional, sprachlich und sozial betreuen.

Die Informationen aus Deutschland flossen weiterhin, Zeitungen erhielt sie, auch die aus der neutralen Schweiz. Außerdem floss das Geld. Sie war einen sehr gehobenen Lebensstandard gewohnt, und Maurice Wertheim hatte ihr Leben einige Monate lang finanziert. Nun aber, da sie ihn nicht heiraten wollte, weil er ihr doch etwas zu reich war, wollte sie weiterziehen und Wertheim nicht im Ungewissen lassen. Nein also zum exorbitanten Luxusleben und Ja zum Aufklärertum. Das ärgerte allerdings ihren Bruder Klaus, der fand, dass die Emigrantenszene von Erikas Heirat mit Wertheim extrem profitiert hätte. Aber das »Wotanskind« war nicht korrumpierbar. Eine Ehe ohne Kompromisse oder Abstriche oder eben keine. Außerdem war sie ja noch mit W.H. Auden verheiratet ...

Stattdessen führte sie, wann immer sie in New York war, ihre Beziehung mit Martin Gumpert fort. Auch hier kam eine Heirat nicht für sie infrage. Sie arbeitete unabhängig, und das wollte sie auch als Frau sein: ohne feste Bindungen, ohne Ehe, ohne Kinder. Gumpert konnte sie wenigstens für eine Zeit wirksam von den Drogen abbringen, aber er war ihr auf Dauer ein wenig zu trübselig. Sie ersehnte sich einen Partner von großer Kraft, der selbst in dieser schweren Zeit positiv nach vorn blickte. Sie brauche »einen fröhlichen, bejahenden, arbeitsfreudigen, kräftigen, durchweg zuversichtlichen Menschen«[173] an ihrer Seite, der sie beschützen würde – und nicht umgekehrt sie ihn.

Zu Beginn des Jahres 1937 hatte die fleißige Elisabeth am Zürcher Konservatorium das Konzertexamen abgelegt. Eine Sublimation also, nicht das Schlechteste bei vorhandener Begabung. Und sie sollte diesen Weg noch einige Zeit weitergehen: Ab 1938 würde sie in Amerika bei Isabella Vengerova studieren, die auch Leonard Bernstein ausgebildet hatte. Aber auch Gegenwind erlebte sie: Die Eltern vermittelten ihr, dass Frauen keine großen Musiker werden könnten, und sie bedeuteten ihr auch, dass sie keinesfalls Musiklehrerin in irgendeinem Schul- oder Hochschulkontext werden solle. Elisabeth setzte unterdessen weiter ihr privates Studium aller seriöser Quellen zur Geschichte der Frauenemanzipation, zur Intelligenz der Frauen und zum Geschlechterunterschied fort.

Während Erika und Klaus ununterbrochen nach Arbeitsmöglichkeiten und Geldquellen (neben den Zuwendungen durch die Eltern) suchten, war Golo sehr darauf bedacht, eigenständig zu sein, während dieser Wunsch bei den drei anderen Kindern offenbar nicht im Fokus stand. Elisabeth und Michael ließ man es durchgehen, dass sie lange auf die Eltern angewiesen blieben, wenngleich sich bei Michael früh die Karriere als Musiker abzeichnete, die von den Eltern befürwortet wurde. Bei Monika allerdings wurde dieses Verhalten als »Faulheit« und Orientierungslosigkeit gebrandmarkt.

Doch das Jahr 1937 wurde Monikas Glücksjahr: Sie und der österreichisch-ungarische Kunsthistoriker Jenő

Lányi verliebten sich ineinander und wussten bald, dass sie zusammenbleiben, das Leben miteinander teilen wollten. Monika übersiedelte zu Beginn des Jahres mit Lányi nach Wien, wo sie sich auch mit dem Pianisten, Komponisten und Musikwissenschaftler Peter Stadlen befreundeten, für dessen Emigration Monika sich wenig später einsetzen würde.

Der 62. Geburtstag des »Zauberers« am 6. Juni 1937 rief die Familie erneut in der Schweiz zusammen. Im Anschluss reisten Klaus, sein neuer Freund, der amerikanische Filmkritiker Thomas Quinn Curtiss, Annemarie, Erika und Therese Giehse in Annemaries Haus im schönen Sils Baselgia. Erika verbrachte insgesamt zwei Sommermonate in Europa. Alles wirkte ruhig und friedlich, die neutrale Schweiz vermittelte Sicherheit, aber dennoch: Die Kriegsgefahr wuchs, das ahnten oder wussten alle.

Die Rückreise führte Erika und Klaus über Frankreich, wo sie die Pariser Weltausstellung besuchten und die nervöse Anspannung aller Nationen erlebten. Ende Juli 1937 waren sie zurück in den USA. Immer deutlicher wurde nun, dass es auf einen Krieg zuging, und Erika war klar, dass es um den Kampf der Demokratie gegen die Diktatur ging, wohingegen Nazideutschland immer nur den Bolschewismus als große Gefahr an die Wand malte. Die Ereignisse im Spanischen Bürgerkrieg, in Abessinien und in der Mandschurei sprachen Bände: Die totalitären Machthaber ließen die Muskeln spielen …

Erika wurde gleich bei Ankunft interviewt und brachte ab sofort den Amerikanern in ihren Vorträgen die den Juden drohenden und bereits umgesetzten Unterdrückungsmaßnahmen durch Hitler-Deutschland nahe. Sie wollte nun Amerikanerin werden, das gab sie auch öffentlich preis, gleichsam als Symbol für ihre demokratische Haltung. Immer noch aber war aus ihr kein politischer Kopf geworden, sie besaß stattdessen jedoch einen fast unfehlbaren Instinkt für Atmosphären und die »richtige Haltung«. Diese vermittelte sie als etwas, das jedem Menschen, der sehen und hören kann, zu eigen ist. Das Englische beherrschte sie inzwischen fließend. Sie war liberal, aber sie war in keine Schablone zu pressen, daher war sie unbequem und hatte auch immer wieder mit Anfeindungen zu kämpfen. Immer noch probierte sie vieles aus und wirkte selbst bei einer typisch amerikanischen Glittershow und einer Truppe von langbeinigen Tanzgirls mit.

Das Jahr 1938 vereinte die meisten der Geschwister erneut mit den Eltern in der Schweiz. Monika war im Februar mit ihrem Verlobten Lányi in Küsnacht auf Besuch. Die Familie fand ihn klug und äußerst höflich, vor allem Monika ungeheuer zugetan.

Wenig später marschierten die Deutschen in Österreich ein, der sogenannte Anschluss, also die »Wiedervereinigung Österreichs mit dem Deutschen Reich« samt Vereidigung aller Exekutivorgane auf Hitler, erfolgte am 13. März 1938. Das hieß: Kein Zurück mehr für das Paar. Lányi konnte als Jude nicht mehr gefahrlos in Europa reisen.

Erika brach nun gemeinsam mit den Eltern zu Thomas Manns zweimonatiger Lesereise in die USA auf. Ohne sie wäre eine solche Unternehmung für den Schriftsteller nicht machbar gewesen: Sie übte mit dem Vater die englische Aussprache, und sie leistete ihm einen weiteren in Amerika unerlässlichen Dienst bei Lesungen, denn sie übersetzte im Anschluss die Publikumsfragen sowie seine Antworten. Auch die Pressearbeit erledigte sie selbstverständlich und

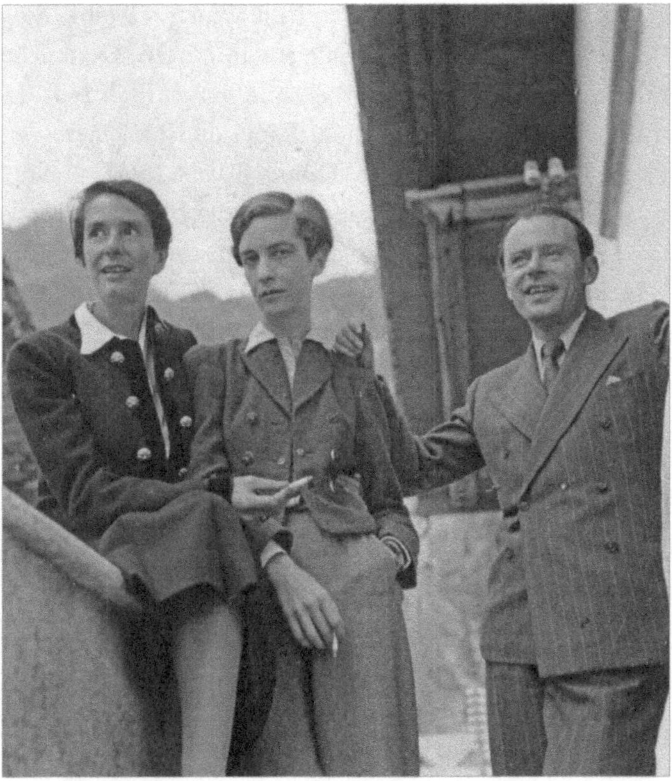

Die neutrale Schweiz vermittelte Sicherheit, doch die Kriegsgefahr wuchs ... Erika und Klaus Mann mit dem »Schweizer Kind« Annemarie Schwarzenbach, 1937

professionell für ihn, war sein Sprachrohr und organisierte ihre eigenen und seine Reisen.

Im Frühsommer reiste sie zurück nach Europa: Sie musste, auch im Sinne ihrer *lectures* im Winterhalbjahr, neues Material sammeln, Stimmungen auffangen, Gespräche führen, denn sie wollte aktuell und authentisch sein. In Küsnacht traf sie Monika und Lányi und berichtete den Eltern brieflich von seinen »Gönnern«, die seine »Rente« zu verlängern gedächten, sobald er in die USA ziehen sollte.[174] Auch für den 36-jährigen Kunsthistoriker galten die USA inzwischen als einziger Ausweg aus einer sich mehr und mehr schließenden Falle für jüdische Menschen in Europa.

Dass Erika dieses Gespräch über Lányis finanzielle Situation anstelle ihrer Eltern führte, mag befremden, aber da sie den Eltern so offenherzig darüber schrieb, scheint sie sich sicher gewesen zu sein, ganz in deren Sinne zu handeln, auch da diese sich vielleicht lieber vornehm zurückhalten wollten ...

Und dann stand außerdem die Übersiedlung der Eltern in die USA an, deren Vorbereitungen man ihr gleichfalls übertragen hatte.

»Back from Spain« und »School for Barbarians«

Gemeinsam mit Klaus reiste Erika zunächst im Juni und Juli 1938 von Paris aus an einen Brennpunkt europäischer Geschichte, nach Spanien, um sich über den Spanischen Bürgerkrieg zwischen den Anhängern Francos und den Demokraten ein Bild zu machen. Hitler und Mussolini leisteten Franco Schützenhilfe – und keiner der demokratischen

Staaten in Europa hielt dagegen. Erika verstand die Welt nicht mehr: Wie die meisten deutschen Intellektuellen, die demokratisch gesinnt waren, stand sie auf der Seite der spanischen Demokraten, die sich kämpfend gegen den Franco-Faschismus auflehnten. Die Gespräche und Erlebnisse waren vielfältig, und erneut veröffentlichten die »Twins« diese in flotten Texten unter dem Titel *Back from Spain* hinterher sowohl in Paris, in der *Pariser Zeitung*, als auch in Moskau in *Das Wort*, in deutschsprachigen Emigrantenmedien also, und Erika verwertete ihre Eindrücke schließlich auch in New York in ihren *lectures*. Denn der Kampfgeist in Spanien machte den Geschwistern Mut: So könnte es auch in anderen Ländern werden, man müsste einfach kämpfen wollen und nicht nur – reden. Das, was sie selbst im Grunde auch bisher immer getan hatten.

Erika verliebte sich kurz und heftig in einen Mann der Tat, »Oberst Hans«, eigentlich Hans Kahle, einen gebildeten Offizier des Ersten Weltkrieges, der gegen Franco kämpfte und die Brigadisten anführte. Er war Kommunist geworden, sie Liberale geblieben. Sie empfanden viel füreinander, aber ihr Leben ändern, jetzt, mitten im Krieg? Es war nur ein Lidschlag in beider Leben, für beide mit der Klarheit, dass leider keine Zeit für diese Liebe war. Kahle musste weiterkämpfen, Erika musste in Küsnacht den Hausstand der Eltern auflösen und Klaus zur nächsten Entziehungskur motivieren ... alles wichtige familiäre Aufgaben, denen sie sich nicht entziehen durfte. Und wollte. Erika zog sich auf die Korrespondenz mit Kahle zurück, blieb ihm innerlich verbunden. 1940 wurde Kahle in Großbritannien interniert, 1941 wieder freigelassen, wonach er in London militärischer Korrespondent wurde.

Erst 1946 konnte er nach Deutschland zurückkehren, wo er 1947 als Polizeichef von Mecklenburg starb.

Erika schrieb 1938 außerdem ein Buch, das in Amerika Ende September unter dem Titel *School for Barbarians* erschien, auf Deutsch im selben Jahr unter dem Titel *Zehn Millionen Kinder. Die Erziehung der Jugend im Dritten Reich* im Querido-Verlag von Fritz Landshoff. In Deutschland blieb es damals so gut wie unbekannt, erlebte später aber mehrere Auflagen in verschiedenen Verlagen und auch mehrere Übersetzungen.

In diesem Buch beschreibt sie höchst einleuchtend die umfassende Indoktrination der Kinder durch die Naziideologie. Ihre Analyse ist wie meist sehr hellsichtig: Hitlers *Mein Kampf* hatte sie gelesen und begriffen, dass er die Kinder »von der Fibel an« seiner Ideologie einverleiben wollte, was einherging mit der Zerstörung der überkommenen Strukturen und der Marginalisierung der Religion. Hitlers Strategie führte bei den »normalen Menschen« zu extremer Vorsicht, Misstrauen, Verschlossenheit und der Entfremdung aller voneinander. Wer dieser Indoktrinierung seiner Kinder entgehen wollte, musste letztlich, auch wenn er nicht »volksfremd« war, die Emigration aus Deutschland wählen.

Für das Buch hatte sie ein immer wieder von ihr erprobtes Verfahren angewandt, indem sie nämlich Gespräche mit deutschen Emigranten in der Schweiz aufzeichnete und ins Grundsätzliche übertrug. Zusätzlich hatte sie sich eine Reihe deutscher Lehrbücher für verschiedene Fächer (Deutsch, Mathematik, Biologie, Geschichte und andere) beschafft und diese analysiert. Dazu trat anderes »Alltagsmaterial«: Zeitungsartikel, Gesetzestexte, Reden, Zitate aus *Mein Kampf* und NSDAP-Veröffentlichungen, etwa von Parteitagen. Das Material war in Deutschland offen zugänglich. Es musste nur von ihr sinnvoll geordnet und überzeugend interpretiert und präsentiert werden. Innerhalb von vier Jahren, so schreibt sie, sei das Deutschland, das sie gekannt hatte, nicht mehr wiederzuerkennen, seien die Menschen fast ausnahmslos »gleichgeschaltete« Nationalsozialisten geworden. Wie schon mit der *Pfeffermühle* machte sich Erika ihre Fähigkeit zunutze, den Finger in Wunden zu legen, Dinge, die von den meisten Menschen stumpf hingenommen wurden, zu markieren als das, was sie waren: monströse Pervertierungen von Gefühl, Moral und Verstand. Was sie dem Nationalsozialismus zusätzlich vorwarf, war, dass er den Menschen das eigenständige Denken abtrainiere. An dessen Stelle seien blinder Gehorsam, die Reduktion auf ein paar immer gleiche Formeln, ein kollektives Leben in paramilitärischen oder militärischen Verbänden getreten. Die Möglichkeit individueller Sinnschöpfung existiere nicht mehr.

Das Vorwort hatte der stolze Vater seiner Eri geschrieben, die er lobte wegen der »Anmut des Zornes und seiner Trauer«, auch ihres intelligenten Sinns für Komik und milden Spott.[175] Dass das Buch außerdem ein Beweis dafür war, wie sehr Erika Mann die amerikanische Art zu denken verstanden hatte, muss zusätzlich betont werden. Die Zielgruppe bestand einerseits aus den Lesern in den USA (Einheimische und Exilanten), andererseits aus den Lesern in den europäischen Exilländern, die sensibilisiert werden sollten für das, was in Deutschland geschah.[176]

Erika durfte sich über hohe Verkaufszahlen freuen: 40 000 verkaufte Exemplare schon nach drei Monaten. Zwar war es ein billiges Taschenbuch, aber gerade das machte es den Lesern leicht, sich dafür zu erwärmen. In einfacher Sprache mit vielen plakativen Beispielen arbeitend, öffnete es vielen Amerikanern die Augen.

Die europäischen Künstler müssen gerettet werden

Fast zeitgleich mit Erscheinen von Erikas Buch war am 29. September 1938 das Münchner Abkommen von Hitler, Chamberlain, Daladier und Mussolini unterzeichnet worden, das die von Hitler hochgespielte Sudetenkrise durch die Abtretung des Sudetenlandes der Tschechoslowakei an Deutschland beenden sollte und am 1. Oktober mit dem Einmarsch deutscher Truppen in das Sudetenland manifest wurde. Hitlers Ziel war die Zerschlagung der Tschechoslowakei, jenes Landes, das der Mann-Familie großzügig das Bürgerrecht gewährt hatte.

Es war eine Zeit der atemlosen Spannung für alle Menschen, besonders aber für die, die um ihr Leben fürchten mussten. Nun war sich Thomas Mann endlich sicher: In Europa gab es keine Zukunft mehr für ihn. Er wollte auf Dauer in Amerika bleiben. Und Erika sollte wieder alles richten, sie sollte die europäische Existenz der Manns »abwickeln«. Und sie sagte auch diesmal zu, sogar mit Freuden, da sie noch einmal Europa erkunden wollte, noch einmal Stoff sammeln wollte für ihre Vorträge, und die neue Aufgabe damit verbinden konnte.

Katia und Thomas Mann verließen Europa noch im September 1938, gemeinsam mit Elisabeth: Ihr Ziel war die Universitätsstadt Princeton unweit von New York. Das Haus in der Stockton Street war ungleich repräsentativer als das in Küsnacht, und die Manns hatten ein »couple«, Lucy und John, als Haushaltshilfen und Köche. Golo und

Monika blieben vorerst in Europa, und Michael wartete auf die Aufgebotsfrist, um Gret Moser, eine Jugendfreundin von Elisabeth, heiraten zu können.

Erika setzte sich, zurück in Amerika, aktiv für die Unterstützung jüdischer Schriftsteller und Schriftstellerinnen ein, die nun dringlich ihre Ausreise aus Deutschland vorantrieben. Eine der dafür zuständigen Organisationen war die *American Guild of German Cultural Freedom*, die drei Jahre zuvor von Hubertus Prinz zu Löwenstein gegründet worden war, einem Journalisten und Schriftsteller, der nach Stationen in Österreich und England als Staatenloser 1934 ebenfalls in die USA emigriert war. Erika überzeugte reiche Amerikaner, für die Guild zu spenden, damit diese Aufenthaltsstipendien an Schriftsteller wie Hermann Broch, Elias Canetti oder Elisabeth Castonier vergeben konnte. Vater Thomas war auch in der Guild organisiert, als *Chairman des European Council*. Was also hätte nähergelegen für sie? Spenden für die Emigration einzuwerben war ihr fast schon ein Genuss ... auf wie vielen Dinnerpartys, Spendengalas und ähnlichen Events hatte sie nicht gesprochen und den Menschen anschaulich vor Augen geführt, was es für österreichische oder deutsche Schriftsteller bedeuten musste, (zumeist) ohne Kenntnis der englischen Sprache zwar an Leib und Leben unversehrt, aber letztlich in ihrem an die Sprache gekoppelten Beruf zur Untätigkeit verdammt zu sein. Erika selbst sprach inzwischen perfekt Englisch. Sie war vielleicht dasjenige der sechs Mann-Kinder, das die größte Sprachbegabung besaß, doch ihre Schwestern standen ihr darin in nur geringem Maße nach.

Am 28. November 1938 schrieb Erika aus dem Hotel Bedford an den befreundeten Schriftsteller Oskar Maria

Graf, der seit Juli 1938 in New York im Exil lebte: »... und zwar wollte ich Sie bitten, eilends einem kleinen ›Committee‹ beizutreten, dessen Sekretärin ich bin. Mein Vater ist Chairman, [der Theologe Paul] Tillich, [der Soziologe Karl August] Wittfogel und ein paar andere sind Mitglieder. Es handelt sich um die deutschen und österreichischen Spanienkämpfer in Frankreich, die sich in schrecklicher Not befinden und für die ein wenig Geld aufzubringen wir uns bemühen ...«[177] Erika hatte Grafs Namen vorab schon einmal auf die Unterstützungsliste des Komitees gesetzt. Sie entschuldigte sich dafür, war sich aber sicher, dass er das Anliegen unterstützen würde. Die Zeit eilte, die Briefe mussten in die Welt und sie selbst auf die *lecture tour*, erneut.

Der Zweite Weltkrieg
1939–1945

Erika – allgegenwärtig I

Thomas Mann schloss 1939 seinen Roman *Lotte in Weimar* ab, mit dem er sich in das andere, das gute Deutschland Goethes einfühlte, in eine Zeit, als das Land, wie er glaubte, vom Humanismus geprägt war.

Für Erika war das Jahr 1939 eines von extremer Aktivität – aber welches wäre das in ihrem Leben, abgesehen von ihrer frühen Kindheit, nicht gewesen? Fast ununterbrochen war sie erkältet, nahm starke Medikamente, aber freute sich darüber, mit ihren *lectures* erfolgreich zu sein, hoffte, in den USA das Bewusstsein zu wecken für den Wahnsinn des beginnenden Krieges in Europa. Sie brauchte viele Zigaretten, sie brauchte Mittel, um tagsüber wach zu beiben, denn sie schlief kaum, war abgemagert und nervös.

Daneben stand sie wie ein treuer Paladin weiter an der Seite ihres Vaters bei dessen *lecture tours.* Sie teilte bereits jetzt das Leben des Vaters in einer Weise wie kein anderes seiner Kinder und war ihm auf dem Arbeitssektor inzwischen ebenso unverzichtbar geworden wie Katia – oder noch mehr? Aufgrund Erikas Vertrautheit mit Amerika, seiner Sprache, mit den Amerikanern und ihren kulturellen Bedürfnissen und ihrer Lebensart konnte sie dem Vater die große Stütze bei seinen öffentlichen Auftritten sein, die er brauchte.

Martin Gumpert bat sie immer wieder, auf ihre Gesundheit und auch auf ihre Beziehung zu ihm Rücksicht zu nehmen. Auf diesem Ohr war Erika jedoch taub. Auch die mehrmonatige Europareise ab dem 6. Juni hatte er zu verstehen. Und lange verstand er nahezu alles, was Erika wollte, glaubte tun zu müssen oder einfach tat.

Sie hatte sich perspektivisch eine weitere Aufgabe gestellt, nämlich die amerikanische Öffentlichkeit über die Kriegsgefahr zu informieren und sie, wenn möglich, zum tätigen Eingreifen zu »überreden«. Der Vater unterstützte sie bei ihrer Gründung von weiteren Hilfsorganisationen und Komitees.

Daneben übertrug er ihr jedoch eine weitere, schwierige Aufgabe: Sie sollte nämlich in Paris eine Einigung unter den miteinander verfeindeten deutschen Emigranten (Kommunisten, ausgeschlossenen Kommunisten und Reaktionären) vorantreiben und möglichst auch erzielen. Und genau unter den zerstrittenen Emigranten planten Heinrich, Thomas und Erika Mann aufzutreten, mit einer ziemlich großen Summe Geldes im Gepäck, dem sogenannten Thomas-Mann-Fonds in Höhe von 20 000 Dollar, Geld aus ungeklärter Quelle, das zur antifaschistischen Aufklärung und zur Demokratieentwicklung in Deutschland eingesetzt werden sollte. Thomas Mann schwankte, wie er das Geld verteilen sollte, denn er sah sich als überparteiischer Dichter. Erika stärkte ihm auch in diesem Konflikt den Rücken, indem sie ihm »allenfalls« die Niemöller-Gruppe anempfahl.[178] Beiden, Niemöller wie Mann, hatte es zunächst an Entschlossenheit des Widerstands gefehlt. Erika wurde erneut die »Aufhelferin« für den Vater, sie besorgte notwendige Informationen, bereitete dem Vater diese auf und besprach sie mit ihm so, dass er annehmen konnte, was sie vermitteln wollte. Neben seiner Frau Katia war es eigentlich nur Erika, die Thomas Mann beeinflussen konnte.

Schon ein Jahr zuvor, 1938, war in Amerika von einer politischen Nähe Erika Manns zu den Kommunisten und ihrer politischen Beeinflussung des Vaters gemunkelt worden. Das war zwar falsch, aber auf eine Weise wiederum nicht verwunderlich: Denn Erika hatte auch immer wieder mit Kommunisten gesprochen, bis zum Hitler-Stalin-Pakt, der am 23. August 1939 zwischen Deutschland und der Sowjetunion geschlossen wurde und den Angriff Deutschlands auf Polen, aber auch die Zwangsherrschaft der Sowjetunion in den baltischen Staaten und Ostmitteleuropa ermöglichte. Erika hatte sich mit ihnen ausgetauscht und sie nicht von vornherein ausgegrenzt. Denn sie wollte einfach alle Menschen, die gegen Hitler waren, in eine gemeinsame Aktion bzw. Haltung der Ablehnung einbinden. Erika traute sich solch eine maximal offene Einstellung zu und teilte in Anti-Hitler-Reden in Amerika viel aus.

Das brachte ihr allerdings auch vielfach schlechte Presse ein, sogar eine Attacke im Senat der Vereinigten Staaten, sie verhalte sich »interventionistisch«. Ein solcher Vorwurf, unterlegt mit genau diesem Wort, beinhaltete immer einen schweren Angriff auf jeden Gast der USA. Und viele andere wären schon bei einem solchen Vorwurf eingeknickt. Nicht sie. Erikas Mut, von ihrer Mutter ererbt, und ihr Talent des Vortrags in präzisen Worten, darin ganz die Tochter ihres Vaters, befähigten sie, jeden Satz, den sie geäußert oder geschrieben hatte, glaubhaft vorzutragen, um nachzuweisen, dass sie eben keine Kriegstreiberin war, sondern lediglich als Gast im Lande aufgefordert hatte, die

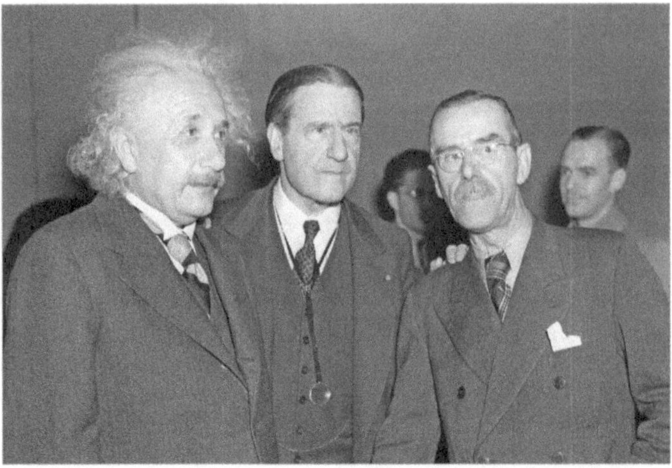

»Escape to Life« – Albert Einstein und Thomas Mann 1938 in den USA, in der Mitte Rabbi Stephen Wise, Gründer und Präsident des jüdischen Weltkongresses

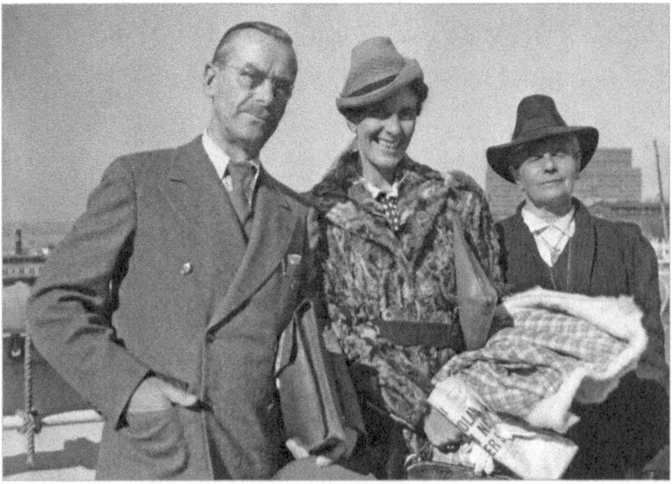

Erika Mann, vom ›Völkischen Beobachter‹ als »politische Gebrauchsdirne aus dem Hause Mann« geschmäht, mit ihren Eltern bei der Ankunft in New York, September 1939

demokratischen Ideale zu verteidigen. Letztlich habe ihr Appell gelautet, sich nicht zu beugen und den Frieden aktiv zu verteidigen.[179]

Inzwischen war im April 1939 ein weiteres Buch, das sie gemeinsam mit ihrem Bruder Klaus verfasst hatte, erschienen, das bereits erwähnte *Escape to Life*. Es sollte zeigen, welch große Schar kreativer und intelligenter Geister Deutschland seit 1933 verlassen musste, Albert Einstein, Bruno Walter, Stefan Zweig, Max Reinhardt, Ernst Toller, Elisabeth Bergner, Erich Maria Remarque, Irmgard Keun – und sie, die Manns selbst. Unter den berühmten Exilanten gab es etliche, so vermittelten es die Geschwister, die sie über das Elternhaus aus nächster Nähe kannten. Ihre Absicht war lauter: Sie schildern die oft bedauernswerte Lage, in der sich diese Schriftsteller und Intellektuellen befinden, abgeschnitten von ihrer Kultur und ihrer Sprache. Einer inneren Emigration, der sich auch Erikas Ex-Ehemann Gründgens gern zurechnete, konnten die Geschwister nichts abgewinnen: Reine Feigheit sei das, moralisch minderwertig, und wer bei den Nazis Karriere mache, sei ein Mitläufer.

Im Sommer bereits schrieb Erika gemeinsam mit Klaus ein weiteres Buch, *The Other Germany* sollte es heißen. Doch es war ungleich schwieriger, dieses Buch über die räumliche Distanz zu zweit zu schreiben, und die Distanz sollte zu häufigen Kommunikationsschwierigkeiten führen, da Klaus in New York ein Geschichts- und Lyrikstudium aufgenommen hatte und Erika in Küsnacht »heutige« Geschichten erzählen wollte, die das andere Deutschland und seine Unmöglichkeit reflektierten. Sie wollte sichtbar machen, wie es möglich gewesen war, dass der Nationalsozialismus die Oberhand gewann. Eine »richtige« Revolution hatte es in Deutschland nie gegeben, die Weimarer Republik war keine gewesen, die wirkliche Macht hatte. Wie sonst hätte man gegen sie überall, in der Schule, auf Versammlungen oder in der Presse, Stimmung machen können? Das ist die zentrale These des Buches.

Mit Ausbruch des Krieges wurde es fertig: In Arosa im Sommerurlaub beendeten die beiden die Arbeit daran. Gleichzeitig beschäftigte sich Erika aber in ihrem Europa-Sommer 1939 auch mit ihren Großeltern Pringsheim, den »Urgreisen«: Sie wollte deren Rettung auf den Weg bringen. Alfred Pringsheim war mittlerweile 89, Hedwig 84 Jahre alt, ihr Leben als Juden in Hitler-Deutschland war inzwischen unerträglich geworden. Erika aktivierte all ihre Kanäle – schließlich gelang den »Urgreisen« doch noch die Flucht in die Schweiz. Kein anderes Kind der Manns leistete so viel für die Eltern, die Großeltern, die Geschwister und deren Kinder.

Doch daneben widmete sie auch Thomas Manns soeben beendetem Manuskript von *Lotte in Weimar* ebenfalls größte Aufmerksamkeit, wie aus ihrem Brief an den Vater hervorgeht.[180]

Und ein drittes Buch im Jahr 1939 schrieb Erika allein während ihrer Europazeit in wenigen Monaten: *The Lights Go Down*.[181] Sie erzählt zehn Geschichten aus einer Kleinstadt im Südwesten Deutschlands mit Universität und einer alten Kathedrale. Man denkt sofort an Freiburg. Ein Amerikaner besucht die Stadt, er ist der Erzähler. Und offensichtlich sind Erikas Zielgruppe diesmal ausschließlich US-Amerikaner, das Kleinstadtleben in Deutschland ist auch ein für Amerika anschlussfähiges Thema, da es hier ein entsprechendes literarisches Genre gibt, *small town literature* genannt.

Im Vorwort schreibt sie, eigentlich habe sie das Buch *Tatsachen* nennen wollen: »Denn alle Geschichten, Tragödien, Personen, Ereignisse, Entwicklungen, Gesetze, Statistiken und Äußerungen, von denen hier berichtet wird, beruhen samt und sonders auf Tatsachen.«[182] Sie will typische Geschichten erzählen, ausgestattet mit durchschnittlichen Charakteren, will zeigen, wie die Atmosphäre in Deutschland bei Kriegsausbruch war. Alle ihre Figuren folgen noch gewissen moralischen Leitlinien, teilweise handeln sie sogar gegen das Regime, erleiden aber auch harte Konsequenzen: Haft oder Ermordung. Erika Manns stets rationale Einschätzung dessen, was ein Mensch wissen kann, egal aus welchem Milieu er stammt, und gleichzeitig ihr Verständnis des nationalsozialistischen Wahns und dessen Beschreibung seiner Auswirkung auf den Einzelnen führen zu der undidaktischen Atmosphäre des Buches: Jeder konnte sich sein eigenes Bild machen. Vor allem gelang es Erika zu zeigen, wie es möglich war, dass ein »normaler Mensch« Teil des Regimes werden konnte, ohne es überhaupt gewollt zu haben.

Sie glaubte weiter an »die Deutschen« und ihre noch vielfach vorhandenen guten Eigenschaften, etwa den gesunden Menschenverstand und das menschliche Gewissen, und dass sie sich zumindest nicht dauerhaft von diesen Eigenschaften abwenden würden.

Auch der vielfach belegte Glaube an den Rechtsstaat, den jüdische Ärzte, Rechtsanwälte und andere Intellektuelle noch relativ lange Zeit hatten, wird hier thematisiert und durch die Verbrechen der Nationalsozialisten an diesen Bürgern Deutschlands gleichzeitig als falsche und lebensbedrohliche Haltung nachgewiesen. Erika beschrieb jüdische Schicksale unter dem Hakenkreuz, ohne sich letztlich darüber bewusst zu sein, dass ihre Familie ebenfalls dazu zählte – denn die eigene jüdische Identität wurde stets verdrängt. Sie wollte auf keinen Fall eine »Halbjüdin« sein, gleichwohl hatte sie sich immer wieder in jüdische Menschen verliebt: Therese Giehse, Martin Gumpert, Bruno Walter ... Sehr luzide beleuchtet Viola Roggenkamp diese verdrehte Parteinahme Erika Manns in ihrem Buch, indem sie schreibt: »Die jüdische Tochter Erika Mann, die neben ihrer jüdischen Mutter keine jüdische Tochter sein konnte und neben ihrem nichtjüdischen Vater keine jüdische Tochter sein wollte, vertauschte in diesem Buch die Lebensdimensionen zwischen Jude und Nazi, ohne das im entferntesten als absurd oder gar unheimlich zu empfinden.«[183] Erika hatte zu wenig Zeit und Abstand, all diese letztlich unbearbeiteten Themen ernsthaft zu reflektieren, und ebenso wie Katia Mann lehnte sie es ab, (auch) eine jüdische Identität oder jüdische Anteile zu haben.

Die Geschichten flossen ihr jedenfalls förmlich aus der Feder, denn sie kam bei all ihren Besuchen in der Schweiz immer wieder auch mit deutschen Emigranten ins Gespräch. Der *Völkische Beobachter* hielt dagegen, indem er sie als die »politische Gebrauchsdirne aus dem Hause Mann«[184] bezeichnete.

Hochzeiten

Noch in der Schweiz hatte Elisabeth ein vom Vater empfohlenes Buch gelesen, das sie zutiefst beeindruckte, die Übersetzung von Giuseppe Antonio Borgeses *Goliath – Der Marsch des Faschismus.* Diese war 1938 im Amsterdamer

Exilverlag Allert De Lange erschienen. Dort wurden viele große Namen der Emigration publiziert: Hermann Kesten, Max Brod, Egon Erwin Kisch, René Schickele. Viele davon waren enge Freunde der Eltern. Ein solches Buch zu lesen zeigte Elisabeth, dass sie sich in einer geistig-moralischen Gemeinschaft befand, wie sie später schrieb und wie sie auch im Interview mit Heinrich Breloer berichtete: dass es tatsächlich *dieses* Buch war, das den größten Einfluss auf ihr Leben haben sollte. Sie war sich darüber klar, dass die Lektüre durch andere von ihr gelesene Bücher bereits vorbereitet war, und dennoch verliebte sie sich in den Autor, den sie nicht kannte. Mit anderen Worten: Sie wollte sich den bewunderten Autor »aneignen«, sie wollte Borgese zum Ehemann gewinnen.

Im Buch stellt Borgese als den Goliath das Rom des Katholizismus, das sich dem Faschismus zugesellt habe, durch die Zeiten dar. Der David war seiner Meinung nach die Welt-Demokratie, die ideal durch den *New Deal*-Präsidenten Roosevelt verkörpert wurde. Elisabeth fand, dass Borgeses Einschätzung Roosevelts der ihres Vaters ähnelte – eine gute Voraussetzung, um den Vater nicht vor den Kopf zu stoßen durch ihre Wahl. Thomas Mann kannte Borgese seit 1938 und schätzte ihn, wenngleich das leicht hochfahrende Temperament des Sizilianers ihm fremd blieb. Der Altersunterschied von 36 Jahren zwischen Elisabeth und Borgese war erheblich, doch für Elisabeth, die eine neue Vaterfigur suchte, überhaupt kein Problem. Und alle Hinweise, dass man wohl einen Autor verehren, ihn auch als Menschen schätzen könne, ohne ihn gleich heiraten zu müssen, wischte sie vom Tisch: »So etwas gab es für mich nicht. Für mich war immer alles aus einem Stück.«[185] In gewisser Weise »verordnete« sie sich Borgese auch als Therapie gegen das Landshoff-Unglück ihrer Teenagerjahre.

Vorerst jedoch heiratete erst einmal Monika, am 2. März 1939. Das einzig erhaltene Foto des Paars zeigt es an diesem Tag in London: Ein freundlich in die Kamera lächelnder großer, stattlicher Mann und eine kleine, zarte Monika, die in sich gekehrt wirkt, aber dennoch beherzt voranschreitet. Jenő Lányi und sie hatten eine »nette kleine Wohnung«, wie Thomas Mann im Tagebuch am 19. August 1939 vermerkte. Thomas und Katia besuchten das Paar im August in London, sie reisten diesmal per Flugzeug an. Die beiden jungen Leute hatten ein Besichtigungsprogramm erarbeitet, das ein Essen beim Italiener, den Besuch von Schloss Hampton Court, im Globe Theatre und im British Museum umfasste. Ein zweiter Abend in ihrer kleinen Wohnung bei »selbstgekochtem Essen«, Bier und Kaffee im Arbeitszimmer des Schwiegersohns ergänzte diesen Besuch. Über den Krieg war bereits gesprochen worden, und Thomas Mann hatte sich notiert, dass er im Kriegsfalle seine Kontakte in Amerika für ihre Emigration einsetzen wollte, denn Lányis, aber auch Monikas Leben sei bei einem Einmarsch deutscher Truppen in Großbritannien nicht mehr sicher. Der letzte Satz der Tagebuchnotiz ist ebenfalls bemerkenswert: »Das zart verkümmernde Wesen Moni's [sic!] gibt rührend zu denken.«[186]

Eine weitere Hochzeit im Hause Mann fand wenige Tage nach Monikas statt: Michael heiratete in New York am 6. März 1939 Gret Moser, Medis Schulfreundin aus der Schweiz. Die Welt geriet aus den Fugen, und die jungen Leute waren bemüht, sich wenigstens persönlichen Halt zu verschaffen.

Für Elisabeth ging es zunächst einmal darum, den Mann, den sie heiraten wollte, überhaupt kennenzulernen, diesen dämonisch wirkenden, hochgewachsenen Borgese, der gern und am liebsten allein das Wort führte. Sie bat ihre großen Geschwister, ihr bei der Eroberung des humanistisch gesinnten Sozialisten zu helfen, der wie sie in den New Yorker Emigrantenkreisen verkehrte. Und schon bald nach den ersten gemeinsamen Treffen lud er Medi nach New York ein. Ihre Klavierstunden dort ließen sich bestens mit den Rendezvous verbinden. Borgese war geschmeichelt durch die schwärmerische Liebe der jungen Frau, außerdem ein Mann von Ehre: Eine Heirat war für ihn unverzichtbar. Seit über neun Jahren hatte er von seiner Ehefrau getrennt gelebt. Er trieb seine Scheidung voran, in der Zwischenzeit sollte Elisabeth Gelegenheit haben, ihren künftigen Mann näher kennenzulernen, und zwar auf einer mehrmonatigen Reise nach Mexiko im Sommer 1939. Alles ließ sich harmonisch an: Medi übte Klavier im Pensionszimmer, Borgese schrieb am nächsten Buch, die exotische Atmosphäre tat das Ihre, um beide zu verzaubern.

In Elisabeth fand Borgese seine intelligenteste Schülerin, die außerdem politisches Bewusstsein besaß. Sie fand in ihm ihren zweiten Lehrer nach dem Vater. In einem Brief an ihn während eines Besuchs bei den Eltern schrieb sie später am Ende: »tua E.«, »Deine E.«, und spezifizierte sich daraufhin als »Deine Sekretärin, Chauffeur, Köchin, Pianistin und Ehefrau E.«[187] Das klingt sehr selbstlos und ist zu diesem Zeitpunkt sicherlich ernst von ihr gemeint.

Am 23. November 1939, an Thanksgiving, wurde, so wollte es Borgese, die kirchliche Trauung des Paars in Princeton gefeiert, in der Unitarian Church. Elisabeths

Hochzeit, die bei Weitem nicht an den Aufwand von Erikas erster Hochzeit heranreichte und ohne Aussteuer auskam (»Es war ja doch eben eine Heirat im Exil«[188]), nötigte Thomas Mann Tränen ab – oft geschah das nicht.

Borgese war auf Elisabeth väterlich stolz und gleichzeitig voller Liebe, das bemerkten alle und das versöhnte die Mann-Familie auch während der in Princeton gemeinsam verbrachten Weihnachtstage mit dem nationalstolzen, auch eitlen, dabei mimosenhaft sensiblen neuen Familienmitglied, das jeden an die Wand redete.

Elisabeth zog mit ihrem Mann nach Chicago, wo er Literatur und Politische Wissenschaften an der Universität lehrte. Ab sofort wurde sie, wie Katia es immer für Thomas Mann gewesen war, Assistentin ihres Mannes. Ihre Klavierausbildung (ihr Üben hatte Thomas Mann so manches Mal an den Rand einer Nervenkrise gebracht …[189]) war völlig in den Hintergrund getreten. Sie wollte von dem bewunderten Mann so viel wie möglich lernen. Eine italienische Studentin Borgeses an der Universität brachte ihr bei, seine geliebten italienischen Gerichte zu kochen. Es wirkt, als wäre sie ganz in der traditionellen Ehe- und Hausfrauenrolle aufgegangen.

Im folgenden Jahr bekamen zunächst Michael und seine Frau Gret ihr erstes Kind – Frido wurde am 31. Juli 1940 geboren, er sollte 1942 noch einen Bruder bekommen, Anthony, genannt Toni. Am 30. November 1940 brachte Elisabeth ihre erste Tochter Angelica zur Welt; im März 1944 folgte Angelicas Schwester Dominica.

Das Ehepaar lebte zunächst in Borgeses Apartment im Hotel Windermere im Süden Chicagos – zwei Zimmer, Küche und Bad. Anders als ihre ältesten Geschwister benötigte Medi keinen großen Luxus und nahm dank Haushaltshilfen und Kindermädchen auch nach der Geburt ihrer Tochter am akademischen und gesellschaftlichen Leben ihres Mannes teil.

Erika – allgegenwärtig II

Erika erlebte den Ausbruch des Zweiten Weltkrieges am 1. September 1939 an der Seite ihrer Eltern in der Nähe von Stockholm. Thomas Mann sollte eine Rede zum *Problem der Freiheit* auf dem 17. Internationalen PEN-Kongress halten, dazu kam es jedoch nicht. Die Kriegserklärungen Frankreichs und Englands waren nach dem deutschen Einmarsch in Polen am 1. September 1939 unvermeidlich. Die Manns kehrten in die USA zurück.

Erika hatte selbst Kontakt zum FBI gesucht, um von den vielen Briefen und anonymen Drohungen zu berichten, die sie bzw. ihr Vater nach ihren Vorträgen von Nationalsozialisten erhielten. Sie wollte diese Menschen entlarven und bot sich dem FBI als Aufklärerin an. Das war jedoch hinsichtlich ihrer eigenen Aktenlage – die sie allerdings nicht kannte – nicht gerade geschickt: Ab sofort wurde sie beim FBI als »aktiver Agent der Komintern in Berlin«[190] geführt.

Erika hatte sich, anders als die meisten Schriftsteller, die ins Exil gegangen waren, schreibend nicht der Exilerfahrung oder vom NS-Staat losgelösten Formen wie dem historischen Roman oder anderen camouflierenden Gattungen (auch Übersetzungen aus anderen Sprachen gehörten dazu) gewidmet, sondern sich mit der Entwicklung in Deutschland beschäftigt, was damals einen Singularitätsstatus hatte, sie zugleich jedoch angreifbarer machte.

Am 25. Juni 1940 nahm Erika im vornehmen New Yorker Commodore Hotel an der Gründung des Emergency Rescue Committee teil, das sich zum Ziel gesetzt hatte, international bedeutende Künstler und Intellektuelle, die vom Naziregime bedroht waren, aus Europa zu retten. Vom Spendensammeln verstanden die drei Initiatoren etwas: der amerikanische Journalist Varian Fry, der Publizist und Politiker Paul Hagen (eigentlich Karl Borromäus Frank) aus Österreich und der amerikanische Journalist und Unternehmer Harold Oram. Dass es jedoch nicht allein um Geld gehen könnte für die zumeist der Pässe und Ausweise beraubten Menschen, die unbedingt das Exil anstrebten, weil sie bedroht waren, verdeutlichte ihnen Erika Mann. Sie hatte Erfahrung: Gebraucht wurden Visa, Papiere und eine Rettungsstrategie. Wie konnte den Künstlern und Denkern zur Flucht aus den Lagern verholfen werden? Diejenigen unter ihnen, die untergetaucht waren, würden wahrscheinlich selbst auf die Idee kommen, sich an das Komitee zu wenden ... die Mundpropaganda funktionierte im Untergrund meist gut.[191]

Gleichzeitig wollte Erika ihrem Bruder helfen, seine zweite Exilzeitschrift *Decision* zu finanzieren. Doch hier überspannte sie den Bogen, indem sie an Thomas Manns Mäzenin Agnes Meyer in New York schrieb und sie um 15 000 Dollar bat, 12 000, die Thomas Mann noch für seinen Hausbau in Kalifornien benötigte, und 3000, die seinem Sohn Klaus für die Zeitschrift fehlten. Zum ersten Mal empörte sich Thomas Mann über Erikas Dreistigkeit. Und dennoch brauchte er sie immer mehr: Sie kürzte die Texte des Vaters, die stets zu lang gerieten, sensibel, aber strikt, sie suchte neue Dienstboten, sie war sich für keine Hilfestellung zu schade. Daneben war sie, über alle politischen Entwicklungen in Amerika und Europa informiert, gleichsam Nachrichtenzentrale und Seismograf der Emigration.

In zwei Veranstaltungen mit Klaus, im Dezember 1939 und ein Jahr später, Anfang Dezember 1940, versuchte Erika noch einmal, das Gemeinschaftsgefühl mit dem Bruder auch in einer öffentlich wirksamen Performance zu demonstrieren – vor allem ihm. Doch Klaus notierte in seinem Tagebuch am 26. Dezember 1939: »E. bemüht; aber völlig abgelenkt durch eigene Aktivität, eigenen Ehrgeiz, und die Bedrängnis anderer Menschen, die sich penetranter manifestiert als die meine.«[192]

1940 kam es interfamiliär zu einer unverhofften Begegnung, da Erika unmittelbar nach der Kriegserklärung Englands und Frankreichs an Deutschland nach London kam, um für die BBC und den New Yorker *Aufbau* über den *Blitz*, die massive Bombardierung Londons durch die deutsche Luftwaffe, zu berichten – in dem Moment also, als Monika und ihr Mann verzweifelt nach einer Ausreisemöglichkeit in die USA suchten. Erikas Mission bestand darin, im Auftrag des britischen Informationsministers Duff Cooper, der sie sehr schätzte, die deutschen Sendungen der BBC zu betreuen. Erika sollte also von England aus im Radio Einfluss auf die Deutschen ausüben. Sie fand, das war eine sehr gute Möglichkeit, gegen die Nationalsozialisten zu wirken, denn viele Menschen in Deutschland hörten heimlich BBC. Alle Vertrauten, insbesondere ihr Vater, rieten ihr ab, das sei viel zu gefährlich. Doch Erika ließ sich nicht beirren, hatte nicht sie selbst Duff Cooper die Idee eingegeben? Auch jene, dass Thomas Mann demnächst ebenfalls über die BBC den deutschen Hörern Mut für den Widerstand gegen Hitler machen sollte?

Tatsächlich wurden ab dem 11. Oktober 1940 55 Sendungen Thomas Manns unter dem Titel *Deutsche Hörer!* von der BBC ausgestrahlt. Seine zuletzt immer weiter gewachsene Überzeugung, dass der geistige Mensch zu einem Bekenntnis gezwungen sei und dass sich Kunst und Politik nicht voneinander trennen ließen, hatte er Erikas nimmer müder Aufklärungs- und Überzeugungsarbeit zu verdanken. Er musste selbst keine Angst haben, da er die Texte in Los Angeles einsprach. Aber um Erika, die »Aktivistin«[193], die sogar ihn zu politisieren vermochte, hatte er Angst, da sie sich in das europäische Kriegschaos begeben wollte. Angst kannte Erika jedoch nicht. Sie beruhigte ihn: Zu den Winter-*lectures* sei sie wieder zurück. Sie erhoffte sich zu Recht, dass die Erfahrungen in England ihr für die Vorträge gutes Material bieten würden. Zwischen August und Oktober 1940 war Erika also für die BBC in London, desgleichen 1941 zwischen Juni und Oktober.

Ihre erste Bombennacht in London schildert sie eindrucksvoll: »Meine Wohnung ist in die Luft geflogen, meine Schreibmaschine ist zerstört und fast alle meine Manuskripte und Notizen sind verbrannt ... Ich war nicht zu Hause, als die Decke einbrach und Feuer mein Zimmer in Brand steckte.«[194]

Als Erika mehr als einen Monat später zurück in die USA flog, war die Schlacht um England schon zugunsten des britischen Königreichs entschieden. Doch für Erika war dieser »Einsatz« in Großbritannien natürlich ein extremes Risiko, denn was wäre im Fall des Sieges des Deutschen Reichs über England mit ihr geschehen?

Monikas Tragödie

1940 war insgesamt ein schweres Jahr für die Manns, insbesondere für Monika. Die Familie würdigte es, dass Monika einen Mann wie Lányi an sich binden konnte, doch da er Jude war, wurde auch London für das Paar mit Beginn des Luftkrieges gegen England ab dem 10. Juli 1940 zu gefährlich, und sie ersehnten sich eine Ausreise nach Amerika.

Über ihre Ehe schreibt Monika, dass sie eine Art Vorsehung darin erkannte, Lányi getroffen zu haben, und dass diese Liebe für beide einen gewissen religiösen Charakter besessen habe: »Was wäre das Band des gemeinsamen Interesses für Literatur und Musik und Landschaftliches, der gemeinsamen Anschauung des Lebens ohne jenes Alles-und-Nichts, das zwei Menschen verbindet, ohne jenes gegenseitige Sichentgegentragen, jenes beständige Füreinanderoffensein – ohne jenen Blütenstaub der Seelen, der sich vermischt?«[195] Lányi sei ein Mensch der Passionen gewesen, gleichwohl sehr humorbegabt: »Eigenartig war sein orientalisch träges und sinnliches Wesen gepaart mit einem Klassizismus, einem fast fanatischen Drang zum Klaren, ›Authentischen‹, Reinen, um das er sich immer mühte und um dessen Erkenntnis und Erhaltung es ihm ging.«[196] Insofern sah Monika den Beruf des Kunsthistorikers als ideal für ihn an. Von seinen Kollegen wurde er für seine beachtlichen und überzeugenden wissenschaftlichen Forschungen äußerst geschätzt und als Revolutionär hinsichtlich seiner Methoden und Ideen betrachtet. Sie beschrieb ihn als »Fassadenkünstler« und »Katakombenstürmer«, der auf den Gerüsten herumturnte, »um irgendein Bronzeengelchen unter der Domkuppel zu entstauben und ›mikroskopisch‹ zu untersuchen.«[197]

Hier einige Impressionen Monikas im Rückblick auf ihre glücklichen Jahre in dunklen Zeiten an der Seite Lányis, den sie so liebte wie er sie. Diese gleichwohl teils durch den Krieg gezeichneten Eindrücke wirken seltsamerweise dennoch verklärt und der Zeit entrückt: »In Wien gab es auch schon viele gedrungene Männer mit den weißen Wadenstrümpfen und dem unguten Blick, so hielt es uns nicht lange dort. Auf den Schwingen der Macht verdunkelten sie den Himmel wie eine Heuschreckenplage. Wir sahen gerade noch das nonchalant-großartige Wien mit seinen Gärten und Palästen in weinseligen Vorstädten, mit seiner feschen Humanität und eingewurzelten Kunstliebe ... Wir trieben uns dann noch ein wenig in der Altstadt von Zürich herum – wo zwar die Glocken viel zu laut läuten –, die aber doch in ihrer antiken Adrettheit gewissermaßen zum Anbeißen ist und in deren winzigen ›Gäßli‹ mit den alten Handwerkereien, Käse- und Bäckerläden man an Stelle der betrunkenen Burschen sich Gottfried-Keller-Figuren vorstellen kann. In London machten wir Kunstgeschichte und Musik und nahmen Abschied von Europa und – ohne es zu wissen – voneinander.«[198] Die Sirenen machten ihr den Eindruck eines Rufs zum Jüngsten Gericht, denen »die satanischen Geschwader folgten«, die Gasmasken, die man sich umhängte, wurden zum Alltagsgegenstand wie »ein Opernglas oder Einkaufsbeutel«. Und doch, auch London machte großen Eindruck auf Monika: »Auch war es uns – trotz aller Schrecken – ans Herz gewachsen, das uferlose London, das sein graues abgeschabtes Kleid wie einen

Königsmantel trug, dessen Westminsterglocken (die jetzt stumm waren) dröhnendes, klingendes Symbol einer großen, verendenden Geschichte waren, dessen Menschen ihren Humor und ihre Moral aus dem Nebelmeer zu schöpfen schienen, London, das so ›gloomy‹ und festlich war, ja, ein festliches Finale, letzte Oase europäischer Zivilisation.«[199] Der Gegensatz zwischen Monikas poetischer Art zu schreiben und der von Erika mit ihrem glasklaren Realismus könnte nicht größer sein und entspricht auch dem mentalen und emotionalen Abstand zwischen den Schwestern.

Es gab schließlich das Visum für die Lányis, Kanada gewährte ihnen die Einreise. Thomas Mann hatte sich spät, dann aber doch beherzt für seine mittlere Tochter Monika und deren Mann eingesetzt und von der kanadischen Regierung einen Brief erhalten, auf den er mit Recht stolz war, las er doch: »Es war allein Ihr außergewöhnlicher und nobler Einsatz für die Ziele unseres Landes in diesem Krieg, der wiederum eine Ausnahme von der allgemeinen Regel im Falle Ihrer Tochter und deren Ehemann möglich macht.«[200]

Das Paar bekam zwei Plätze auf dem Passagierdampfer *City of Benares.* 90 englische Kinder sollten auch mitreisen, um aus dem umkämpften England gerettet zu werden, es handelte sich um ein zuvor verschiedentlich erfolgreich durchgeführtes Programm zur Rettung britischer Kinder vor den drohenden Luftangriffen auf Großbritannien: Sie wurden in den Staaten der britischen Dominion, etwa Kanada, Australien und Neuseeland, für die Kriegszeit untergebracht, begleitet von Lehrern, Krankenschwestern und Geistlichen. Die *City of Benares* war 1936 als Passagierschiff vom Stapel gelassen worden und sollte jetzt als

Flaggschiff in einem Konvoi von insgesamt 19 Schiffen in dessen Zentrum fahren, begleitet von einem Zerstörer. Es war also keine gefährliche Überfahrt vorherzusehen. Vielmehr konnte eine Passage auf diesem Schiff unter den Umständen des Krieges als relativ sichere Möglichkeit gelten, den Atlantik zu überqueren. Zur 209-köpfigen Besatzung kamen 191 Passagiere und sechs Seeleute des Konvois. Die Häfen Quebec und Montreal waren die Ziele, die Abfahrt in Liverpool erfolgte am 13. September 1940.

Der Konvoi löste sich einige Tage später auf, da der Zerstörer zu einem anderen Ziel gerufen wurde. Am 17. September beschoss ein deutsches U-Boot, Kommandant war Heinrich Bleichrodt, zweimal erfolglos die *City of Benares.* Doch kurz nach Mitternacht war sein dritter Torpedo erfolgreich und traf das Heck. Das Schiff krängte und würde sinken: Die Evakuierung war wegen der Schieflage problematisch, die Rettungsboote konnten teilweise von den Passagieren gar nicht erreicht werden.

Und nun Monikas Bericht der Ereignisse: »Es geschah alles in einer Viertelstunde. Die Explosion, die anfängliche Ordnung, die Panik, der Sturz in die Tiefe, das Chaos am Schiff, unsere Rufe, unser Verstummen ..., aber es hatte in seiner maßlosen Schrecklichkeit das Volumen des Ewigen – der Unzeit, es geschah gegen sich selbst, nach rückwärts, gar nicht, unter uns weg, obgleich es in unerbittlicher Schärfe geschah, weit abseits vom Faßlichen, es war das Absolut-Negative und Entsetzliche, mit dem man in keinem Zusammenhang stand, und man war es selbst, man bestand aus Entsetzen und Vergehen. Also kann die Wirklichkeit in ihrem Extrem vollkommen abstrakt sein: bei nüchterner Einsicht ist dies ein Erfreuliches, da das Abstrakte ins Himmlische reicht. Will man mir nun glauben, daß auch hier das Himmlische im Spiel war? Indes ich zwanzig Stunden auf einem Stück Holz im herbstlich aufgewühlten Atlantischen Ozean herumtrieb, vermischte sich Sein und Nichtsein, Unten und Oben, Dunkel und Licht, Ende und Anfang, Fluch und Segen, Verlaßenheit und Gottesnähe ... Es gab da so einen Ruck, als sei man irgendwo aufgefahren – die Alarmglocke klingelte – nachts, ja, es war halb elf [in Wahrheit später; Anm. A. S.], ich hatte schon geschlafen, er [Jenő Lányi] kam aus dem Salon herunter, wo er Klavier gespielt hatte – Bach, *Das Wohltemperierte Klavier* von Bach –, bei der Alarmglocke kam er herunter in unsere Kabine, bleich – er zog erst mir den Rettungsgürtel an, dann sich selbst – was wir anhatten? Nur Regenmäntel, wir nahmen nichts mit, wir hatten keine Zeit, wir hatten Rettungsboot Nummer sechs, da waren viel zuviel Menschen, viel mehr als in ein Rettungsboot gehen, es fehlten Rettungsboote, die waren durch das Torpedo kaputtgegangen, und wir fielen alle auf den Grund des Meeres fast, weil wir zu viele waren, auch waren die Seile kaputt. Es war ein wahnsinniges Geschrei gewesen von der Mannschaft, schwarze Mannschaft, sie hat nichts als geschrien – und als wir wieder heraufkamen, schrien wir so gut es ging, nahe am brennenden Schiff, wir hatten Petroleum geschluckt und waren zerschlagen und suchten etwas zum Anhalten, wir riefen einander, ich hörte seinen Ruf, dreimal, und dann nichts mehr. Und dann waren lauter Tote um mich 'rum und ganz schwarze Nacht und ganz hohe Wellen, und ich war durstig, und ich hatte keine Stimme mehr, und meine Hände waren unendlich kalt, und ich habe mich einmal übergeben, mein Schal wurde schmutzig – mein grün-braun gewürfelter Wollschal, sein letztes Geburtstagsgeschenk, dann hat ein Matrose auf dem englischen Kriegsschiff den Schal genommen – die Wellen haben mich ganz zugedeckt, sie kamen wie schwarze Gebirge auf mich los – tote Kinder gab es, von Schreck und Kälte getötet, und Durst – ja, der Durst! –, und sie schwammen wie Puppen herum – es hatte in Strömen geregnet, dann kam der Mond, jetzt schwammen die Kinder auf den schwarzen Wellen im Mondschein …«[201]

Erika holte Monika in Schottland ab, um sie auf ein anderes Schiff zu begleiten, das Monika direkt nach Amerika bringen sollte, zu den Eltern. Sie war in mehr als einer Hinsicht erstaunt, als sie ihre Schwester sah, die 30 Jahre alte Witwe, der alles genommen war, was sie sich immer gewünscht hatte: ein Familienleben an der Seite ihres geliebten Manns, dann auch Kinder … die für Monika ganz normal zum Glück gehörigen Dinge eben. Keine Extravaganzen, wie Erika sie liebte. Erika wunderte sich, dass Monika nicht einmal »richtig krank« war nach den vielen Stunden in dem kalten Wasser des Atlantiks. Aber weder eine Lungenentzündung noch sonst etwas quälte sie körperlich. Und auf Erikas Frage, wie es ihr gelungen sei, sich so lange an dem Boot festzuhalten, von dem aus man sie und andere Schiffbrüchige hatte retten können, antwortete sie, dass sie eben am Leben gehangen habe. Eine recht einfache und wahre Antwort. Für Erika vielleicht zu einfach oder unwahrscheinlich.

»Meine Schwester konnte nicht begreifen, wie ich das alles ausgehalten, es sei ein Wunder … Ich wies auf meine Hände, als erklärten sie es. Ich hielt mich immer ganz fest, ganz fest. An dem Floß oder Holz, an dem Stück Boot? Ja. Am Leben, du hieltest dich wohl am Leben fest, mochte meine Schwester denken. … Und am nächsten Nachmittag um vier Uhr kam das englische Kriegsschiff – mit dem ging es zurück nach Schottland, hierher, wo ich nun bin, ganz voll von jenem Wunder und ganz leer ... Tränen erstickten mich. Tausend Details, das Verworrene kreiste um das eine, um den einen herum, der nicht mehr war. Er hieß Jenő Lányi.«[202]

Dass Monika lebenslang dieses Erlebnis nicht vergessen konnte, diesen Verlust ebenso wenig, musste auch Erika klar sein, dass sie tief traumatisiert war, ebenfalls.

Thomas Mann notierte im Tagebuch vom 22. September 1940, dass er von der Torpedierung eines englischen Kinderschiffes, nach Kanada bestimmt, erfahren habe.[203] Keine Assoziation wollte sich ihm einstellen, dass das eventuell das Schiff gewesen sein könnte, auf dem seine Tochter und sein Schwiegersohn reisten.

Am nächsten Nachmittag nach Briefdiktaten mit »K.« heißt es: »Nachricht, dass R. Olden mit Frau bei der ruchlosen Torpedierung des Kinderschiffes umgekommen. Grauen.«[204] Rudolf Olden, der befreundete Journalist und Rechtsanwalt jüdischer Abstammung, der unendlich viele Visa für Kollegen wie etwa Robert Musil erkämpft hatte, war auf der *City of Benares* krank gewesen und mit seiner dritten Frau in der Kabine geblieben, als der Torpedo einschlug, hatte die Möglichkeit einer Rettung also abgelehnt. Das erfuhr Thomas Mann erst viel später.

Zwei Tage später heißt es dann: »Morgens Kabel von Erika, dass Moni und Lanyi auf dem torpedierten Schiff waren, der Mann tot ist und Moni sich in einem Hospital in Schottland befindet (in welchem Zustande?!), von wo Erika sie abholt. Sie scheint also transportfähig. – Grauen und Abscheu. Erbarmen mit dem gebrechlichen Kind – Nicht gearbeitet. Englische Tischrede für morgen notiert.«[205]

Für Klaus Mann war Lányi »ein Mensch von artigem Niveau«[206] und das schrieb er den Eltern schon zwei Jahre vor dem Unglück, um sie davon zu überzeugen, dass Lányi für die Schwester der Lebenspartner sein sollte. Die Bemerkung sollte ein Lob sein, letztlich auch für die Wahl der Schwester.

Am 28. und 29. September wurde das Unglück noch einmal erwähnt, aber es war für den »Zauberer« mittlerweile eingehegt: So viele Beileidsbriefe erhielt er dazu, das eigene Schreiben an den *Joseph*-Romanen stand ihm als Hauptaufgabe vor Augen und die anderen Anforderungen. Da reihte sich der Fall Moni ein, er war nicht mehr außergewöhnlich.

Am 1. Oktober wurde neben vielem anderen immerhin »Problematik der Zukunft Moni's [sic!]« im Tagebuch eingetragen. Dies mag bedeuten, dass man sich klar war, Monika zunächst im Elternhaus unterbringen zu müssen – und dass dies nicht wünschenswert war.

Dann liest man in Thomas Manns Tagebüchern lange gar nichts mehr zu dem Thema. Unterdessen traf mit dem Flugzeug kommend zunächst Erika in New York ein, während der Vater erneut in Princeton weilte. Er notierte: »Sprach liebevoll zu ihr.«[207] Am Tag darauf holten Vater und Mutter Erika in New York ab, und beim Abendessen im Familienkreis, mit Heinrich, dessen Frau Nelly, Golo und Annemarie Schwarzenbach sprach man über das Geschehnis: »Berichte und Gespräche bei u. nach Tisch. Über Moni, ihr Erlebnis, ihre eigentümliche Reaktion.«[208] Ihre eigentümliche Reaktion? Galt es als eigentümlich, dass sie sich an das Leben klammerte?

Monika musste indes noch einmal Mut beweisen, nämlich erneut ein Schiff Richtung Amerika besteigen,

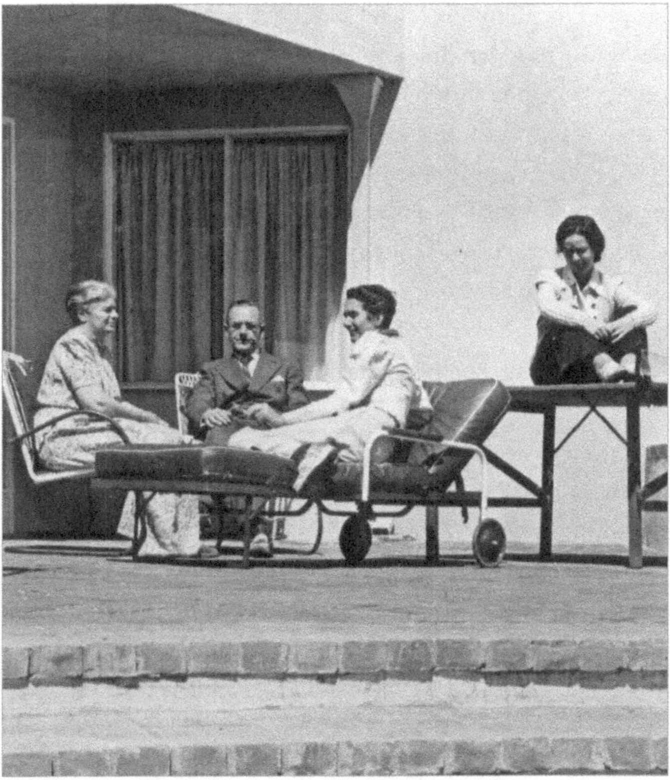

»Problematik der Zukunft Moni's« –
Monika Mann (rechts) suchte nach der Schiffskatastrophe 1940 Zuflucht bei ihren Eltern in Pacific Palisades

um ein drittes Mal ihr Leben zu retten, diesmal auf der *Cameronia*, mit der sie unbeschadet am 28. Oktober 1940 in New York ankam. Katia stand zur Begrüßung der Tochter am Pier. Thomas Mann blieb in Princeton. Ein rührendes Foto mit der die weinende Tochter küssenden Mutter im Pelz ging durch den Blätterwald ... nach außen war also alles in Ordnung.

Monika gelangte wieder in den Schoß der Exilfamilie, man kam zum Tee zusammen: »Ausgedehnt in Gesprächen in Erwartung der armen kleinen Witwe, die in kläglichem Zustande eintraf und zu Bette gebracht wurde. Erbarmen.«[209] Am 29. Oktober immerhin schrieb Thomas Mann im Tagebuch: »Mönchen zart-wohlauf. Rührende Bilder von ihr u. K. in den Blättern.« Das mochte also hingehen, war sogar Publicity für die *amazing family*, aber Moni sah weiterhin blass aus, war schweigsam ... Einen Kinofilm sah sie manchmal mit den Eltern, auch schon vor Weihnachten mit Klaus, Erika und den Eltern ein Theaterstück. Man bekundete also zunächst zweifellos Mitgefühl, erwartete aber von Monika nach einigen Tagen der Schonung Normalität. Das bedeutete Sicheinfügen in die Exilfamilie, zu der inzwischen neben Golo auch Heinrich und Nelly gestoßen waren – nach ihrer abenteuerlichen Flucht über die französisch-spanische Grenze auf Ziegensteigen und einer Schiffspassage von Lissabon nach New York. Auch das war keine leichte Flucht gewesen, vor allem litt Heinrich Mann darunter, Europa verloren zu haben, seine Heimat.

Dass die traumatisierte Monika, die inmitten des Atlantischen Ozeans eine Tragödie erlebt hatte, damals ihr Schicksal nicht in Relation zu dem der anderen setzen konnte, verwundert nicht. Sie zeigte sich apathisch.

Was sie beschäftigte, äußerte sie nicht, und sie brachte sich auch nicht helfend in den großen Haushalt ein. Elisabeth erinnerte sich: »Sie war immer schwierig, das ist es eben: Sie hatte sich gar nicht verändert. Meinen Vater hat es irritiert, wenn sie sich überhaupt nicht am Haushalt beteiligt hat, an der Arbeit, die meine Mutter gemacht hat, aber so war sie eben immer gewesen.«[210]

Monika glaubte an Schicksalsfügungen, und diesen glaubte sie auch den Tod ihres Manns zuordnen zu müssen. In Briefen aus dieser Zeit beschreibt sie, dass sie nichts mit sich anzufangen wisse und für nichts Interesse habe. Auf Kondolenzschreiben reagierte sie indes immer. Und sie bekam vom Vater zwar nicht das Angebot einer Psychotherapie – damals in den Kreisen der Manns und in Amerika fast schon Normalität –, doch immerhin reichte der »Zauberer« ihr eine moralische Stütze in Form von Tolstois *Anna Karenina*, das auch ihm immer wieder in Krisensituationen geholfen habe. Sie dankte ihm und vermochte in diesem Buch sogar einen gewissen Trost zu finden, indem sie sich mit der kleinen Kitty verglich, der man das Herz gebrochen hat und die nun wieder Mut fassen soll.[211]

Elisabeths Eheleben

Elisabeth wurde 1941 amerikanische Staatsbürgerin, ihr Mann war dies bereits seit 1938. Ein Wohnungswechsel in Chicago erfolgte wegen der Geburt der Tochter Angelica. Elisabeth war Hausfrau und Mutter, führte Haushaltsbücher, das Bankbuch, aber musste sich immer von ihrem Mann kontrollieren lassen. Doch begleitete sie ihn bei

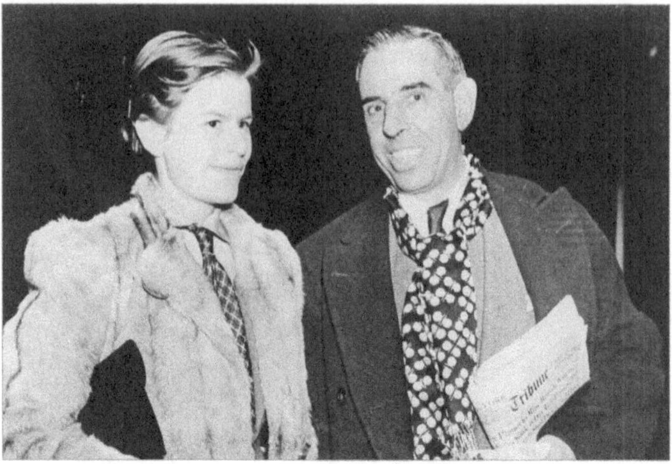

Das frisch getraute Ehepaar Elisabeth Mann Borgese und Giuseppe Antonio Borgese in Washington 1939

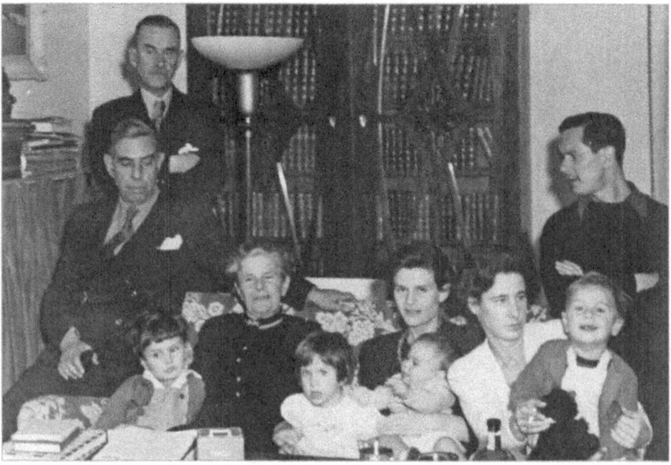

»Kinderweihnachten« in Pacific Palisades, 1940er-Jahre: Thomas Mann mit seinem Schwiegersohn G. A. Borgese, Frido mit Großmutter Katia Mann, Elisabeth Mann Borgese mit ihren Töchtern Angelica und Dominica, Gret Mann-Moser mit Sohn Toni und Michael Mann

seinen öffentlichen Auftritten und auf Reisen etwa zum PEN-Club nach Kuba und erwarb dadurch weitere Weltläufigkeit. Sie war in seine wissenschaftlichen und politischen Themen eingebunden, die beiden tauschten sich darüber aus, und sie wuchs in die Arbeitszusammenhänge ihres Ehemanns hinein, jedoch als eine nur ihm dienende Kraft. Sie selbst besuchte Mathematikvorlesungen in Chicago, ganz wie einst Katia.

Ein langes Telefonat pro Woche mit der Mutter ersetzte den bislang engen persönlichen Kontakt. Doch auch Besuche Elisabeths erfolgten regelmäßig in Princeton, bald auch mit den Kindern. Die Heirat konnte die Bindung zwischen Tochter und Eltern nicht zerstören, im Gegenteil: Katia vertraute ihrer jüngsten Tochter alle schwer zu lösenden praktischen Probleme an. Und Medis Gerechtigkeitssinn, ihr scharfer Verstand, ihre Verwurzelung im Diesseits brachten zumeist eine praktikable Lösung hervor.

Zwischen Borgese und Thomas Mann bestand immer noch weitgehend politisches Einverständnis. Sollte Thomas Mann eine abweichende Ansicht kundtun, bekam er es mit dem ihm ungewohnten sizilianischen Temperament Borgeses zu tun. Er fremdelte auch mit der Geltungssucht des Schwiegersohns, wie aus seinen Tagebucheinträgen hervorgeht. Eigentlich tat ihm seine Medi ein wenig leid, und er überwand sich erst fünf Jahre nach der Hochzeit, Borgese das Du anzubieten. Elisabeth sah eher das Verbindende, kennzeichnete beide als »Nationalisten und Romantiker«, die von rechts kamen und sich wandelten, zu »sozialistischen Humanisten oder humanistischen Sozialisten«.[212]

Erikas Veränderung

Erika war inzwischen nur noch wenigen Menschen gegenüber wirklich zugewandt (dem Vater am meisten), die Kriegserlebnisse hatten sie immer mehr verhärtet. So konnte sie den Tod ihres früher so geliebten Großvaters Alfred Pringsheim in der Schweiz am 25. Juni 1941 nur mit einer amüsanten Geschichte kommentieren, und auch der psychische Zusammenbruch Annemarie Schwarzenbachs, die immerhin jahrelang sehr viel Geld in die Zeitschriftenprojekte von Klaus gesteckt hatte, rührte sie keineswegs, sodass diese erkennen musste, dass es wohl Grenzen der Freundschaft gab.

Erstmals nahm Erika auch selbst körperliche Grenzen wahr. Da gab es ihre anstrengende *lecturer*-Tätigkeit. Da gab es die Eltern, vor allem den Vater, der alles durch sein Schreiben am Laufen hielt, und hier war sie mit Rat und Tat immer wieder gefragt. Da gab es, schon weiter unten angesiedelt inzwischen, ihren Bruder Klaus. Und dann die Liebhaber ... die hintan zu stehen hatten, sie hatten keine existenzielle Bedeutung für Erika.

Eine Ausnahme sollte es dennoch geben: Bruno Walter. Schon in München hatte Erika den fast 30 Jahre älteren Dirigenten, Pianisten und Komponisten bewundert und eine intensive Affäre mit ihm begonnen, die sie nun wieder aufnahm. Beide verliebten sich erneut heftig ineinander. Bruno Walters Frau Elsa war die Eifersucht in Person ... Da es unmöglich war, an den nun gemeinsamen Wohnorten, ab 1942 waren das Pacific Palisades für die Manns und Beverley Hills für die Walters, zusammenzukommen, beschränkten sie sich auf atemlose Kurzbegegnungen in Hotels zwischen Dirigaten von Walter und *lectures* von Erika. Alles musste geheim bleiben.

Das »Problem Moni« I

Und Monika? Bei Vorlesungsabenden des Vaters, bei Theateraufführungen, Kinobesuchen war sie gern dabei und rezipierte, verharrte jedoch in depressiver Apathie. Sie hatte im Frühling 1941 für einige Zeit Aufnahme bei Michael, dessen Frau Gret und Söhnchen Frido in Carmel gefunden, vermutlich im Vorfeld des bevorstehenden Umzugs der Eltern nach Kalifornien. Doch auch da empfand man nach einigen Wochen, es sei jetzt genug. Über die Zeit in Carmel hat Monika keine Aufzeichnungen hinterlassen. Vermutlich versuchte sie einfach, irgendwie jeden Tag zu meistern. Weder bei den Eltern oder bei den Geschwistern noch bei ihr selbst findet sich jedoch in Aufzeichnungen, Tagebüchern oder Briefen irgendwo das Wort »Depression«. Alles wirkte für die Familie so, als gäbe sich Monika einfach keine Mühe, als hätte sie allein es in der Hand, dass alles anders würde. Nach einem Besuch in Carmel endete Thomas Manns Tagebucheintrag vom 4. April so: »Problematik der Stellung Monis zu den Kindern, verlangt nach Lösung.« Von Carmel ging es für Thomas und Katia Mann vom 7. auf den 8. April mit dem Zug nach Los Angeles und Pacific Palisades. 740, Amalfi Drive war die erste Adresse der Manns dort. Thomas Mann versuchte sich einzuleben, um wieder produktiv zu werden. Alles Übrige musste sich wie gewohnt unterordnen. Die Mutter empfand es als »wirklich bitter, dass gerade dieses Kind uns so unwandelbar zur Seite stehen soll«[213] – die Reaktion gewiss auf die Information, dass Michael und Gret Monika wieder den Eltern überlassen wollten.

Die drei das Familiengeschehen und die Familienatmosphäre bestimmenden Manns, die Eltern und Erika, waren seit Jahren fast immer eine Fraktion, besser: Bastion auch gegen die Ansichten aller Übrigen in der Familie. Nun gesellten sich auch noch Michael und Gret im Falle Monikas zu diesen dreien. Was machte es so unerträglich, mit Monika den Alltag zu teilen? Galt ihr Schweigen vielleicht als unselig, weil es stumme Opposition vermuten ließ? Hat sie es in Gesellschaft gelegentlich an Takt fehlen lassen? Dafür gibt es keinerlei Belege.

Monika ihrerseits soll immer gesagt haben: »Wenn Thomas Mann in den Raum kommt, gibt es keinen Sauerstoff mehr für mich, dann kann ich nicht mehr atmen.« Für Elisabeth war dieser Ausspruch Monikas, als sie im Alter damit konfrontiert wurde, bizarr, denn sie selbst hatte den Vater als zurückhaltend erlebt, keineswegs erdrückend wie ihren eigenen Mann Giuseppe Antonio Borgese.[214]

Vielleicht war es am ehesten Klaus, der noch Verständnis und positive Gefühle für seine Schwester aufbrachte. Jedenfalls hat sie ihn immer wieder als den ihr am meisten Zugewandten der Geschwister gekennzeichnet. Er schrieb in einem Brief: »Wie muß es ausschauen im Herzen, im Kopf der armen, unbarmherzig geschlagenen, zerschmetterten, vom Schicksal weggeschmißenen Moni?«[215]

Die Familie warf Monika vor, nie etwas richtig zu einem Ende geführt zu haben, trotz vielfacher künstlerischer Begabungen. Elisabeth hat das so in Worte gefasst: »Sie war ja überhaupt künstlerisch nicht unbegabt. Sie war in vielen Richtungen – aber sie war ein kleines Talent, und sie hat auf keinem Gebiet ernstlich weitergearbeitet. Sie hat Malerei versucht, sie hat Musik versucht, sie hat Literatur versucht und hat allerlei geschrieben, hat offensichtlich ein gewisses Talent für Stil gehabt. Sie hat ihren eigenen Stil gehabt, teilweise hat sie auch meinen Vater etwas parodiert. Aber sie hat halt nie die Energie gehabt, irgendetwas wirklich durchzuführen. Nie, nie, nie eine größere Arbeit gehabt. Auf keinem Gebiet.«[216]

Derweil war Erika unentwegt damit beschäftigt, Unterhaltszahlungen für Schriftsteller zu erwirken, die in die USA emigrieren konnten. Im Sommer 1941 bat sie einen unbenannt gebliebenen Mäzen um Unterstützung für folgende mittellose exilierte Schriftsteller: Bert Brecht, Alfred Döblin, Leonhard Frank, Ludwig Marcuse, Alfred Polgar und Wilhelm Speyer.

Aus dieser Liste ausschließlich großer Namen lässt sich ermessen, wie schwer es geworden war, als Schriftsteller in den USA ein menschenwürdiges Leben führen zu können. Die Kunst wurde dort im Wesentlichen durch Mäzene ermöglicht – oder sie beugte ihre Ansprüche dem kommerziellen Interesse. Bei Musikern oder bildenden Künstlern konnte man immerhin von einer Übertragbarkeit und »Verständlichkeit« der Kunstsprache im anderen Land ausgehen, jedoch bei Literatur? Wer traute es sich zu, so mir nichts, dir nichts in eine andere Sprache zu schlüpfen und darin literarische Werke zu erschaffen, womöglich auch noch erfolgreich?

Der Fall Thomas Manns lag insofern anders, als er erstens Erika und Katia hatte, daneben die anderen Kinder natürlich, die jedoch für ihn nur in eng umschriebener Weise tätig waren. Zweitens hatte er schon vor dem

Zweiten Weltkrieg Amerika besucht, war seit Jahrzehnten ins Englische übersetzt worden, hatte in seinem amerikanischen Verleger Alfred Knopf einen potenten Vermittler seiner Werke in die angloamerikanische Sprach- und Denkwelt gefunden, in Agnes Meyer eine großzügige Mäzenin, die verstanden hatte, wie wichtig dem Nobelpreisträger eine repräsentative Schaffensumgebung, das eigene Haus mit Garten, war.

Daher besprach man in der »Behelfsunterkunft« in der Amalfi Road Anfang Mai die Baupläne für das neue Haus am San Remo Drive, auch das war Thomas Manns Zuständigkeit. Die Kosten schnellten zu stark in die Höhe ...

Doch das war nicht das Schlimmste: Die beiden älter werdenden Ehepartner sahen einem Leben nur mit dem »armen Möndchen« an ihrer Seite nicht besonders freudig entgegen, zumal das Hauspersonal wieder einmal grauslig war ... Der Lichtblick für den Vater sollte die Aussicht auf das schönste Arbeitszimmer seines Lebens sein. Für die Beendigung seiner *Joseph*-Romane war ihm das natürlich wichtig, Thomas Mann arbeitete 1942 weiter an dem Werk, das für ihn die ihm gemäße, nämlich seine literarische Auseinandersetzung mit dem Judentum war. Es ist auch das Bekenntnis zu seiner Frau Katia und ihrer Herkunft – in Rahel, der Mutter Josephs, sieht man unstrittig ein Porträt Katias.[217]

Erika reiste Ende Mai noch einmal kurz nach San Francisco und Carmel, wohl auch, um sich im Gespräch mit Michael ein klareres Bild über »das Problem Moni« zu verschaffen, wie Thomas Mann im Tagebuch notierte.[218] Doch wie es seine Art war, steht dort nichts Genaueres, er notierte nur Erikas Bericht und Sorgen wegen ihrer neuerlich geplanten England-Reise. Für den 29. Mai hielt er dann fest, dass Medi (per Telefon?) eine »gute Lösung der Frage Moni« vorgeschlagen habe. Vielleicht schon jene Lösung der eigenen Wohnung für Monika, jedoch in der Nähe des Hauses der Eltern? Doch über den Geburtstag von Vater und Tochter Monika am 6. und 7. Juni hinweg blieb das Thema »Problem Moni« relevant. Er notierte: »Keine Wohnung für diese.« Das also war offenbar wirklich Medis kluger Vorschlag gewesen. Auf diesem Weg erschließt sich auch der Eintrag vom 12. Juni: »Ein Klavier-Zimmer für die arme Moni ist gefunden.« Aus diesem Detail mag man schließen, was sowohl im Hause der Eltern als auch im Hause des Bratschisten Michael Mann wahrscheinlich der Stein des Anstoßes gewesen war: Monikas Klavierspiel, das für sie ein Lebenselexier war und dem sie überall, wo sie lebte und wo die Gelegenheit dazu bestand, stets nachging. Vielleicht spielte sie jetzt sehr laut, ihre Gefühle verarbeitend, auch vielleicht zu Zeiten, da das Baby Frido schlafen sollte oder der Bruder selbst üben musste? Im Hause der Eltern der Vater schreiben musste?

Monika sei egozentrisch, schreiben die Bestimmenden in der Familie. Andererseits: Monika brauchte das Einzige, was ihr noch von ihrem früheren Leben geblieben war, das Klavierspiel. Also musste man es um des lieben Familienfriedens und der kreativen Ruhe von Thomas Mann willen aus dem Haus in Pacific Palisades auslagern, obgleich dort ein Flügel stand und dieses Haus sehr groß war. Aber offenbar auch sehr hellhörig.

Am 3. Juli 1941 ist im Tagebuch Thomas Manns der Einzug Monikas in ihre Wohnung, sprich »Klavier-Zimmer«, notiert. Das hinderte die Familie nicht daran, dass die eingespielte Lebensweise etwa mit gemeinsamen Spaziergängen fortgeführt wurde. Und Monika verbrachte viel Zeit bei den Eltern. Es scheinen Ausnahmen zu sein, wenn Thomas Mann im Tagebuch notiert, (die sonst so faule) Monika habe den Lunch zubereitet oder etwa auch bei größeren Essensrunden serviert.

Am 25. September 1941 erfolgte ein traurig stimmender Eintrag Thomas Manns ins Tagebuch: »Zerwürfnis K. [Katia] mit Moni – unvermeidlich, sobald man das Kind als vollsinnigen Menschen behandelt. Schwierigster Grenzfall.«[219] Das bedeutete also, dass Thomas Mann seine Tochter als nicht mehr »vollsinnig« (also im Rückschluss: fast »irrsinnig«, nicht mehr Herrin ihrer Äußerungen, von Kontrollverlusten gepeinigt?) ansah. Leider gibt es keine Aufschlüsse über die genauen Gründe des Zerwürfnisses, das dann dazu führte, dass Monika auch zwei Tage später, als ihr Bruder Michael mit Frau und dem kleinen Frido aus Carmel anreiste, nicht zum Essen erschien.

In der Adventszeit glätteten sich die Wogen wieder, Monika besuchte mit den Eltern die Aufführung eines Workshops von Max Reinhardt, und am nächsten Tag sorgte sie für den Lunch, da die Bedienung fehlte und die Eltern zu Abstimmungen mit den Handwerkern im neuen Haus waren.

Monika lehnte es übrigens trotz ihrer depressiven Verstimmungen anders als Erika, Klaus, Michael und sogar gelegentlich Golo strikt ab, sich mit »Mittelchen« aufhelfen zu lassen oder gar Drogen in ihrem Alltag zuzulassen. Lieber ertrug sie die Traurigkeit. Elisabeth hingegen scheint abgesehen von ihrer Pubertätsdepression als Einzige immer ein optimistisches Temperament gehabt zu haben, trotz der sich abzeichnenden Eheprobleme.

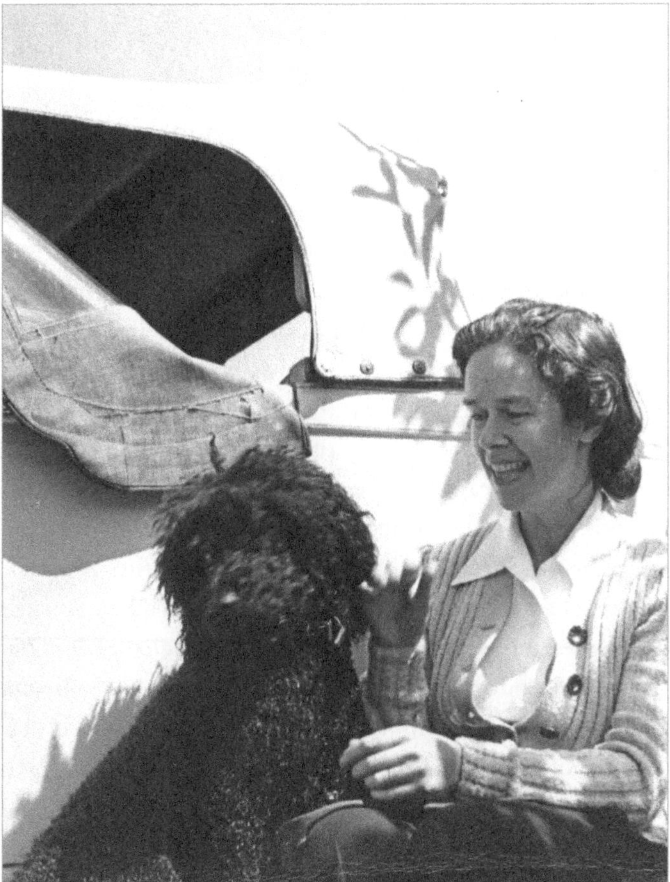

»Wie muß es ausschauen im Herzen, im Kopf der armen, unbarmherzig geschlagenen, zerschmetterten, vom Schicksal weggeschmißenen Moni?« Monika Mann mit Familenhund Niko in Pacific Palisades, Anfang der 1940er-Jahre

Erikas Mission

Erika war zwischen Juni und September 1941 erneut in London, um für die BBC und andere Auftraggeber, etwa den New Yorker *Aufbau* oder *Nation*, ein liberales Wochenmagazin, zu arbeiten. Anders als ihre sich um sie sorgende Familie genoss Erika die unmittelbare Gefahr. Besonders Klaus, mit dem sie zuletzt öfter Streit gehabt hatte, ängstigte sich um sie. Sie waren sich nicht mehr einig über politische oder Kriegsfragen, ebenso wenig über die Kommunisten unter den Emigranten. Erikas Aktivitäten machten Klaus neidisch, anders als er hatte sie ihre Rolle im Krieg gefunden: Sie warnte die Deutschen und mahnte die Amerikaner, in den Krieg einzutreten. Sie wurde eine begeisterte Rundfunk- und Zeitungsjournalistin. Ihre wie nebenbei erworbene britische Staatsangehörigkeit war die Voraussetzung dafür. Auch am Internationalen PEN-Kongress in London im September 1941 nahm sie teil und sprach über »Germany today and tomorrow«: Sie forderte eine militärische Abrüstung Deutschlands, dafür seine moralische Aufrüstung. Die Alliierten gemeinsam mit den Deutschen der Emigration hätten sich bei diesem Prozess aktiv zu beteiligen. Man könnte fast sagen, dass sich Erika Mann den Alliierten zu diesem von ihr beschriebenen Zweck andiente. In Amerika war es eindeutig das *Office of War Information* (OWI), für das Erika künftig zu arbeiten wünschte. Damals wurde es von dem bekannten Dramatiker Robert Sherwood geleitet. Erika kannte ihn gut.

Nachdem die Japaner Pearl Harbour am 7. Dezember 1941 bombardiert hatten, was den Eintritt der USA an der Seite der übrigen Alliierten in den Krieg provozierte, überspannte Erika die Nerven der Amerikaner jedoch: Sie forderte, dass nazifreundliche deutsche und österreichische Musiker (Komponisten oder Interpreten) nicht mit Plattenaufnahmen im amerikanischen Rundfunk präsent sein dürften. Statt ihrer sollten die emigrierten Künstler öffentlich in Amerika präsentiert werden. Erika Mann stand mit ihrer Ansicht nahezu allein. Selbst der bewunderte und geliebte Freund und Dirigent Bruno Walter sollte in Klaus Manns Zeitschrift *Decision* im Februar 1942 schreiben: »Ich kann nicht Meisterwerke der Kunst boykottieren, weil ich Person, Ansichten und Lebensweise des Komponisten, der sie hervorgebracht hat, verabscheue.«[220]

Erika hat keine Tagebücher hinterlassen, die ihre Gefühle angesichts der damals immer stärker werdenden Anfeindungen gegen sie wiedergeben könnten. Sie schrieb stattdessen immer und ausdauernd Briefe. In diesen machte sie sich über ihre Gegner lustig, wirkte überlegen. Im Alltag war sie atemlos, immer auf dem Sprung, beutete ihre Gesundheit aus, versteckte sich hinter der Behauptung, Geld verdienen zu müssen. Erika geriet in diesen Kriegsjahren immer stärker aus dem inneren Gleichgewicht. Sie verzettelte sich und vergeudete daher ihre enorme Begabung auf vielen Gebieten – der Kunst und des Journalismus, auch des Schauspiels. Letztlich war der Sektor »Politik« derjenige, in dem sie am ehesten noch Selbstwirksamkeit und Sinnerfüllung erleben konnte, obwohl sie, wie sie ja einsichtig selbst gesagt hatte, nie »ein politischer Kopf« war.

Seit Januar 1942 war sie im Amt des *Coordinator of Information* in New York tätig und veröffentlichte mit *A Gang of Ten* erneut ein Kinderbuch, das in »Erika-Manier« den Tod der Kinder auf der *City of Benares* thematisierte.

Das »Problem Moni« II

Am 9. Februar 1942 kam es erneut zur Auseinandersetzung bei den Manns mit Monika. Aber auch das renkte sich noch im selben Monat wieder ein. Da das die Manns bedienende »Emigrantenpaar« den Dienst aufkündigte, »aus Dummheit«,[221] wie Thomas Mann in gewohnt schonungsloser Ehrlichkeit schreibt, sprangen Eva Landshoff, die Frau von Fritz Landshoff, Moni und Golo zum Kochen und Servieren ein, denn Bruno Walter mit Frau und Tochter war zu Gast. Das neue Haus am San Remo Drive, in das man gerade gezogen war, wurde bewundert.

Im April, Michael mit Familie war erneut zu Besuch, redete dieser zunächst auf Monika ein. Thomas Mann äußerte sich dann so zu der Problematik Monika: »Sprach mit Erika, dann auch mit K. über diese und ließ meiner Erbitterung über ihre Existenz die Zügel schießen. Drang auf ihre Entfernung.«[222]

Was diese Erbitterung angeht, so kann erneut nur spekuliert werden, dass Monika mehr als eineinhalb Jahre nach dem Schiffsunglück kein neues Lebensziel anvisiert hatte, nicht auch nur ansatzweise für ihren eigenen Unterhalt aufkommen konnte und immer wieder durch Exzentrik, Faulheit, Aggressivität und Depressivität auffiel.

Ihr Geburtstag am 7. Juni 1942 wurde dennoch mit Geschenken und Glückwünschen im neuen Haus der Eltern begangen. Die Wogen schienen wieder geglättet. Und der Sommer ging mit Lesungen aus dem letzten Teil der *Joseph*-Romane im Familienkreis dahin, an denen Klaus, Erika, Golo und Monika teilnahmen. Die letzten Kapitel des Romans trug der Vater den vier älteren Kindern am 16. August vor, abschließen sollte er ihn im Januar 1943. Im Gefühl der Rührung und Freude darüber waren sich alle einig. Auch in der die Kriegsziele der Deutschen verdammenden Einschätzung und der Freude darüber, dass die Alliierten zunehmend siegreich waren, dass der deutsche Vormarsch in Russland ins Stocken geriet. Doch ein Kriegsende war noch nicht absehbar.

Für den 9. November 1942 ist im Tagebuch Thomas Manns einerseits der Abschied von Erika eingetragen – an ihrem Geburtstag, angetan mit einer Kette von Katia –, da sie in Los Angeles einen Vortrag halten musste, andererseits die Verabschiedung nach dem Lunch auch von Monika, die nach New York übersiedelte, um beim Pianisten Kurt Appelbaum Klavierstunden zu nehmen. Auch diese Neuausrichtung wurde von Thomas Mann finanziert, jedoch insgeheim als nutzloses Unterfangen eingeordnet. Es scheint naheliegend, diese Klavierstunden als therapeutische Maßnahme Monikas zu interpretieren, die bei Kurt Appelbaum und dessen Frau ein gern gesehener Gast, ja deren Freundin werden sollte. Bei seinem Besuch in New York gegen Ende des Monats traf Thomas Mann in alter Treue auch seine Tochter zum Lunch.

Monika suchte ein für sie gemäßes Leben. Die zielstrebigeren Familienmitglieder fanden das weltfremd und egoistisch. Sie jedoch sagte sich, sie wolle lieber nichts tun als das Falsche.[223] Und sie wechselte die Wohnsitze, kehrte öfter ins Elternhaus zurück und ging dann wieder nach New York. Zwei Jahre sollten so vergehen.

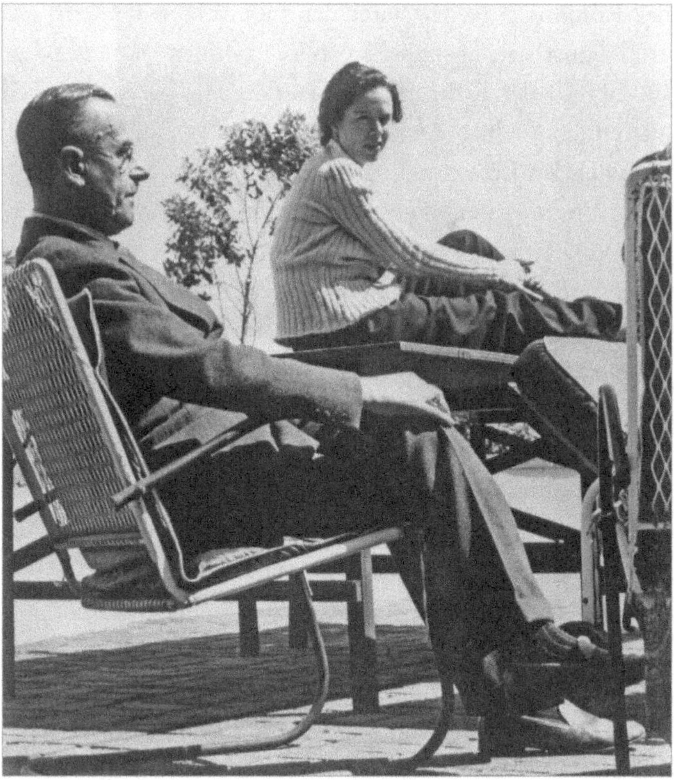

»Schwierigster Grenzfall.«
Thomas Mann mit seiner wenig geliebten Tochter Monika
Anfang der 1940er-Jahre in Pacific Palisades

Im März 1943 findet sich der nächste Eintrag im Tagebuch des Vaters, Monika betreffend: »Moni's [sic!] schlechtes Aussehen. Kummer.« Es fehlten den Eltern bei diesem Kind offenbar alle Instrumente oder empathischen Worte, vielleicht besser noch Gesten, die nötig gewesen wären, heilend zu wirken. Monika Mann in New York? In der Großstadt? Mit ihren Problemen? Dieses Wesen aus dem alten Europa, das überhaupt keinen Bezug mehr zur Realität hatte ... schwer vorstellbar. Neben Kurt Appelbaum und seiner Frau hatte sie dort immerhin noch andere Freunde gefunden.

Erikas Kriegsdienst für die USA

Anfang 1943 hatte Erika einen neuen Plan gefasst. Klaus war im Jahr zuvor nach mehreren gescheiterten Anläufen doch noch erfolgreich in die amerikanische Armee eingetreten. Nun wollte auch sie die USA im Krieg unterstützen, zumindest in der Sommerperiode, wenn keine *lectures* stattfanden. Sie heuerte bei gleich drei amerikanischen Zeitungen an, dem *Chicago Herald Tribune*, dem kanadischen *Toronto Star Weekly* und der Wochenzeitschrift *Liberty Magazine*. Erneut also konnte sie nach Europa reisen, an die wichtigen Kriegsschauplätze, und zwar offiziell, als Angehörige der US-Armee. Das erste Ziel war im April 1943 wieder London. Als Kriegsberichterstatterin in Uniform bewegte sie sich mit der Ninth US-Army außerdem in zahlreichen Ländern des Nahen und Mittleren Ostens, reiste nach Ägypten, Marokko und Algerien, in den Iran, den Irak, nach Palästina. Man riet ihr zu einem journalistischen Genre, das ihr lange schon vertraut war:

die selbst erlebte abenteuerliche Reportage. Erika lieferte immer pünktlich und verdiente gut. Doch für die Ungeduldige war es widrig, lange in Hotels in Warteposition zu verharren, bis der gesuchte Gesprächspartner aufkreuzte ... oder auch nicht. Außerdem sah sie sich mit Ressentiments ihrer ausschließlich männlichen Gesprächspartner gegenüber weiblichen Kriegskorrespondenten konfrontiert.

Erika war mit ihren journalistischen Ergebnissen unzufrieden, die ihr aufgetragenen Interviews fand sie langweilig. Dennoch: Sie erlebte hautnah Kriegs- und Weltgeschichte. Sie brauchte immer den nächsten Kick, die größere Herausforderung und reiste deshalb in ihrer amerikanischen Uniform, aber letztlich auf eigene Faust, nach Tel Aviv und Jerusalem. Vor der Journalistenvereinigung in Tel Aviv sprach sie über das Werk ihres Vaters – das lag nahe wegen der *Joseph*-Romane. Nach der Lesung konnte sie zudem den Journalisten ihr Hauptanliegen darlegen: eine Nachkriegsordnung für Palästina. Alle Bewohner des Heiligen Landes, so Erikas Vision, sollten einträchtig dort leben können. Sie versprach, an einer solchen Ordnung selbst mitwirken zu wollen. Das überzeugte die Zuhörer.[224]

Es waren vielfältige Probleme, die das damalige Palästina bedrängten und Konflikte hervorbrachten, immer mehr verfolgte jüdische Menschen kamen nach Palästina. Wie sollte da ein Gleichgewicht zwischen muslimischen, christlichen und jüdischen Menschen möglich sein? Erika Mann sprach selbst mit David Ben-Gurion.

In ihrem Bericht *Pulverfass Palästina* beschrieb sie zunächst die historische Situation. Dass die Juden seit mehr als 2000 Jahren in Palästina gelebt hätten, die Araber erst seit 1300 Jahren.[225] Sie eruierte dann die Frage, ob Palästina derzeit sich selbst überlassen oder weiterhin unter britischem Mandat bleiben solle. In Palästina wünsche man sich eine Kooperation der USA mit Großbritannien. Und letztlich gebe es fünf am stärksten diskutierte Varianten für eine langfristige Lösung: 1. Palästina als unabhängiger arabischer Staat. 2. Ein unabhängiger jüdischer Staat. 3. Eine Teilung des Landes. 4. Ein unabhängiger Zweivölkerstaat, in dem die jüdische Bevölkerung maximal bis zu 50 Prozent anwachsen dürfte. 5. Ein unabhängiger Zweivölkerstaat, der die Einwanderung aus rein ökonomischen Gründen begrenzte.

Damals sah Erika Mann die 5. Lösung als die einzig praktikable an, die auch die größte Gerechtigkeit verspreche. Sie argumentierte so: »Tatsächlich sind die Vorteile, die Lösung Nummer fünf bietet, erheblich. Sie würden den Juden die nationale Heimstatt geben, nach der sie sich so sehnen – und – die Leiden, die ihnen unsere faschistischen Feinde aufgebürdet haben, rechtfertigen es durchaus, dass die Juden ein gewisses Maß an Hilfe und Trost bekommen. Lösung Nummer fünf könnte dazu beitragen, Palästina lebensfähig zu machen, zu einem Partner, mit dem wir Handel treiben können, ein stabilisierendes Element im Nahen Osten. Ein solches Palästina wäre politisch und militärisch vollkommen verläßlich; es wäre ein Verbündeter, auf den die Vereinten Nationen zählen könnten.«[226]

Im Oktober 1943 kehrte sie in die USA zurück, um wieder als *lecturer* zu reisen. Schon jetzt wusste sie: Im kommenden Jahr wollte sie wieder als Kriegskorrespondentin in der Welt unterwegs sein.

Erika Mann wurde im langen räumlichen Abstand von der Heimat immer eigenwilliger, ja geradezu aggressiv Deutschland gegenüber. Auch Initiativen, die für eine Nachkriegssituation gedacht waren, lehnte sie ab, Vereinsgründungen, die zum Ziel hatten, eine Neuordnung Deutschlands zu initiieren, auf friedlichem Hintergrund, fast am meisten. Es ist klar, dass sie mit einer solchen Haltung keine Freunde gewinnen konnte. Ihr Vater stand jedoch unverbrüchlich zu ihr. Als ihr alter *Pfeffermühlen*-Kollege Walter Mehring ihr eine Liste mit Kritikpunkten an ihrer Position zusandte, die mit Punkt sieben endete: »Sie sind nicht objektiv«[227], wurde ihr jedoch einiges klar. Dennoch verbiss sie sich immer wieder neu in persönlichen Hass, den sie theoretisch zu untermauern versuchte.

Tatsächlich war sie im Folgejahr wieder als Kriegsberichterstatterin unterwegs. Erika erlebte die Landung der Alliierten in der Normandie am 6. Juni 1944, den sogenannten D-Day, sowie die Befreiung von Paris mit. Sie war danach in Brüssel, Antwerpen und Aachen, immer in Uniform. Sie sprach mit Mitgliedern der französischen Résistance, aber auch mit Kollaborateuren und deutschen Kriegsgefangenen in Frankreich, die immer noch an den Endsieg Hitlers glauben, und schickte ihre Interviews und Reportagen nach Amerika. Ende Dezember 1944 kehrte sie erneut aus Europa nach New York zurück, um ihre *lecture-tour* anzutreten.

Nach dem Krieg
1945–1955

Das Kriegsende in Europa

Das Ende des Krieges am 8. Mai 1945 und die bedingungslose Kapitulation Nazideutschlands wurden allseits bejubelt und auch im Hause Mann mit großer Erleichterung aufgenommen.

Thomas Manns 70. Geburtstag am 6. Juni 1945 brachte ihm Monika und Erika ins Haus. Er arbeitete seit 1943 am *Doktor Faustus*, seinem wohl komplexesten Werk, zu dem ihm seine Musiker-Freunde in den USA, Schönberg und Adorno, erhebliche Hilfestellungen leisteten und zu dem ihn auf der Figurenebene besonders sein bildhübscher kleiner Enkel Frido inspirierte.

Monika hatte kurz zuvor in einem Monat ihr *New Yorker Tagebuch* in englischer Sprache verfasst.[228] Es wurde ihr allmählich deutlicher, dass sie von allen Kunstformen, die sie sehr intensiv kennengelernt hatte, doch am ehesten in der Literatur heimisch werden wollte. Interfamiliär war das die schwierigste Wahl und führte auch in der Folge zu extremen Verwerfungen mit Erika, der Mutter und dem Vater.

Erika brach anschließend wieder nach Europa auf und sagte diesmal ihrem Agenten für die *lecture-tour* im Winter erstmalig ab: Einmal wieder Weihnachten in Zürich feiern, das war zu verlockend! Aber zuvor mutete sie sich zu, das zerstörte Deutschland, München mit der vom Krieg gezeichneten »Poschi«, Berlin, Weimar und andere Städte anzusehen, das ganze Elend der Menschen wahrzunehmen. Sie trug weiter Uniform und tat, als wäre sie Amerikanerin, sprach so gut wie nie deutsch. Alle Deutschen, die sie traf, und es waren viele, beteuerten, nie Nazis gewesen zu sein. Sie hätten sich nur immer von Nazis überwacht gefühlt und sich deshalb nie auflehnen können gegen diese Diktatur. Eine solche in ihren Augen feige und verlogene Haltung war für Erika schmachvoll. Die »innere Emigration« von Dichtern wie Ernst Wiechert und Werner Bergengruen sah sie als unerträglich an. Dass es noch nicht einmal neue »entnazifizierte« Fibeln für die Erstleser im besetzten Deutschland gab, schockierte sie geradezu, sie, die noch an die Kraft der Bildung glaubte.

Ihre Teilnahme an den Nürnberger Prozessen als amerikanische Kriegsberichterstatterin in einer Gruppe von ca. 400 Journalistinnen und Journalisten aus der gesamten Welt[229] war ihr besonders wichtig. Am 22. August schrieb sie an ihre Mutter und berichtete darüber: »Meine letzte Fahrt ging nach Bad Mondorf, wo ich den ›Big 52‹ einen Besuch abstattete.« So wurden die 52 deutschen Kriegsverbrecher bezeichnet, die die US-Armee nach Kriegsende in einem abgeriegelten Kurhotel in Luxemburg interniert hatte: Militärs, Karrieristen und flammende Antisemiten. »Ein gespenstischeres Abenteuer ist nicht vorstellbar. Göring, Papen, Rosenberg, Streicher, Ley – tout le horreur monde [sic!] (einschließlich Keitel, Dönitz, Jodl etc.) eingesperrt in einem ehemaligen Hotel, das zum Gefängnis gemacht wurde und aus dem seine Insassen ein regelrechtes Irrenhaus gemacht haben.«[230]

Der erste Prozess begann am 20. November. Göring

sei am meisten erregt gewesen und sagte hinterher, hätte Erika Mann sich ihm vorgestellt, hätte er ihr alles erklärt. Vor allem hätte er, wenn er den Fall Mann bearbeitet hätte, die Sache anders gehandhabt, da ein Deutscher von Thomas Manns Format dem Dritten Reich sicherlich hätte »angepaßt« werden können.[231]

Die unglaubliche Anspannung, der ungesunde Lebensrhythmus, das ewige Unterdrücken von Erkältungen, Schlafmangel und anderen Beschwerden führten mit den Jahren zu einem Kräfteabbau bei Erika: Seit dem Kriegsende hatte sie ernsthafte Gesundheitsprobleme. Zunächst wurde noch nichts Spezifisches diagnostiziert, doch immer öfter wurde sie krank. Sie reiste dennoch ununterbrochen. In ihrem Brief vom 20. September 1945 an die Mutter musste sie sich erneut für ihre Schreibfaulheit und ihren mangelnden Familiensinn rechtfertigen, der es ihr unmöglich machte, sich mit Golo in Verbindung zu setzen, als sie in Frankreich und Luxemburg weilte, während er auf dem Weg von London nach Deutschland war. Katia konnte offenbar nicht verstehen, dass unter den Bedingungen des zerstörten Nachkriegseuropas schon das Postieren eines Briefs ein logistisches Unterfangen war. Erika war es nicht egal, was Katia von ihr dachte und über sie schrieb, und beredt hielt sie dagegen. Aber die Anforderungen der Eltern waren hoch – und dass Monika diesen nie gewachsen war, wird auch vor diesem Hintergrund noch einmal deutlich.

Das Schicksal ihres Ex-Ehemanns Gustaf Gründgens vermerkte Erika immerhin in einer Reportage: »Die ›Entnazifizierung‹ – soviel ist bekannt – ist bei den Deutschen höchst unbeliebt, und sie laßen keine Gelegenheit aus, ihre ›Opfer‹ und ›Überlebenden‹ lautstark, gezielt und aggressiv zu feiern. Um nur ein Beispiel zu nennen, haben sie dies im Fall von Gustaf Gründgens getan, dem Schauspieler, Regisseur, Nazi-›Staatsrat‹, Senator und engen Freund Görings, als ihm die Russen schließlich erlaubten, wieder in Berlin aufzutreten. Sie haben es im Fall von Dr. Furtwängler getan, dem Lieblingsdirigenten Hitlers, einem musikalischen Aushängeschild des Dritten Reiches im Ausland.«[232]

Ihren 40. Geburtstag verbrachte Erika am 9. November 1945 im geliebten Münchner Hotel Vier Jahreszeiten, allein, ohne Klaus an ihrer Seite – sie hatten sich zuletzt öfter verpasst. Doch zu Weihnachten trafen sie sich in Zürich. Auch Therese Giehse, weiter am Zürcher Schauspielhaus engagiert, stieß dazu. Elsa Walter war im vergangenen Jahr gestorben, sodass Erika auf eine Intensivierung und Wandlung der Beziehung zu Bruno Walter hoffte ... Aber es änderte sich nichts. Erika wusste außerdem, dass sie sich einer Operation unterziehen musste, die sie im Brief an Klaus drei Jahre später als »Weiberaffäre größeren Stils«[233] beschreibt. Beide Themen deprimierten sie – und ihre Leiden an dieser nicht im gewünschten Maße verstetigten Beziehung zu Walter sollten bis 1948 dauern. Da sollte sich Walter entscheiden, das Verhältnis zu ihr auf eine freundschaftliche Basis zu stellen, weil er die Münchner Sopranistin Delia Reinhardt nach Kalifornien holte – denn sie war es, der seit Längerem schon seine Liebe galt.

Die Nachkriegszeit in Amerika

Katia und Thomas hörten währenddessen seit einiger Zeit aus Chicago, wo Elisabeth mit ihrem Mann und den zwei kleinen Töchtern lebte, von Ehekrächen. Borgese war eifersüchtig auf Elisabeths wachsende Erfolge in der von ihm selbst angeregten Arbeit – für ihn und seine Projekte. Auch war er prinzipiell auf Männer in Elisabeths Umgebung eifersüchtig, noch ohne eigentlichen Grund.

1946 begann Medis Ehemann, seinen visionären Entwurf einer Verfassung für die gesamte Welt zu konzipieren. Dafür hatte er ein Komitee gegründet und in dem Bildungstheoretiker und Kanzler der Universität Chicago Robert M. Hutchins einen Unterstützer gefunden. Internationale Wissenschaftler aus Amerika, Deutschland, Frankreich und Italien gehörten zu dem Komitee. Eine Zeitschrift mit dem Titel *Common Cause* flankierte das Projekt.

Die Töchter waren im Kindergarten bzw. in der Schule, und so nahm Elisabeth an allen Projektbesprechungen teil und war wissenschaftliche Mitarbeiterin, ohne jemals ein einziges Semester studiert zu haben. Doch wie souverän sie Inhalte mittlerweile vortrug, imponierte den anderen Fellows des Instituts. Sie schrieb Konzepte und war begeistert von der Sache: gegen das Wettrüsten angehen, gegen wirtschaftliche und soziale Ungerechtigkeiten weltweit ... Es war ein utopischer Entwurf, dem etwa auch Albert Einstein, Bertrand Russell, Jean-Paul Sartre, Mahatma Gandhi und Indiens Präsident Nehru zustimmten.

Thomas Mann litt unterdessen extrem unter nächtlichem Husten, Kopfschmerzen, starker Müdigkeit und weiteren Symptomen. Das könne nichts Banales sein, befand Katia und wohnte auch allen Untersuchungen bei. Nur sie sprach mit den Ärzten: Es handelte sich um ein Lungenkarzinom, der Patient durfte aber von diesem Befund nichts erfahren, entschied Katia. Alle Kinder waren hingegen eingeweiht, dass eine lebensentscheidende, noch wenig erprobte Operation für den »Zauberer« bevorstand:

Ein Teil von Thomas Manns Lunge sollte operativ entfernt werden. Die Ärzte sollten dem Dichter gegenüber von einem Schatten auf der Lunge sprechen. So willigte er in eine Operation ein, deren eigentlichen Sinn er nicht kannte. Elisabeth hatte im renommierten Billings Hospital in Chicago einen Operateur gefunden, der ihren Vater mit seiner neuartigen Methode operieren wollte. Der große Eingriff gelang, und Thomas Mann konnte Ende Mai 1946 wieder zurück nach Pacific Palisades reisen. Niemals erfuhr er von einem Familienmitglied oder einer anderen Person auch nur ansatzweise von seinem Karzinom ...

Ende August begann er, mit Erika an den Kürzungen des Opus magnum, des *Doktor Faustus* zu arbeiten – ein für ihn schwieriges Unterfangen, dem sie mit viel Verständnis, Fingerspitzengefühl und Humor nachging. Wie die meisten Leser war sie besonders fasziniert von dem »Echo«-Kapitel. Erika gestand, geweint zu haben bei der Lektüre, und beruhigte den Vater dahingehend, dass das Buch schon so gut wie fertig sei. Diese Zusammenarbeit mit Erika wird etwa vom Vater in der 1949 erschienenen Schrift *Die Entstehung des Doktor Faustus. Roman eines Romans* eigens gewürdigt.

Am 31. Januar 1947 erhielt das »keen glorious child« Erika ein Telegramm ihres Vaters, dass der *Doktor Faustus*, der im Oktober 1947 im Verlag von Bermann Fischer erscheinen sollte, beendet sei, und sie telegrafierte überglücklich zurück. Erika war die Hauptleserin des Vaters, seine Lektorin vor dem Verlagslektorat, und sie erhielt als »Weihnachtsgeschenk« zehn Kapitel des Romans per Post nach New York. Jetzt plante sie sogleich mit dem Vater die nächste Europareise, wollte diese aber auf drei, höchstens vier Termine beschränken, denn sie wollte vermeiden, dass der Vater sich gesundheitlich übernahm. Doch die »Repräsentanz« nach geleisteter Arbeit freute ihn, und Erika begleitete ihn neben Katia.

Nach Deutschland reiste Thomas Mann nicht. Die Reise führte am 11. Mai 1947 nach London, am 24. Mai ging es nach Zürich und am 21. Juni in den Luftkurort Flims in Graubünden. Am Schluss kam noch eine Erholungspause in Noordwijk aan Zee in den Niederlanden hinzu. Die Eltern waren am 29. August wieder in New York, während Erika noch einen Aufenthalt in der Tschechoslowakei und in Polen anschloss.

Die Deutschen warfen Thomas Mann nun immer wieder vor, dass er nicht in seine Heimat zurückkehrte. Erika warnte ihren Vater vor einer Rückkehr, ihre Abneigung gegen Deutschland war immer noch extrem stark.

Monika war in der Nachkriegszeit nach wie vor das familiäre Hauptproblem. Sie störte einfach. Sie entsprach nicht den Anforderungen, sie machte nichts aus ihrem Leben ... Sie musste weg, aber wohin? Das Jahr 1947 hielt für sie eine Liebeserfahrung mit dem Schweizer Drehbuchautor Richard Schweizer bereit: Er brachte sie zum Lachen, gab ihr viel Lebensfreude zurück, und sie blieb ihm nach der Affäre verbunden. Auch für die übrige Familie Mann blieb er, nachdem er sich 1956 stark für die Gründung des Thomas-Mann-Archivs an der ETH Zürich eingesetzt hatte, bis zu seinem Tod 1965 ein guter Freund.

Erika als Adjutantin

Der »Zauberer« bemerkte die wachsende berufliche Orientierungslosigkeit Erikas als Erster und machte ihr das

Angebot, ihre ohnehin lange schon wirksame Unterstützung seiner Arbeit auszubauen, indem er sie als »Sekretärin, Biographin, Nachlaßhüterin, Tochter-Adjutantin«[234] reklamierte und sie damit in das Wohnumfeld der Eltern zurückholte. Dieser Entschluss stammte bereits vom 1. Februar 1948. Ob damit ein »Gehalt« für Erika verbunden war, ist nicht ermittelbar, davon kann aber ausgegangen werden. Kleine Versuche, sich beruflich noch anders zu orientieren, unternahm Erika, doch grundsätzlich stimmte sie dem Vorschlag zu.

Die Eltern wussten und akzeptierten widerwillig, dass Erika mittlerweile viele Mittel benötigte, um zu funktionieren: Schlafmittel (die sie selbst auch anwendeten), dann Aufputschmittel, um die Müdigkeit zu bannen, und Alkohol. Immer wieder auch Schmerzmittel wie Morphium, mit den Jahren immer höhere Dosen. Tagsüber hatte Erika dies im Griff, abends jedoch war es immer schwerer für sie zu kontrollieren, doch das wurde diskret beschwiegen.

Paraldehyd, das sie regelmäßig einnahm, führt auf Dauer zu Knochenerweichung – diese Krankheit sollte sie innerhalb weniger Jahre von ihren geliebten Sportarten trennen, auch das Gehen wurde schwierig.

Familienfeier mit Problemen

Monika kam im Sommer 1948 nach Pacific Palisades, denn Katia Manns 65. Geburtstag stand an. Sie war treu wie alle ihre Geschwister. Erika zog daher vorübergehend aus. Auch die anderen Kinder reisten an. Gret und Michael mit Tony und Frido trauten sich nicht, am späten Abend im Elternhaus einzutreffen, und schliefen deshalb am Strand.

Elisabeth reiste nur mit den Töchtern, ohne den Ehemann nach Kalifornien. Ihre Ehe war in extremer Schieflage. Zwei Jahre lang hatte Borgese die Weltverfassung erarbeitet. Und das Vorwort für die deutsche Ausgabe des Entwurfs verfasste immerhin Thomas Mann.[235] Die vier Elemente, Wasser, Erde, Luft und Feuer, also Energie in allen Formen, werden darin als Gemeinschaftsgüter der gesamten Menschheit angesehen, doch die Zeit für diese Vision war damals noch nicht reif. Wird sie jemals reif dafür sein?

Klaus stand erneut schwer unter Morphium und Atropin. Am 11. Juli versuchte er sich in seiner Wohnung in Santa Monica das Leben zu nehmen. Eine Nachbarin roch das Gas, das er aufgedreht hatte, und rief den Notarzt. Klaus konnte gerettet werden, zweimal, doch die Eltern zeigten beide herzlose Reaktionen: Selbstmord als unelegantes Sterben sei abzulehnen, äußerte Thomas Mann. Und ergänzte: »Das macht die Kröger«, da Heinrichs zweite Frau Nelly Kröger-Mann sich 1944 mit Schlaftabletten das Leben genommen hatte. Katia widersprach Thomas im Grunde, indem sie Klaus die Herrschaft über sein Leben oder seinen Tod zubilligte und lediglich kritisierte, dass er den Selbstmordversuch stümperhaft durchgeführt hätte.[236]

Monika konnte nur mit Tränen auf das Geschehen reagieren. Das wurde ihr angekreidet. Auch Katias Geburtstag am 24. Juli konnte sie nicht fröhlich mitfeiern, sondern nur leidend, verstört ... und kritisch, denn: Klaus war wieder dabei, mit Verbänden an den Handgelenken. Als wäre nichts geschehen. Fröhlich. Alles Theater bei den Manns, mag sie gedacht haben.

Am Geburtstagsabend notierte Thomas Mann im Tagebuch, nachdem er das Schwatzen der übrigen Kinder im *living room*, auch das Entschwinden Erikas mit »Walters« vermerkt hatte: »Moni verstört und leidend aussehend, dabei kritisch, – unselig. Armes Kind. Wünsche sehr ihre Niederlassung in der Schweiz.«[237]

Die gesamte Familie fand Monika während der gemeinsamen Tage zu anstrengend, um sie noch weiter im Hause zu dulden. Ein anthroposophisches *guest house*, der Ananda Ashram in La Crescenta bei Los Angeles, in dem schon Thomas Manns Bruder Heinrich 1944 eine Kur gemacht hatte, wurde ausersehen für ihre »Kur«, und Schwägerin Gret erhielt die Aufgabe, die »Expedierung« durchzuführen. Thomas Mann kommentierte lapidar: »Moni nach arger Szene, blödem Gebahren, von Gret zu größter Erleichterung K.'s expediert.«[238]

Frido, damals acht Jahre, erlebte die Szene mit, die zu dieser »Maßnahme« führte, und beschrieb sie auch in seinem autobiografischen Buch *Achterbahn*: »In meinem Gedächtnis voll präsent ist nur eine mir sehr nachgehende, furchtbare Szene im Haus, die 1948 stattgefunden haben muss, als Monika in einem anthroposophischen Heim untergebracht werden soll. Ich verfolge vom *living room* aus eine dramatische Auseinandersetzung zwischen ihr und ihren Eltern im anliegenden Esszimmer. Dabei sehe ich nur sie. Ihre Eltern sind durch die halb zugezogene Schiebtüre zum Esszimmer verdeckt. Von meiner Großmutter höre ich donnerndes Gebrüll, während mein Großvater schweigt. Monika stampft schluchzend und schreiend mit dem Fuß auf. Der Inhalt des schrecklichen Streits ist völlig nebensächlich. Ich höre nur heraus, dass Monika das Haus verlassen soll.«[239]

Dem *guest house* entfloh Monika wenig später und ging für den Rest des Jahres zu Bekannten nach Los Angeles.

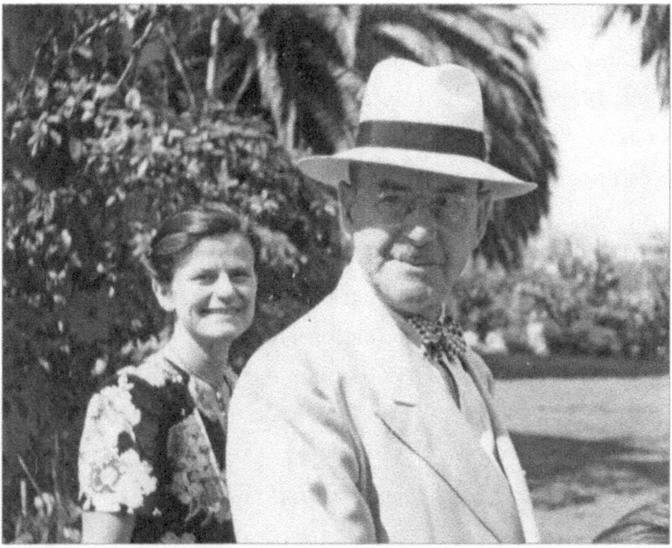

Der »Zauberer« mit seiner Lieblingstochter Elisabeth Mann Borgese, 1946 in Pacific Palisades

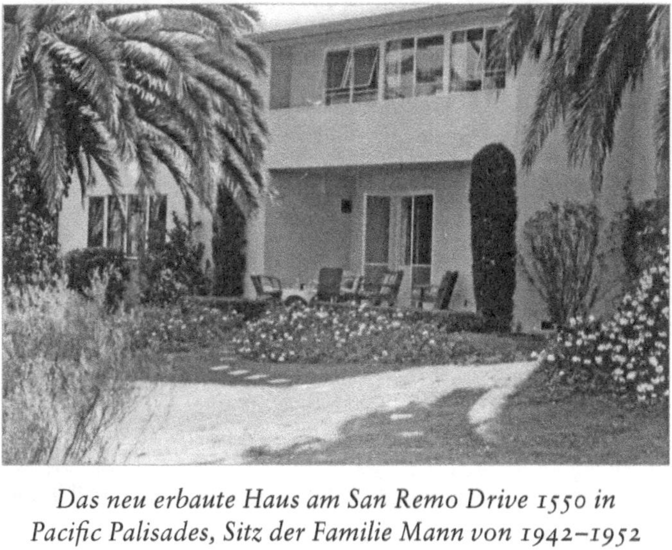

Das neu erbaute Haus am San Remo Drive 1550 in Pacific Palisades, Sitz der Familie Mann von 1942–1952

Doch Weihnachten verbrachte sie wieder bei den Eltern. Sie wehrte sich gegen Maßnahmen, die die Eltern für sie treffen wollten, und verzog sich einige Wochen später nach New York. Es folgte eine neue Phase der rastlosen Ortswechsel für sie: Verheiratete Freunde wie Hermann Kesten oder Charles Neider wurden eingeladen, mit ihr eine Wohnung zu teilen, und in ihrer Vorstellung kamen weder Amerika noch Europa als künftige Lebensorte infrage. Sie schrieb offen, dass sie orientierungslos sei. Sie schrieb es, weil sie zum Telefonieren nicht die Kraft habe, keine Stimme habe, aus Gründen der »Entwurzelung«.[240]

Erika als vermeintliche Stalinistin

Für Erika gab es nur noch wenige *lecture*-Termine. Diese widmete sie zwei neuen Themen, dem Ost-West-Verhältnis und der schwelenden Frage nach der sowjetischen Atombombe sowie dem jüngsten Essay ihres Bruders Klaus, *Die Heimsuchung des europäischen Geistes*, den sie zumeist wörtlich vortrug. Er schildert darin seine pessimistische Sicht auf die europäischen Intellektuellen in der Nachkriegswelt, das Auseinanderfallen aller geistigen Solidarität zugunsten isolationistischer Abschottung. Erika forderte die Intellektuellen auf, wach zu werden. Doch wen an amerikanischen Colleges oder in evangelikalen Kreisen sollte ein solcher Vortrag interessieren? Sie ersehnte sich ein Abkommen zwischen Ost und West mit dem Ziel allmählicher Abrüstung, und in diesem Sinne sprach sie auch immer wieder mit ihrem Vater.

In diesem Jahr wurde allerdings der Öffentlichkeit und vor allem auch den Überwachungsorganen und der

Presse suggeriert, dass Erika Mann eine Befürworterin der stalinistischen Politik sei. Zu einem Podium nach Stockton am 9. August 1948 eingeladen, das die schwierige Berlin-Situation zum Thema hatte, war ihr die Rolle zugefallen, die sowjetische Haltung in der Berlin-Frage zu erläutern. Gerade in der deutschen Presse wurde Erika Manns Auftritt angeprangert, da sie zwar auch die russische Haltung kritisierte, die der Westmächte jedoch nicht minder, die aufgrund der Währungsreform ja bereits dabei seien, einen einheitlichen westdeutschen Staat zu bilden, ganz gegen das Potsdamer Abkommen. Gefragt, was in dieser Situation zu tun wäre, skizzierte sie drei Möglichkeiten: Entweder müsse Amerika Berlin aufgeben oder es müsse Krieg um Berlin führen. Beides sei abzulehnen, nur eine dritte Möglichkeit sei anzustreben, nämlich sich mit Moskau über Berlin zu einigen. Ihre Position sei stalinistische Propaganda und sie sei zudem bei Wilhelm Pieck und Otto Grotewohl in Ostberlin eingeladen gewesen, behauptete die damalig lizenzierte Presse in Westdeutschland. In Wahrheit hatte sie die DDR-Machthaber nie persönlich getroffen. Besonders scharf war der Leitartikel des Chefredakteurs des Münchner *Echo der Woche* vom 22. Oktober 1948: Harry Schulze-Wilde bezeichnete Erika als stalinistische Agentin, auch ihr Bruder Klaus sei in das stalinistische Komplott verstrickt, das darauf abziele, Berlin und ganz Deutschland unter kommunistische Herrschaft zu bringen.[241]

Erika und Klaus reagierten zwar, schrieben einen detaillierten Gegenartikel im *Aufbau*, doch eine Richtigstellung durch Schulze-Wilde selbst unterblieb. Die Amerikaner schalteten sich nicht zu ihren Gunsten bei der Münchner Zeitung ein, was sie gekonnt hätten – und so war Erikas und Klaus' Ruf in Deutschland beschädigt. Auch ihr Versuch, gegen den Chefredakteur zu prozessieren, misslang, schon ihr Anwalt hatte starke Bedenken. Es wurden nun sowohl in Amerika als auch in Deutschland weitere Indizien für Erika und Klaus Manns vermeintlich stalinistische Haltung gesammelt. Dafür sprachen auch ihr früher Antifaschismus und ihre »Teilnahme« am Spanischen Bürgerkrieg.

Der Tod von Klaus Mann

Monika reiste mit ihrem Bruder Michael im Frühling 1949 nach Europa. Sie wollten Klaus treffen, der inzwischen in Frankreich lebte. Doch dazu kam es nicht, denn er nahm sich am 21. Mai 1949 in Cannes das Leben, nachdem er sich zwischen dem 5. und 15. Mai in der Nizzaer Klinik St. Luc einer letzten Entziehungskur unterzogen hatte. Erika war mit den Eltern nach Stockholm gereist. Am Grab in Cannes stand letztlich nur Michael, der für seinen ältesten Bruder Bratsche spielte ...

Erika hatte sich in den letzten Kriegsjahren innerlich mehr und mehr von ihrem Bruder, der einst so etwas wie ihr Alter Ego gewesen war, entfernt und war erneut in die elterliche Welt zurückgekehrt. Dieser Weg hatte Klaus aufgrund seiner inneren Verfassung nicht offengestanden, da er fast lebenslang um eine Existenz als Schriftsteller aus eigener Würde gerungen und versucht hatte, aus dem Schatten des »Zauberers« hervorzutreten. Hinzu kamen in den letzten Lebenswochen massive Geldnöte, die er Erika noch anvertraut hatte.

Erika erahnte Klaus' akute psychische Gefährdung und

schrieb ihm im Mai 1949 noch einen langen Brief aus London. Sie versucht darin, an die unbeschwerte Kunstsprache, gemischt mit englischen Brocken, eingefügt in die deutschen Sätze, anzuknüpfen, versuchte erneut, Leichtigkeit, Jugend und Unbekümmertheit zu suggerieren wie einst, als sie mit ihm um die Welt gereist war. Ein Satz aus diesem Brief lässt immerhin aufhorchen, er bezieht sich auf die unverminderte Freude des Vaters an der »Repräsentanz«, denn er hatte in Oxford an der Universität die Ehrendoktorwürde erhalten, und Katia und Erika waren an seiner Seite gewesen. Dazu schreibt Erika: »Derlei mitzumachen, wenn man selbst der Gefeierte ist, ist leidig und ermüdend genug. Hockt man nicht im Zentrum, ist es *noch* anstrengender, wiewohl des lieben und (dreimal geklopft) mysteriös dauerhaften Z. gewaltiger Ruhm mir Spaß macht, und umso größeren, als er *ihm* in der Hauptsache unseretwegen einiges bedeutet.«[242]

Was aber hatte das zu bedeuten? Dass der Vater im Wesentlichen schrieb der Familie wegen? Um deren Ansprüche zu befriedigen? Damit die Familie stolz auf ihn war? War das ein letzter Appell an Klaus, auch diesen Aspekt seines Handelns immer zu bedenken? In der Jugendsprache von einst appellierte Erika denn auch in ihrem Brief an Klaus, die Finger fürderhin vom Rauschgift zu lassen, ja, sie ging mit ihm, wie nur sie es vermutlich durfte, ins Gericht: »Ob Du denn zu irgend einem Zeitpunkt, seit Du mir in Inglewood dies und das versprachst, ein bißchen Glück gehabt hast, mit der Arbeit? Ach, vermutlich schlecktest Du ohn' jedweden Unterlaß, und wenn Sie Schlafmittel nehmen, wie wollen Sie denn dann schlafen? Und jetzt, sehr natürlich, bist Du reduziert und verdrüßlich und, wenn's nicht gleich geht wie aus der Pistole geschoßen, redest Du

Dir ein, es gehe überhaupt nicht und das reduziert und verdrüßt Dich dann um ein Vielfaches; wenn ich mir's nur nicht so haargenau vorzustellen vermöchte!«[243]

Daraufhin machte sie einen konstruktiven Vorschlag, bot eine Perspektive für Klaus: einen Erholungsaufenthalt in der Schweiz oder in Österreich, gemeinsam mit ihr. Um dabei »gesunden fun« zu haben. Sie kommt auf den nächsten Coup zu sprechen, den sie gelandet hat, und ist schließlich stark in Eile, weil sie mit »Z.« im House of Commons einige Parlamentsmitglieder treffen muss. Auch der Jugendfreundin von Klaus, Doris von Schönthan, die sich in den letzten Wochen um Klaus gekümmert und Erika davon geschrieben hatte, wolle sie selbst antworten, sobald sie die Zeit habe ...

Im Grunde legte sie ihrem Bruder dar, dass *sie* nach wie vor einer Tätigkeit nachging, die sie unverzichtbar machte, im Gegensatz zu ihm ... So musste dieser Brief bei einem suchtkranken und depressiven, da mittlerweile erfolglosen, arbeitsunfähigen Menschen ankommen. Doch es bleibt letztlich unklar, ob Klaus diesen Brief noch vor seinem Tod erhalten und gelesen hat.

Das Hinterher für die Schwestern

Im Sommer 1949 nahm Monika in Massachusetts an Schreibkursen der neu gegründeten Stockbridge School in Interlaken teil und knüpfte dort auch wieder Kontakt zu ihrem früheren Lehrer Dallapiccola. Und sie beschäftigte sich intensiv mit dem Werk ihres Vaters.

Faulheit konnte man ihr nicht vorwerfen, doch noch immer hatte ihre Familie weder die Ausmaße des Traumas

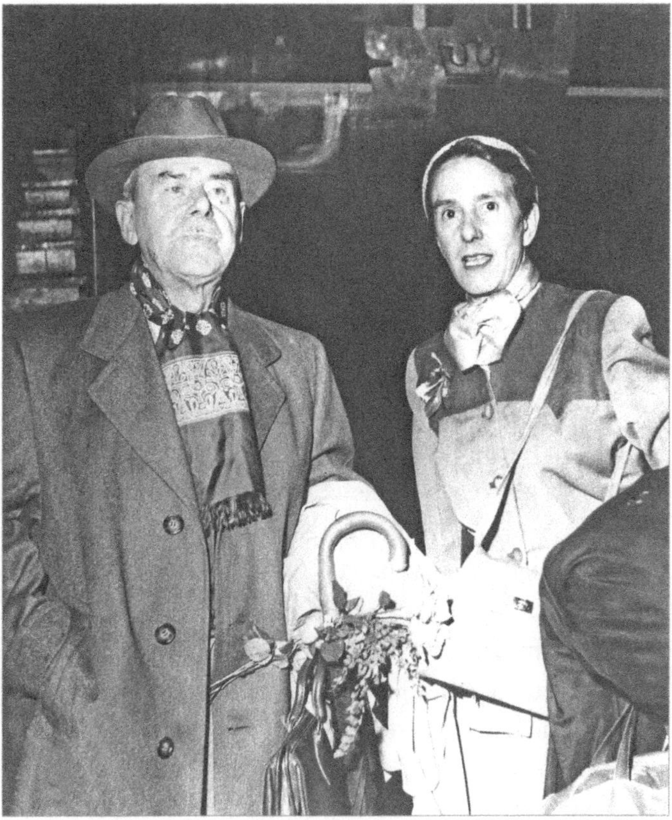

Der »Zauberer« und seine treue »Tochter-Adjutantin« Erika im Mai 1949 in Stockholm

begriffen, mit dem sie schon so lange lebte, noch, dass sie es selbstständig und im eigenen Rhythmus bewältigen musste: Als grundsätzlich lebenszugewandter Mensch schaffte sie es, ganz allmählich aus der Leere, der Stumpfheit hervorzukommen. Immer stärker begriff sie, dass der Mensch existenziell allein ist und dass auch das eine Qualität haben könnte. Sie fand zu einem sehr persönlichen Glauben, wie ihr Tagebuch beweist, wollte lernen, »ein christliches Leben zu führen – zu lernen, was unser Leben ausmacht und das unserer Nächsten«.[244]

Die Freundin Kadidja Wedekind, mit der einige Jahre zuvor die Wohngemeinschaft in New York gescheitert war, hatte Einblick in Monikas Leben, das allen anderen offenbar verschlossen blieb: Sie berichtete Heinrich Mann, weil sie ihn für objektiver als die Kernfamilie hielt, von den Forschungsergebnissen der Psychoanalytikerin Karen Horney, die Lieblosigkeit in der Kindheit sowie eine Angststörung als Ursache von Neurosen beschreibt.[245] In diesem Licht betrachtete sie Monikas »Fall«, wollte auch eigentlich an Thomas Mann schreiben, unterließ dies jedoch. Wie ein solcher Brief wohl angekommen wäre, mag man sich nicht ausmalen.

Elisabeth wurde währenddessen von ihrem Mann vorgeschickt, um charmant und kompetent für die Weltföderation um Unterschriften und Gelder zu bitten. Sie erledigte diese Aufgabe mit Bravour und holte sogar Albert Einsteins Unterschrift ein … Es stellte sich ein hoher Prestigegewinn über die Arbeit jener Jahre für sie ein. Leider reagierte ihr Mann immer eifersüchtiger auf Elisabeths wachsende Selbstständigkeit, wenngleich er selbst für die moderne Ehe zwischen ihnen plädiert hatte. Doch im Alter, Borgese wurde nun bald 70 Jahre alt, verstärkte sich sein bisweilen cholerisches Temperament. Die nachgiebige Elisabeth begann zu leiden, sie duldete still, anstatt für ihre Meinung einzustehen. Immer mehr kamen Thomas und Katia Mann zur der Überzeugung, dass Borgese Elisabeth die berufliche Perspektive entziehen wolle … was für sie kaum nachzuvollziehen war, da Elisabeth ausschließlich im Sinne der Utopien Borgeses handelte und er sie eigens für diese Tätigkeit ausgebildet hatte.

Die politischen Veränderungen in Amerika bzw. der Ausbruch des Kalten Krieges hatten indes auch für die Borgeses negative Auswirkungen. Frieden, so Elisabeth, galt jetzt als ein schmutziges Wort in Amerika, es suggerierte kommunistische Sympathien.

In Erika brachte der Selbstmord des Bruders noch Monate später nachhaltige starke Schuldgefühle hervor: War es nicht eine Art von Wiederholung? Erst hatte sich Ricki Hallgarten erschossen. Dann war, 1942, mitten im Krieg, Annemarie Schwarzenbach gestorben: Sie hatte in einer Pferdekutsche folgenden Freunden auf dem Fahrrad beweisen wollen, dass sie sehr gut freihändig fahren konnte, war kopfüber über einen Stein gestürzt und ihren Gehirnverletzungen einige Wochen später erlegen. Und jetzt Klaus, ihr Aissi! Sie ahnte oder wusste, dass ihr Rückzug an die Seite des Vaters Klaus die verlässliche Partnerin genommen hatte. Dass die Geschwister sich schon während des Zweiten Weltkrieges durch ihre jeweils unterschiedlichen Tätigkeiten voneinander entfernt hatten, war das Eine. Wie desillusioniert Klaus jedoch nach dem Krieg in jeder Hinsicht gewesen war, das war etwas anderes, das hätte sie bemerken müssen, sagte sich Erika.

In einem Brief an die einstige Geliebte Pamela Wedekind vom 16. Juni 1949 heißt es: »Wie ich leben soll, weiß ich noch nicht, weiß nur, daß ich muß; und bin doch gar nicht zu denken, ohne ihn.«[246] Auch an die Freundin Eva Herrmann schrieb sie am nächsten Tag in diesem Sinne: »Sogar reden tu ich mit ihm, – wenn freilich nicht in Deinem Sinne, sondern bloß, wie man mit sich selber spricht. Waren wir doch Teile von einander, – so sehr, daß ich ohne ihn im Grunde gar nicht zu denken bin. Nur, daß es mir nicht gegeben und nicht erlaubt ist, mich davon zu machen, und daß ich bleiben muß, wiewohl ich im Entferntesten so reich an Gaben, so liebenswert, so *lebendig* nicht bin wie er es war. Unerfindlich ist das Walten der Oberen. Wenn es aber wahr ist, daß sie züchtigen, wen sie lieben, dann sind sie offenbar völlig *vernarrt* in mich.«[247]

1950 gab sie im Querido-Verlag in Amsterdam das Buch *Klaus Mann zum Gedächtnis* heraus. Der letzte Text, den Onkel Heinrich verfasst hatte, der im März des Jahres 1949 gestorben war, ist darin enthalten neben vielen anderen von Freunden und Kollegen. Die Einleitung übertrug Erika ihrem Vater, der sich darin mit seinem komplizierten Vater-Sohn-Verhältnis sowie auch mit dem Verhältnis von Leben und Tod auseinandersetzt. Ein bislang unveröffentlichter Text von Klaus, *Die Heimsuchung des europäischen Geistes*, den Erika auf ihren *lectures* vorgetragen hatte und nun aus dem Englischen übersetzte, bildet den Abschluss des Bandes. Für Erika war der Text so etwas wie die Erklärung seines Freitods und gleichzeitig sein Testament. Sie selbst als Herausgeberin und Übersetzerin blieb ungenannt ... auch das ein Signum für ihr Schuldgefühl? Gleichwohl: Wer nicht so schrieb, wie sie es sich vorstellte, bekam einen harschen Absagebrief und blieb unberücksichtigt. Und so wurde Monikas freiwillige Einsendung, wen wundert es, von Erika abgelehnt. Für Monika war dieser neuerliche Affront hart, denn es war schließlich Klaus gewesen, der immer wieder »ein gutes Wort« für sie eingelegt hatte vor dem Feme-Gericht der *amazing family*.

Selbst gegen die nachgiebige Medi wetterte Erika nun, sie geißelte beispielsweise deren idealistischen Einsatz für die Weltföderation als utopischen Quatsch. Sie wurde immer reizbarer, denn neben den Schmerzen, dem Altern, das sie verdross, der abhandengekommenen medialen und politischen Bedeutung ihrer Arbeit musste Erika weiterhin ihre unglückliche Liebe zu Bruno Walter verwinden, der die heimliche Beziehung zu ihr nach einigen Jahren gelöst hatte.

Die politische Überwachung

Und ein weiteres Problem tat sich für Erika auf: Endlich erfuhr sie, dass sie seit Langem politisch überwacht wurde. Hier spielte die neue Ära in den USA eine entscheidende Rolle, die mit dem Amtsantritt von Senator Joseph McCarthy Anfang 1950 begann: Bis 1954 kämpfte er gegen die angeblichen »unamerikanischen Umtriebe« im Lande und installierte eine Überwachungsmaschinerie größten Ausmaßes. Dieser Leitlinie fiel auch jede öffentlichkeitswirksame Tätigkeit von Erika Mann in den USA zum Opfer. Sie fühlte sich von den ihr lieben Tätigkeiten der Aufklärung, den *lectures*, abgekoppelt und litt darunter. Sie wurde sogar verdächtigt, mit ihrem verstorbenen Bruder Klaus eine inzestuöse Beziehung geführt zu haben, da es damals im Münchner Haus in der Poschingerstraße doch eine Verbindungstür zwischen ihrem und seinem Zimmer gegeben habe … Und warum sonst hätte Thomas

Mann *Wälsungenblut* geschrieben? Hier waren die McCarthy-Leute jedoch nicht genau genug in die Materie eingedrungen, denn die Novelle war ja bereits 1906 entstanden, als Erika ein Jahr alt war und Klaus gerade geboren. Aber diese Schikanen legten nahe, dass Erikas seit 1947 nachgewiesene Bemühungen um die amerikanische Staatsbürgerschaft zu keinerlei Erfolg führen würden. Das sah sie jetzt ein und zog ihren Antrag am 11. Dezember 1950 offiziell zurück. In ihrem Brief an Edward J. Shaughnessy, Director of Immigration and Naturalization, New York District Office, beschrieb sie auch ihre Tätigkeit als meistgefragter weiblicher *lecturer* in den USA: »Ich verdiente mir meinen Lebensunterhalt gut dabei, ruinierte aber meine Gesundheit – nicht weil ich das Geld so bitter nötig gehabt hätte, sondern weil ich meinen Zuhörern begreiflich machen wollte, wofür ›wir‹ kämpften und welche Art von Frieden ›wir‹ zu etablieren suchten ... In der Tat fühlte ich wie eine Amerikanerin, lebte wie eine Amerikanerin, *war* praktisch eine Amerikanerin. Daher bat ich, sobald sich die Gelegenheit dazu ergab, um Gewährung der amerikanischen Staatsangehörigkeit ... Ich stellte meinen Antrag vor fast vier Jahren.

Seit diesem Zeitpunkt ist eine Überprüfung im Gange, die unvermeidlich dazu führte, Zweifel an meinem Charakter zu wecken, meine berufliche Laufbahn allmählich zu ruinieren, mich meines Lebensunterhalts zu berauben und mich – kurz gesagt – von einem glücklichen, tätigen und einigermaßen nützlichen Mitglied der Gesellschaft zu einer gedemütigten Verdächtigten zu machen. Freunde von mir sind zwei und drei Stunden hintereinander verhört worden, bis sie fast zusammengebrochen sind. Als sich herausstellte, daß ich weder Kommunistin, noch ›Mitläuferin‹, noch Mitglied einer als ›subversiv‹ registrierten Organisation, noch sonst irgendwie politisch unerwünscht war, begannen die Behörden in meinem Privatleben herumzustochern in einer Weise, die alle Befragten äußerst schockierte. Barkeeper, Büroangestellte, Manager, Redakteure, gute Bekannte und Leute, die mich fast gar nicht kennen, wurden gleichermaßen verhört.«[248]

Der Brief geht noch weiter auf ihre äußerste Beschädigung in der professionellen wie der persönlichen Sphäre ein und zieht ein bitteres Resümee ihres Kampfs für Recht und Demokratie: »Der Nazismus vertrieb mich aus meinem Geburtsland Deutschland, wo ich ziemlich erfolgreich gewesen war; Hitlers wachsender Einfluß auf Europa veranlaßte mich, den Kontinent zu verlassen, in dem ich auf Gastspielreisen mit meiner eigenen Show über tausend Vorstellungen gegeben hatte; und jetzt sehe ich mich – ohne eigenes Verschulden – ruiniert in einem Land, das ich liebe und dessen Staatsbürgerin zu werden ich gehofft hatte.«[249] Sie beschrieb mithin einen dreimaligen Verlust ihrer Arbeits- und Lebensgrundlagen, einer selbst geschaffenen künstlerischen bzw. publizistisch vermittelnden Existenz, und in Amerika dazu noch eine nie vermutete Zerstörung ihrer moralischen Integrität und ihres persönlichen Netzwerks durch die Tätigkeit der Behörden unter Senator McCarthy. Mit Recht lobte der Freund Lion Feuchtwanger ihren Brief als ein »kleines Meisterwerk eleganter und tödlicher Polemik.«[250]

Auch andere Ideen, etwa jene, gemeinsam mit der Jugendfreundin Lotte Walter eine Schule zu gründen, die Deutschkurse für amerikanische Liedsänger anbieten, aber auch Schauspieler, Dolmetscher etc. ausgebilden sollte, scheiterten, und dies letztlich nicht allein am Geld, sondern auch am Erlahmen ihres bislang immer so beeindruckenden Kampfgeists.

Sie tröstete sich über diese Übergangszeit mit der Abfassung einer neuen Kinderbuchserie hinweg: *Die Zugvögel*, denn das Kinderbuch erschien ihr immer als eine wohltuende Sphäre, in die sie ihre Herzensgüte und ihren Humor gleichermaßen gießen konnte. Es geht darin um den musikbegabten Till, der einem berühmten Knabenchor beitritt und mit diesem bald Reisen durch ganz Europa unternimmt. Europa: ein schönes Ländergebilde, für Till ohne Grenzen, das erträumte sich Erika jetzt, da sie sich innerlich von Amerika löste. Es sollte ein Buch für befreite Kinder werden, die es erst wieder lernen müssen, Streiche zu spielen und zu lachen.

In der amerikanischen Realität gab es für die Manns leider wenig zu lachen: Die Prozesse gegen Hanns Eisler und Bertolt Brecht bereits 1947 waren schon ein rotes Tuch für Thomas Mann gewesen, nun kamen die schikanösen Aktionen gegen Erika dazu, ihre »Kaltstellung«, die Thomas Mann in identifizierender Haltung dazu brachten, die USA für sich ebenfalls zu verwerfen, nachdem er bereits 1944 eingebürgert worden war. Der Antikommunismus unter Senator McCarthy ließ sogar Thomas Mann, dessen Liebe zu Dostojewski und anderen russischen Autoren ihn extrem suspekt machte, als stalinistischen Agenten oder zumindest Befürworter in Verdacht geraten.

Im Herbst 1950 wurde der Hausverkauf erwogen. Thomas Mann gab sich fatalistisch, erklärte, sein Leben sei gelebt.

Erika jedenfalls gefiel sich neuerdings in Streitigkeiten mit ihrer Mutter. Thomas Mann war traurig, aber auch entnervt davon. Er erwog nun, auch diese bisher so geliebte Tochter wegzuschicken: nach Großbritannien oder Indien, ohne jedoch dem Tagebuch anzuvertrauen, warum er diese Optionen für sie in Erwägung zog. Großbritannien verwarf er dann schnell, weil das Essen dort so schlecht sei.[251] Dieses Ausgrenzen von ihm nahestehenden Menschen hat etwas sehr Herzloses, ist aber sicherlich zum Teil Thomas Manns kompromisslosem Künstlertum geschuldet, dem lediglich Katia Mann immer das adäquate Anpassungsvermögen entgegenbrachte.

Zu all ihren Problemen kam bei Erika jetzt auch die Trauer über ihre Kinderlosigkeit hinzu: Ja, sie neidete der jüngsten Schwester ihre Mädchen, sogar die immer unglücklichere Ehe mit dem schwierigen Borgese und die berufliche Tätigkeit, die Elisabeth sich einfach durch autodidaktisches Lernen und standhaftes Festhalten an ihr wichtigen Themen errungen hatte.

Medi, mittlerweile 32 Jahre alt, suchte derweil in einer Affäre mit dem Argentinier Pierre Hovelaque, der durch sie zum Generalsekretär der *International Organisation of World Federalists* wurde, kurzfristig eine unkomplizierte Entspannung. Allein, sie ging so weit, sie dem Ehemann zu beichten, was Borgese derart verletzte, dass er bei den Schwiegereltern anrief und alles berichtete, damit Katia vermittelte ... Gegen seinen Stolz wollte er Elisabeth alles vergeben. Katia reagierte in Borgeses Sinn, reiste nach Chicago und glaubte nach der Rückkehr, es gebe noch Möglichkeiten für diese Ehe ... Nach einem dramatischen Versuch Borgeses, die Töchter (ohne Elisabeth) nach Italien zu bringen, versöhnten sich die Partner, da Medi an ihrem Liebhaber ohnehin nicht sehr gehangen haben wollte. Als alte Frau sagte sie darüber: »Ich habe es nicht fertiggebracht, ihn zu verlassen. Er tat mir zu leid, ich schätzte ihn zu sehr und habe ihn wohl auch zu sehr geliebt.«[252] Borgese forderte jetzt, sie müsse ihr Amt bei der Weltföderation niederlegen, was Elisabeth auch tat. Letztlich war es die »Loyalität ihres Herzens«, die sie, neben der Liebe zu den Kindern, weiter an der Seite Borgeses hielt. Zusätzlich belebte frischer Wind die Stimmung der Borgeses: Ein Angebot aus Italien flatterte ins Haus, die Universität Mailand berief Borgese zurück. Für Elisabeth bedeutete das ein neues Land, eine neue Sprache, doch auch wegen der Kinder erschien ihr das als recht gute Perspektive, und so ließ sie sich darauf ein.

Monika als Feuilletonistin

Monika Mann lebte nun, 1951, lange unbemerkt von Eltern und Geschwistern, regelrecht auf. Sie übersiedelte von New York nach Interlaken, Massachusetts, wo sie die zuvor schon kennengelernte freie Stockbridge School, gegründet von dem exilierten Sozialisten Hans Maeder und seiner Frau Ruth, besuchte.

Sie schrieb Essays, etwa jenen *Über das nationale Gefühl*, den sie im März 1952 in der von der Deutschen Akademie für Sprache und Dichtung herausgegebenen Zeitung *Neue Literarische Welt* herausbrachte. Aber auch der New Yorker *Aufbau*, Schweizer Zeitungen wie die renommierte *Neue Zürcher Zeitung*, dann wichtige deutsche Medien wie die *Frankfurter Rundschau* oder die *Süddeutsche Zeitung* nahmen ihre Texte an. Sie wurde mehr oder weniger aus dem Nichts, würde ihre Familie sagen, zu einer gefragten Feuilletonistin. Die Familie kritisierte, dass sie den Namen »Mann« benutzte und nicht den ihres verstorbenen Mannes, den sie tatsächlich trug. Für eine auch an den Vater zum Jahreswechsel 1951/52 übersandte Erzählung, *Sylvester bei Woolworth*, in der sie eine dekadente Millionärsparty schildert, habe der Vater versucht, ihr sprachliche Ausrutscher wie »knuspriger Mythos« auszureden. Auch ihrem Schwager Borgese sandte sie einen Text zu ... das sei unmöglich, urteilte Mutter Katia.[253] Und sie fand Monika unglaubwürdig, da diese gleichzeitig mit der Übersendung behauptete, soeben eine schwere Depression überstanden zu haben.

Zurück in die Schweiz

Die Übersiedlung der Manns nach Europa war beschlossene Sache. Durch Erikas politische Probleme war am Ende eine gewisse Eile geboten. Doch der Verkauf des Hauses in Pacific Palisades zog sich lange hin. Auch wollte die Yale Library Thomas Manns Manuskripte kaufen – nicht zu verachten, wenn man gerade vorhatte, in die teure Schweiz zu ziehen. Natürlich oblag es nun Erika und Katia, alle Schriftstücke, Vorstufen und verschiedene Fassungen seiner Werken zu sichten. Auch ein Essayband Thomas Manns, *Altes und Neues*, sollte noch in den USA von Erika redigiert werden: Vorher konnte die Übersiedlung nicht erfolgen.

Erika widmete sich daneben auch der Neuherausgabe von Klaus' Werk. Die vielen Hundert Briefe jedoch, die zwischen den Geschwistern hin und her gingen, sind bis heute nicht veröffentlicht, da sie in einer familiär-geschwisterlich codierten Geheimsprache abgefasst sind, die heute niemand mehr entschlüsseln kann.

Der Juni 1952 – Thomas Manns Geburtstag stand an und Monika Mann erhielt die amerikanische Staatsbürgerschaft, obwohl sie sich bereits wieder von Amerika verabschieden wollte – war als Übersiedlungszeitpunkt zurück in die Schweiz bestimmt. Erikas Ausreise musste wegen ihrer Beobachtung durch das FBI besonders gut vorbereitet werden – hier half ihr der Onkel Klaus Pringsheim. Nach der Übersiedlung hielt Thomas Mann in Europa zunächst Vorträge und Lesungen, auch Kuren und Urlaubsaufenthalte wurden eingeplant, sodass erst zu Weihnachten 1952 der Einzug in Erlenbach bei Zürich erfolgte.

Die gesamten fünf Monate dieser umtriebigen Zeit war Erika an der Seite des Vaters. Sie organisierte alles für ihn, war Pressesprecherin, Agentin und kümmerte sich um das neue Domizil in Erlenbach. Es war ein Vollzeitjob, der kaum mehr Raum ließ für Eigenes. So sollte es bleiben bis zum Tode Thomas Manns.

Immerhin gelang es ihr, den Vater von der Vorstellung zu befreien, er sei nicht mehr produktiv – er arbeitete wieder am lange liegen gebliebenen *Felix Krull*, der Roman *Der Erwählte* erschien 1951, die Erzählung *Die Betrogene* entstand, Aufsätze, etwa zu Kleist.[254] Eher war Erika unsicher, was die eigene Kreativität anging. Sie brauchte Zigaretten im Übermaß, sie brauchte Alkohol, und sie spritzte sich Morphium bzw. ein vergleichbares Medikament, das schnell wirkte, Schmerzen vertrieb und die Augen unnatürlich glänzen ließ. Inzwischen hatte sie Katia als Bundesgenossin verloren, die sich durch Erikas Übermaß an Aggressivität nicht mehr wohl mit der ältesten Tochter fühlte, da diese sich auch mit Golo und Medi, den gütigsten, hilfsbereitesten der Kinder, zerstritten hatte.

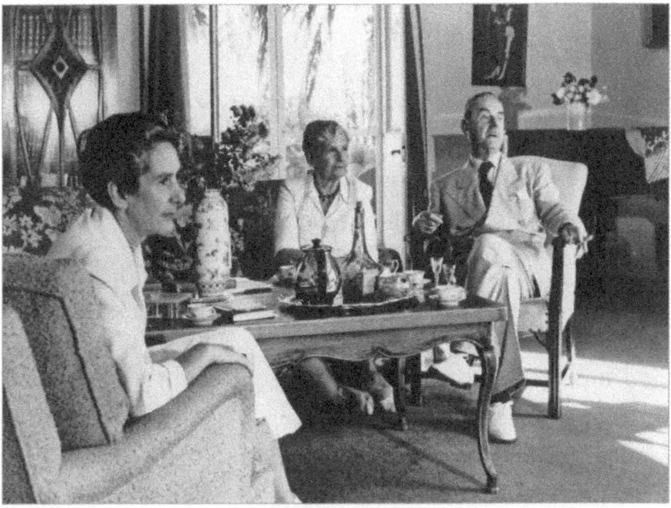

Treue Vatertochter, Agentin, Übersetzerin und Pressesprecherin des »Zauberers« – Erika Mann mit den Eltern 1952 in der Schweiz

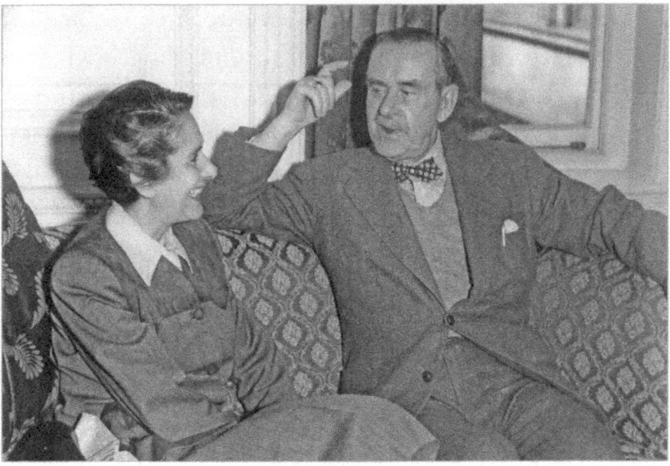

Erika Mann stets an der Seite des Vaters – ein Vollzeitjob, der kaum Raum ließ für Eigenes.

Elisabeth und Monika in Italien

Im September 1952 verließen auch die Borgeses die USA, und mit ihnen kam Monika, die nicht mehr nach Amerika zurückkehren sollte.

Die Borgeses, wieder ausgesöhnt, gingen nach Florenz, wo sie ein altes Haus an der Straße nach Fiesole fanden und kauften. Von dort konnte man auf die Altstadt wie auf ein Gemälde schauen. Außerdem war Zürich nicht weit. Die treue Medi besuchte die Eltern regelmäßig. Doch kurz nach der Übersiedlung geschah ganz unvermittelt etwas Einschneidendes in Medis Leben: Antonio Borgese starb am 4. Dezember 1952 an einer Gehirnthrombose. Elisabeth war 34, ihre Töchter acht und zwölf Jahre alt.

Katia war beim Begräbnis an der Seite ihrer Tochter. Ihr neues Leben als Witwe mit zwei schulpflichtigen Kindern gestaltete Elisabeth jedoch allein, und es war ein Aufbruch ins Ungewisse, immer Spannende: Zuerst leitete sie die italienische Redaktion eines viersprachigen Kulturmagazins, *Perspectives*, sowie die englischsprachige Ausgabe des von der UNESCO herausgegebenen Magazins *Diogenes*. Mit Corrado Tumiati gewann sie einen erfahrenen Schriftsteller als Mitarbeiter, dem sie ihr Vertrauen schenkte, und da sie von Borgese Entscheidendes gelernt hatte, fruchtete das auch in der neuen Verbindung: »Er hinterließ mir ... den Geist unserer Zusammenarbeit. Dieser Geist hat mich nie verlassen. Meine Lebensarbeit, für eine Neuordnung der Nutzung und des Schutzes der Meere, die ich von Anfang an als Modell und Teil einer Neuordnung der Welt betrachtet habe, beruht letzten Endes auf Borgeses Glauben an eine neue Form von humanistisch-sozialistischer globaler Demokratie …«[255]

Das Haus in San Domenico bei Florenz mit Obst- und Gemüsegarten sowie Swimmingpool war sofort zur neuen Heimat geworden, und die geerdete Elisabeth sah nach dem Tod des Ehemanns keinen Grund, es wieder aufzugeben. Sie scharte gern Gäste um sich, Menschen aus Amerika verkehrten ebenso bei ihr wie die politischen Freunde Borgeses und die Kulturschaffenden, die sie durch ihre Zeitschriftentätigkeit kennenlernte.

Auch Monika strebte nach Italien, wo sie mit Lányi so glücklich gewesen war. Erst lebte sie in Bordighera an der Riviera im Hause des ukrainischen Malers Roman Bilinski, in den sie sich nach eigenen Aussagen verliebte, obwohl sie ihn fast nie sah. Dann ging sie nach Rom, als Gast der Freunde Hermann und Toni Kesten, die ebenfalls nach Jahren im amerikanischen Exil von dort Abschied genommen hatten. Auch die Hoffnung auf eine Beziehung zu Kesten musste der Realität weichen – wie so oft in ihrem Leben verliebte sich Monika Mann schnell, in einen verheirateten Mann und ohne überhaupt Zeichen der Gegenseite erhalten zu haben oder indem sie angebliche Zeichen falsch interpretierte.

Rom machte ihr zu Beginn Angst, aber sie wurde schnell dort als »Tochter von Thomas Mann« bekannt und erhielt Zugang zur *Gruppe 47*: Heinrich Böll, Ingeborg Bachmann und Hans Werner Richter wurden ihre Bekannten. Sie begann sich einzuleben.

Im April 1953 besuchten Thomas und Katia Mann Rom, es war ein Wiedersehen nach 50 Jahren. Monika erinnerte sich später an diesen Besuch, auch an den Bericht von der Papstaudienz ihres Vaters, konnte sich erneut ganz und gar in den Vater hineinversetzen, konnte dessen Ergriffenheit und den Bedeutungsgehalt dieses Besuchs nachvollziehen. Sie blieb also trotz aller Ablehnung der Eltern diesen verbunden, der Vater blieb ihr wichtigster Bezugspunkt.

Sie selbst besuchte erstmalig nach dem Krieg ihre Heimatstadt München, auch die bayerische Landschaft in der Umgebung sah sie wieder, sie hatte Sehnsucht danach gehabt ... aber das Ergebnis der Inaugenscheinnahme ist ein Text unter dem Titel *Fremd zu Hause.*

Und sie schaffte es immer noch, sich innerhalb weniger Tage zu verlieben. Diesmal war der von ihr Auserkorene der freie Journalist Richard K. Raupach, der Thomas Mann verehrte und einen Text mit dem Titel *Begegnung mit Monika Mann* verfasste. Raupach arbeitete für die *Münchner Jüdischen Nachrichten.* Das alles war ausreichend, um ihm in einem der folgenden Briefe – von Ende Juli 1954, insgesamt gibt es wohl etwa 100 Briefe Monikas an ihn – quasi einen Antrag zu machen: Sie wünsche sich, ihm nahe zu sein. Woraufhin er auf Distanz ging.[256] Eine weitere Enttäuschung also.

Mehr und mehr wurde ihr deutlich, dass sie »am Land« leben wollte, wie man in Bayern sagt, und ihr Selbstverständnis war das einer Entwurzelten, die es gelernt hatte, überall auf der Welt zurechtzukommen, nur eines, das Fundament, war gesichert: ihre Herkunft aus einer großen Familie. Ende des Jahres zog sie erst einmal nach Rom zurück, und 1954 übersiedelte Monika Mann dann nach Capri. Nicht die plötzlich mondän gewordene Insel interessierte sie, wo Sartre und Simone de Beauvoir, Graham Greene und viele andere verkehrten: Sie interessierte sich für ein Leben in der Isolation. Fernab von allen Anforderungen außer jenen, die sie selbst wählte. Vielleicht war sie so etwas wie eine Aussteigerin *avant la lettre*. Die Villa *Monacone*, wo sie eine überschaubar große Wohnung bezog, war ein magischer Ort. Im selben Haus hatte Jahrzehnte zuvor Oskar Kokoschka gelebt. Hier sah Monika die Faraglioni-Felsen und nannte die Insel »eine einzige hohe, heitere Festung in einer zerrinnenden Welt«.[257]

Der geliebten Musik widmete sie sich nur noch als Zuhörerin, doch das Schreiben bannte sie. Ein Jahr später hatte sie den Partner gefunden, mit dem sie 30 Jahre lang bis zu seinem Tod zusammenleben sollte, Antonio Spadaro. Er war Caprese und der Neffe des berühmten Francesco Spadaro, der als der Capri-Fischer berühmt geworden war. Antonio war auch ihr Vermieter, ursprünglich Maurer, aber aufgrund einer Herzkrankheit seit einiger Zeit in einem Kiosk tätig, wo er Touristen kleine selbst gebaute Holzschiffe und Ähnliches anbot. Monika kam letztlich wieder in einem geerdeten Leben an, das sie in ihrer Zeit im Dienstbotentrakt des elterlichen Hauses als ungemein beruhigend erlebt hatte.

Ihre regelmäßige Arbeit für deutschsprachige Feuilletons, zumeist in der Schweiz, baute sie jetzt aus. Die Forschung geht davon aus, dass etwa 1000 Texte in der Capri-Zeit entstanden. Die kleine Form war ihr gemäß. Karin Andert interpretiert das so: »Diese entspricht ihrem, man könnte sagen: sprunghaften Leben und Temperament.«[258] Sie hatte wieder neue Lebenskraft und -freude gewonnen, durch und auf Capri, durch Antonio Spadaro. Auf die Frage, warum sie auf der kleinen Insel so lange ausharrte, benannte sie die Gründe als kleine Liste: »Antonio, das Meer, die Musik und die Arbeit, schreiben und kochen.«[259] Einige

Jahre später dann: »Ich lebe auf einer Insel. Es ist still da, und die Menschen machen sich Gedanken. In der Stadt denken die Menschen kaum, weil der Lärm die Gedanken tötet und sie achtgeben, dass sie unter kein Auto kommen und keinem Dieb in die Hände fallen.«[260]

Elisabeth liebäugelte derweil mit einer neuen Verbindung: Der Schriftsteller Ignazio Silone und sie wollten heiraten – doch ebenso schnell, wie der Plan gefasst worden war, wurde er auch schon wieder fallen gelassen.

Thomas Manns Tod – und jetzt?
1955–2002

Der Tod des »Zauberers«

1954 bezogen Thomas, Katia und Erika das Haus in der Alten Landstraße 39 in Kilchberg hoch über dem Zürichsee. Es war erneut eine repräsentative Lage, wie in Pacific Palisades, auch wie einst in der Poschingerstraße. Für alle drei sollte es das letzte feste Domizil ihres Lebens sein, und sowohl Thomas als auch Erika hatten aus ihren Zimmern (für Erika war das lediglich ein kleines Dachzimmer, das ursprüngliche »Mädchenzimmer«) heraus eine traumhafte Sicht auf den Zürichsee.

Im Juni entschloss sich Erika zu einer Entziehungskur von Alkohol und Zigaretten in Form einer Schlaftherapie. In der letzten Zeit hatte sie sich eigentlich mit allen Geschwistern überworfen, besonders Elisabeth mied sie immer, wenn diese bei den Eltern zu Besuch war. Selbst ihre Eltern ließ sie mit ihrer permanenten Gereiztheit nicht in Frieden. Elisabeth übernahm jetzt die Rolle der die Eltern aufheiternden Tochter, ohne das schauspielerische Talent der großen Schwester zu besitzen, aber mit treuer Liebe und im Austausch über die so wichtigen Themen Politik und Musik.

Erika begleitete ihren Vater jedoch beim letzten Besuch in beide deutsche Staaten: Schon 1949 war er zu Goethes 200. Geburtstag in Frankfurt und Weimar gewesen, 1955

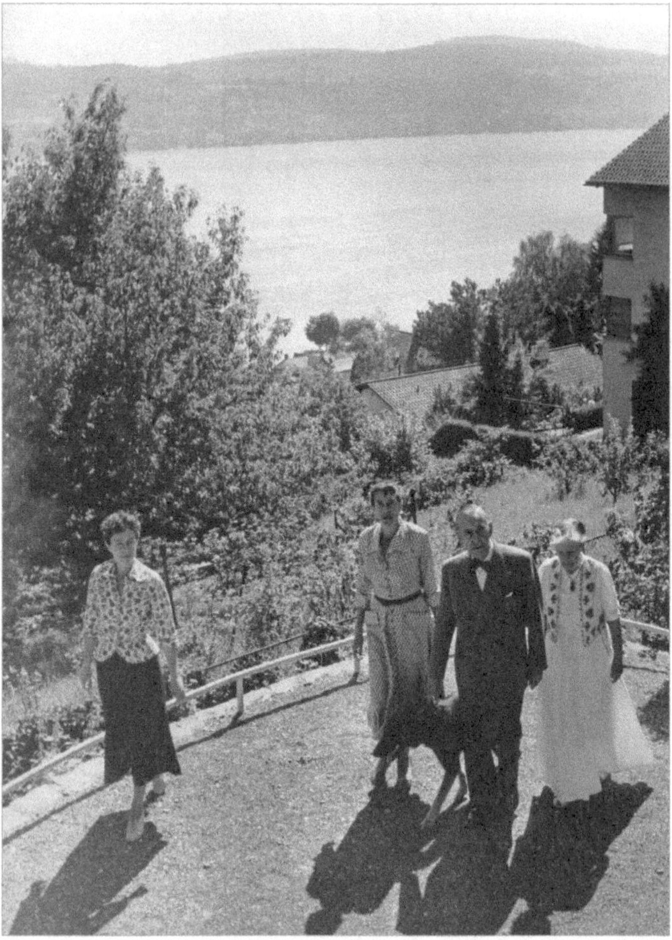

»Wer immer ihn gesehen hat, gegen Ende ... hat sie gespürt, die Helligkeit, die von ihm kam und die jede seiner Wirkungen bestimmte.«
Monika, Erika, Thomas und Katia Mann im Garten ihres Familiendomizils in Kilchberg, 1954

wurden nun Feiern anlässlich des 150. Todestags von Friedrich Schiller vorbereitet, und Thomas Mann sollte erneut in Stuttgart (8. Mai) und Weimar (14. Mai) die Festrede halten. Er stand einen Monat vor seinem 80. Geburtstag, hatte die Aufgabe angenommen und arbeitete über Monate an der Rede, die ihm vom Umfang her aus dem Ruder lief: Statt 20 Seiten waren es 125 Seiten geworden, die Erika auf das erlaubte Maß zu kürzen hatte. Zu Beginn dieses Jahres war sie überhaupt ungeheuer produktiv, schrieb ein neues Kinderbuch, ein Drehbuch nach Gottfried Kellers *Regine* und war beim Rundfunk zu einer Diskussionssendung eingeladen.

Thomas Manns 80. Geburtstag am 6. Juni wurde im Zürcher Schauspielhaus und in Kilchberg drei Tage lang gefeiert. Es folgte eine Vortragsreise in die Niederlande. Die Eltern erholten sich danach in Nordwijk, Erika gleichzeitig in einem Sanatorium in Luzern. Ende Juli erfuhr sie, dass man eine Thrombose beim Vater entdeckt hatte – die Eltern kehrten nach Zürich zurück, um dort das Spital aufzusuchen. Um den Vater nicht mit der augenscheinlichen Dringlichkeit zu verschrecken, reiste Erika erst einige Tage später an, doch er war zu schwach, um ein Gespräch mit ihr zu führen.

Am 12. August 1955 starb Thomas Mann. Erst die Obduktion gab Aufschluss über die Arteriosklerose und das »durchgebrochene« Aneurysma der großen Beinarterie, von dem Erika in einem halluzinatorischen Traum lange zuvor erfahren hatte ... eine Verbindung also der beiden auf einer tiefinnerlichen Ebene. Die Leerstelle, die sein Tod bei ihr hinterließ, mag wohl fast so groß wie bei seiner Witwe Katia gewesen sein. Das Begräbnis in Kilchberg war würdig. Erika, Elisabeth, Golo und Michael gingen neben und hinter Katia, Monika folgte als letztes Kind, symbolhaft für ihre Stellung in der Familie.

Der Krieg der Schwestern

Was Erika blieb, war die Arbeit für das Werk des Vaters und des Bruders – sowie ihre eigene Erinnerungsarbeit. Ein kleines Buch von 80 Seiten entstand: *Das letzte Jahr. Bericht über meinen Vater.* Der Zeitraum des Erzählten ist klar begrenzt: Spätsommer 1954 bis zum Tod des Vaters. Es liest sich streckenweise wie eine Hagiografie, und Erika Mann bemüht die Themen ihres Vaters im hohen Ton: »Ihm ist der Tod gnädig gewesen, und schon sein Todesjahr war durchglänzt und erwärmt von der Gnade, derselben, die Joseph's [sic!] Teil war, sein Leben lang; die den ›Erwählten‹ krönte und die endlich auch ihm gewährt wurde, weil er treu gewesen und sich ganz erfüllt hatte. Die Gnade war spürbar. Wer immer ihn gesehen hat, gegen Ende, wer in Stuttgart dabei war oder in Weimar, in Lübeck, Kilchberg oder Zürich; in Amsterdam oder im Haag, hat sie gespürt, die Helligkeit, die von ihm kam und die jede seiner Wirkungen bestimmte.«[261]

Mit diesem Büchlein erhob Erika nun auch öffentlich den Anspruch der Deutungshoheit über ihren Vater, und bescheiden trat Katia, die Witwe, zurück. Erst als Erika schon lange tot war, hat auch sie, sekundiert von ihrem Sohn Golo, öffentlich die Stimme erhoben: 1974 veröffentlichte sie *Meine ungeschriebenen Memoiren.*

Erikas Büchlein kam 1956 in Thomas Manns Verlag S. Fischer heraus. Zeitgleich erschienen die Erinnerungen Monikas, *Vergangenes und Gegenwärtiges*, im Münchner

Kindler Verlag. Ein großer Streit der Schwestern entbrannte, ausgehend von Erikas Hass gegen alles, was von ihrer Schwester kam, und vor allem davon, dass Monika diese Publikation nicht mit ihr, der offiziellen Nachlassverwalterin, abgesprochen hatte.[262] Die Verlagsankündigung sowie der Werbetext des Kindler Verlags stießen sie ab, weil darin Monikas Nähe zum Vater beschrieben wurde. Erika, die gewusst haben muss, dass Verlage gern in letzter Instanz über ihre Werbetexte und -strategien entscheiden und dass die Autoren oft nicht in Gänze einbezogen werden, drohte Monika dennoch mit einer Notiz an »die Presseagenturen«, derzufolge weitere »Erinnerungen« Monikas als Quellenmaterial unbrauchbar und daher unzulässig seien, und sie forderte die Schwester auf, dem Verlag zu verbieten, mit Thomas Manns Foto zu werben.[263]

Das Unfassliche geschah: Monika Manns Buch schnitt bei den Rezensenten, die gleichzeitig auch Erikas Buch besprachen, besser ab. Man gestand ihr eine eigene Sicht zu und fand ihre Beobachtungen einleuchtend: Sowohl der Zwang des Dichters zu einer Lebensform, die er sich wie ein Korsett verordnet hatte, wie auch seine immer wahrnehmbare Freude am jungen männlichen Körper – ohne zu große Direktheit, ja zart behandele Monika die Lebensproblematik ihres berühmten Vaters.

Und vielleicht ist richtig, was Oskar Maria Graf bemerkte: Dass Monika Mann all das umsetzte (auf Kosten der Eltern), was sich der Vater einstmals vielleicht ersehnt hatte, was er sich jedoch nicht zugestand oder zutraute: ein Leben als Aussteiger, in der Sprache von damals – als Bohemien.[264] In der Folge sollte Monika mehr als 20 Texte verfassen, die den Vater zum Gegenstand hatten. Sie arbeitete sich an ihm ab, seine Welt der Musik wurde ihre Welt, seine Sprache die ihre – wie auch bei Erika.

Die Folge war, dass Erika, die einstige Königin des Humors, der jüngeren Schwester jetzt das Haus in Kilchberg verbot, wenn sie dort anwesend war. Alle Versuche Monikas, den Konflikt zu beenden, scheiterten, ihr Brief an die Mutter lief ins Leere, denn Katia Mann blies ins selbe Horn und verfemte Monikas Darstellung in ihrem Buch als völlig der Fantasie entsprungen. Erika war in Sachen »Z.« die Unerbittlichkeit selbst, ihr Unmut hielt über Jahre an, 1964 verbot sie der Schwester auch, eine Anthologie mit Texten aller schreibenden Familienangehörigen zusammenzustellen.

Doch Monika hatte auch Verteidiger, neben Oskar Maria Graf im Familienkreis auch ihren Neffen Frido, der in seinem autobiografischen Buch *Achterbahn* sogar schreibt, Monika hätte von allen sechs Geschwistern die stärkste poetische Begabung gehabt.[265] Ihr Buch wurde ins Englische und Spanische übersetzt, es war der Ausgangspunkt für die künftigen Feuilletons. Ihre bildreiche Sprache lässt Resonanzräume aufscheinen – doch natürlich ist das Welten von Erikas glasklarer, analytischer Prosa entfernt. Und wenn es darum ging, posthum um den Vater zu ringen, dann hatte Monika natürlich innerfamiliär die schlechtesten Chancen für dieses Anliegen.

Doch wie alle ihre Geschwister erzielte sie gute Einnahmen aus den Tantiemen Thomas Manns, immerhin 15 Prozent entfielen auf jedes Kind, und das waren von 1956 bis 1960 ca. 38 000 D-Mark im Jahr. Mit anderen Worten: Feuilletons zu schreiben gehorchte für sie keiner Notwendigkeit. Sie tat es, weil es ihr Freude bereitete. Doch die Monika-Schelte war inzwischen ganz normal bei den

Manns: »Monika ist und bleibt die Verfemteste unter allen Geschwistern, über den Tod ihres Vaters hinaus. Auch ihre Mutter verhält sich entsprechend. Sich über Monikas Schriftstellerei herablassend, ja angewidert zu äußern, gehört die ganzen Jahre und Jahrzehnte hindurch zum guten Familienton«[266], wie Frido schrieb.

Antonio Spadaro hatte indessen längst, unwidersprochen durch Monika, an der Villa *Monacone* ein Türschild mit der Aufschrift »Monika Mann. Scrittrice« angebracht. Jeden Tag kaufte er ein, holte die Post und die wichtigsten Zeitungen, damit sie darin ihre Veröffentlichungen lesen konnte.

Den Sommer, Juli bis September, verbrachte Monika Mann ungern auf Capri: Der Touristen und der Hitze wegen floh sie gern in die Schweiz, wo sie auch den Zahnarzt aufsuchte. Zuweilen traf sie dann nur auf Frido, der jahrelang in Kilchberg lebte, um dort das Gymnasium zu besuchen. Sowohl Erika als auch Katia mieden das Haus, wenn Monika kam, für Frido waren diese Tage mit der Tante jedoch schön, sie tauschten sich über die geliebte Musik aus, die sie gemeinsam hörten. Monika verstand Fridos melancholische Art, die Liebe zur Musik verband sie. Doch auch der vielfach begabte Frido entschied sich schließlich gegen eine Karriere als professioneller Musiker bzw. Dirigent.

Monika schickte Postkarten aus diesen Schweiz-Urlauben an Antonio Spadaro, ihren »Toni«, unterzeichnet entweder mit »Moni« oder mit »Monascella«. Niemals sollte sie perfekt Italienisch sprechen oder schreiben, aber das war für die beiden Liebenden gleichgültig. Auch, dass Antonio Spadaro kein Intellektueller war.

Neben den Büchern der Schwestern erschien 1956

außerdem eine Neuauflage von Thomas Manns *Betrachtungen eines Unpolitischen*, durch Erika initiiert. Sie behauptete, bereits 1918 habe Thomas Mann seine Kritik an den Zivilisationsliteraten, allen voran seinem Bruder Heinrich, in ganz anderer Weise verstanden wissen wollen, als das tatsächlich geschehen sei. Ihr, die anderen gegenüber gern witzelte, nur ein »bleicher Nachlassschatten« zu sein, immer tätig zugunsten des Werks von Vater und Bruder, war es darum zu tun, jeglichen Gesinnungswandel ihres Vaters zu negieren, ihn als einen geborenen Schriftsteller, der immer schon dieselbe moralische und politische Integrität und demokratische Grundhaltung gehabt hatte, erscheinen zu lassen. Das bedeutete eine regelrechte Verfälschung der politischen Entwicklung des Vaters, was ihr vielleicht selbst gar nicht bewusst war.

Eine letzte Liebe Erikas

Im Privaten für etliche Jahre belebend war für Erika jedoch ihre ab 1957 durch Zufall wiederauflebende Verbindung zu einer Freundin ihrer Schwester Elisabeth aus der frühen Kindheit. Signe von Scanzoni war Einzelkind und hatte ein recht verworrenes Schicksal als Tochter der reichsfürstlichen Prinzessin Amélie zu Fürstenberg, verheiratete Gräfin Scanzoni. Die Wege der Mädchen hatten sich nach der Höheren Töchterschule in München rasch getrennt. Signe konnte aufgrund schwerer Krankheiten als junge Frau nicht die ersehnte künstlerische Karriere als Sängerin und Schauspielerin erreichen. Nach einer Lungenoperation in Davos wurde sie aber Assistentin des Stardirigenten Clemens Krauss, den sie ähnlich bewunderte wie Erika Mann Bruno Walter. Mit dem Unterschied allerdings, dass Krauss den Nationalsozialisten genehm war, weshalb er nach dem Krieg zwischen 1945 und 1947 mit Dirigierverbot belegt war, wohingegen Bruno Walter vor ihnen hatte flüchten müssen. Signe verfasste ab Mitte der 1950er-Jahre Bücher über ihr Idol Krauss, über Richard Strauss und über das Musiktheater im Allgemeinen. 1964 sollte sie die Gedächtnisausstellung für Strauss im Münchner Stadtmuseum kuratieren, aber im Wesentlichen für den Rundfunk als Musikkritikerin und -journalistin arbeiten.

Die Wiederbegegnung mit Erika beschrieb sie in ihrem Buch *Als ich noch lebte. Ein Bericht über Erika Mann*, das sie zu deren Lebzeiten aus Gründen der Diskretion nicht herausbrachte. Es galt als verschollen, wurde aber im Nachlass der Schriftstellerin Grete Weil als Typoskript gefunden und verdienstvollerweise durch die Erika-Mann-Forscherin Irmela von der Lühe 2010 mit einem Nachwort versehen und veröffentlicht.[267]

Scanzoni traf die Schwester ihrer Jugendfreundin 1957 durch Zufall auf der Dorfstraße von Ehrwald in Tirol wieder. Dort besaßen Erika und Magnus Henning, ihr Musiker-Freund seit *Pfeffermühlen*-Zeiten, seit einiger Zeit ein Haus, das sie »Pfeffermühle« nannten. Erika verbrachte dort nur gelegentlich Auszeiten. Signe von Scanzoni lebte seit 1948 fest in Ehrwald, sie war immer unverheiratet geblieben.

Beide Frauen näherten sich einander an, nahmen eine intensive, geheim gehaltene intime Beziehung auf. Es waren wenige gemeinsame Aufenthalte in Hotels über einige Tage, die sie einander gönnen konnten, aber es gab darüber hinaus Briefe und Telegramme Erikas, die Signe erhielt. Fünf davon vernichtete sie, um im Sinne Erikas die privaten Familiendetails nicht nach außen dringen zu lassen, doch 100 blieben erhalten – und der »Bericht«, den Signe anfertigte. Darin analysiert sie Erikas Pflichtbewusstsein dem Vater sogar posthum gegenüber, das wie ein selbst auferlegtes Korsett wirkte, ihre Verzweiflung darüber und auch über die wachsende körperliche Hilflosigkeit, die die einst so freie, sportliche, ständig reisende Frau nun fesselte. Erika enthüllte der Freundin ihr »wahres« Verhältnis zu den Familienmitgliedern – ein Vertrauensbeweis erster Güte –, und sie verriet ihr auch, wie sie im letzten Lebensjahrzehnt unter dem Zwang, nur für Thomas und Klaus Mann schreiben und arbeiten zu müssen, litt.[268] Erika hatte eine ganze Liste von persönlichen Schreibprojekten angelegt, konnte aber nichts umsetzen, weil sie ihre Pflicht, die Werke von Vater und Bruder herauszugeben, niemals hintangestellt hätte. Das wäre in ihren Augen Fahnenflucht gewesen, ihr eigenes Verhalten erklärte sie auch aus ihrer Sozialisation als älteste Tochter: »Weißt Du, mir hat man schon als Kind beigebracht, mich nicht um mich zu kümmern, sondern um die anderen. Ich mußte immer die Verantwortung für die Kleineren übernehmen, dafür sorgen, daß sie aufstanden, sich wuschen und rechtzeitig zur Schule kamen. So fing es an. Und ich hatte nie soviel Zeit, an mich zu denken.«[269]

Die Schwestern auf getrennten Wegen I

Weder die eingehende Auseinandersetzung mit dem Werk des Vaters noch dessen Verklärung waren indes Elisabeths Sache: Sie hatte ihren Vater verloren, einen Menschen, den sie sehr geliebt hatte und der sie sehr geliebt hatte, also trauerte sie. Aber das Leben ging weiter, ihr Leben, das noch so viele Überraschungen für sie parat halten sollte. Inzwischen lebte der Schriftsteller Corrado Tumiati mit in Elisabeths Haus in San Domenico. Ein wenig ähnelte er Thomas Mann, er war ein Italiener der ruhigen Art.

Von Heirat war zwischen ihnen nicht die Rede. Tumiati hatte Kinder, war Witwer. Er inspirierte Elisabeth zum eigenen Schreiben, und sie versuchte sich an Novellen. Sie, die als junges Mädchen in die USA gekommen war, schrieb, ohne groß darüber nachzudenken, in englischer Sprache. Einen Versuch hatte der Vater noch angeschaut und Elisabeth bescheinigt, dass es sich um eine »richtige Novelle« handele. Doch ganz anders als die literarischen Novellen von Thomas Mann oder anderen Schriftstellern behandeln Elisabeths Geschichten immer ein modernes, noch nicht gänzlich erforschtes »Sachthema«: Die Frage von individuellem Schicksal und dem der Gemeinschaft, die Reinkarnation, die Grenzen zwischen Verhaltensforschung und Lerntheorie, die Aushandlung einer Balance von Natur und Menschenleben – ein durchaus düsteres Szenarium der Zukunft scheint da in dem 1960 veröffentlichten Novellenband *To Whom It May Concern* auf, der 1965 unter dem Titel *Zwei Stunden* auf Deutsch erschien. Darin stellt Elisabeth den freien Willen des Menschen infrage, erklärt uns als durch Lebenszeit, Umwelt und Gene bestimmte Wesen. Und sie arbeitete weiter an dem Thema der Geschlechterproblematik, das sie seit ihrer Jugend beschäftigte.

Gleich zu Beginn des Jahres 1958 trat Erika aus dem PEN-Zentrum deutschsprachiger Autoren im Ausland aus, denn sie zweifelte daran, dass die Mitglieder sich wirklich für den Frieden einsetzten, und ebenso pessimistisch beurteilte sie die UNO, die UNESCO, den Europarat und die damals noch umtriebige Paneuropa-Bewegung. Ihr allgemeiner Pessimismus war aber auch ihrer schlechten gesundheitlichen Verfassung geschuldet, denn seit diesem Jahr hatte sie Knochenprobleme (eine Atrophie aller Knochen), und sie erlitt in Kilchberg den ersten einer Reihe von Unfällen. Sieben Monate des Jahres verbrachte sie im Bett oder besuchte Spezialisten an unterschiedlichen Orten. Doch die Genesung blieb aus.

Vermutlich aufgrund dieser Einschränkungen reagierte sie zunehmend gereizt auf andere Menschen oder gar Hürden. Sie war verletzend, auch in ihren Briefen. Zu den von ihr am meisten Gehassten gehörte Theodor W. Adorno, dem sie absprach, für die musikalischen Kapitel im *Doktor Faustus* ihres Vaters die bedeutendste Rolle als Inspirator gespielt zu haben.[270] Gleichwohl war sie gezwungen, in ihre Ausgabe der Briefe Thomas Manns auch dessen Briefe an Adorno aufzunehmen, und korrespondierte daher mit ihm.[271]

Immer ungerechter wurde sie gegen die früher so geliebte Elisabeth. Diese erinnerte sich: »Nein, wie ich dann älter wurde, hat sich unser Verhältnis kompliziert, denn sie war dann auf mich eifersüchtig. Ich meine, solange ich ein Kind war, hat sie mich bemuttert. Und wie ich dann aber selbst eine Person wurde, dann war sie auf mich furchtbar eifersüchtig. Sie war eifersüchtig auf die Liebe meiner Eltern zu mir, sie war eifersüchtig auf mein Berufsleben … Es war nur in den letzten Jahren, wie sie dann sehr leidend war, daß wir uns wieder ganz und voll ausgesöhnt haben. Und wieder sehr herzlich standen. Und ich hab' es eigentlich damals in den späten Jahren nie begreifen können, daß jemand, der so begabt, so hübsch, so intelligent war wie die Erika, aus ihrem Leben dann eigentlich letzten Endes doch so ein Elend gemacht hat wie sie. Sie war ja dann zuletzt krank, sie hat sich in die Krankheit geflüchtet, weil sie nicht leben mochte; ich meine, es war ja eigentlich eine Art von langsamem Selbstmord. Sie war eine ganz unglückliche Person; warum?«[272]

Monika war 1958 in Kilchberg zu Gast – für Katia eine schwer zu duldende Last. Sie werde immer wunderlicher, teilte die Mutter ihrem Zwillingsbruder Klaus mit. Antonio Spadaro kam im Übrigen nur einmal mit nach Kilchberg – Katia hielt Monikas Partner für unpassend. Alles, was Monika tat und wie sie es tat, etwa Essen sorgfältig und schön dekoriert zuzubereiten, war dem Spott ausgesetzt, ihre Brote wurden gerne hämisch Tante-Moni-Sandwiches genannt.[273]

Monika nahm im selben Jahr auch wieder die deutsche Staatsbürgerschaft an, das Dokument ließ sie sich aber kurz vor Weihnachten nicht in Deutschland, sondern in Neapel aushändigen. Damals wäre sie in der Lage gewesen, von ihren Autorenhonoraren zu leben.

Erika als »Nachlassschatten«

Noch zu Lebzeiten ihres Vaters, 1953, begann Erikas intensive Mitarbeit an den Verfilmungen von Thomas Manns Romanen mit *Königliche Hoheit*, es folgten nach seinem Tod 1957 *Felix Krull* und 1959 *Buddenbrooks*. Diese Tätigkeit war mit ausgedehnten Reisen verbunden, denn sie nahm ihre Aufgabe ernst. Regisseure und Drehteams erstarrten, wenn sie anrückte, denn sie änderte fertige Drehbücher oder schrieb sie selbst. Vertraglich war vereinbart, dass sie immer hinzugezogen werden musste – was Regisseur Harald Braun im Falle von *Königliche Hoheit* schnöde umging. Thomas Mann protestierte damals, wollte sich vom Filmprojekt distanzieren und forderte, Erika müsse gehört werden, sich einmischen dürfen: Und sie schrieb stante pede ihre ersten Filmdialoge. Drei Monate lang war Erika am Set in Göttingen und spielte sogar selbst im Film mit, die Rolle der Oberschwester Amalie. Der Film erhielt das Prädikat »künstlerisch wertvoll«, wenngleich die Mann'sche Ironie dabei verloren ging.

Nach einem zweiten Unfall im September 1960 ließ Erika in Oxford eine weitere Knochen-OP durchführen – insgesamt brachte sie drei Operationen dieser Art in diesem Jahr hinter sich und machte neben den Krankenhausaufenthalten auch mehrere Kuren. Sie trug eine bleibende Gehbehinderung davon und sprach noch im Herbst 1961 von äußerst mäßiger Befindlichkeit.

Gleichwohl: Sie arbeitete fleißig an ihren »Nachlassprojekten«, kontaktierte Briefpartner Thomas Manns, um möglichst viel Material zu sammeln. Dass sie mit Gottfried Bermann Fischer zusammenarbeiten musste, scheint keine einschränkende Rolle mehr für sie gespielt zu haben. Thomas Manns Verlag war der S. Fischer Verlag, und das sollte er für die Tagebuch- und Briefedition auch bleiben: Erika bereitete nämlich bis 1965 die dreibändige Ausgabe der *Briefe Thomas Manns* vor und beschäftigte sich intensiv mit dem Nachlass des Vaters. Auch die Editionen der Werke des Bruders nahmen sie in Anspruch.

Bei der Durchsicht der Briefe ihres Vaters schwebte ihr eine Art Brief-Autobiografie vor, aber das Bild, das

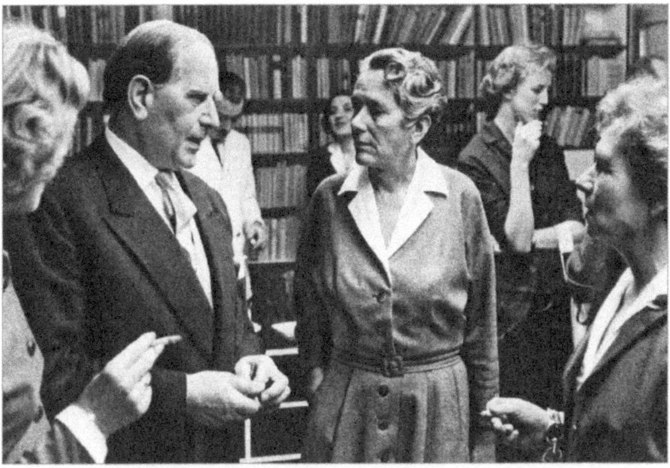

Empfang im Verlagshaus für »Fischer-Freunde«: Erika Mann mit Verleger Gottfried Bermann Fischer und seiner Frau Brigitte, 1950er-Jahre

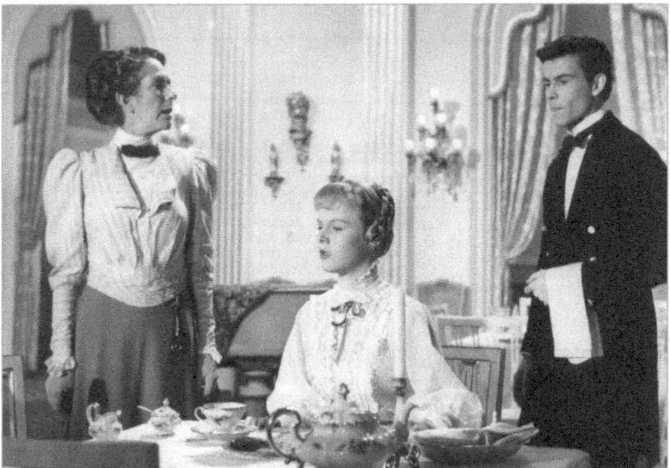

Erika Mann als Gouvernante in der Verfilmung von Thomas Manns Roman »Bekenntnisse des Hochstaplers Felix Krull« mit Heidi Brühl und Horst Buchholz, 1957

sie durch ihre Auswahl zeichnete und durch Streichungen in den Briefen, die sie noch nicht einmal als solche kenntlich machte, ist ein Bild von ihren Gnaden. Das bedeutete, dass die latente Homosexualität mit keinem Wort erscheinen durfte und dass der »Zauberer« möglichst originell daherkommen sollte, denn Originalität war Erikas eigenes Charakterideal. Konflikte blieben unerwähnt: So vernimmt man kein Wort von den Streitigkeiten zwischen Vater und Tochter 1936. Die immerwährende reine Harmonie zwischen ihr und ihrem Vater sollte suggeriert werden.

Die Kritiker bemerkten diese Strategie und goutierten sie wenig, außerdem erschien ihnen Erika Mann als dilettantische Editorin ungeeignet, einen gültigen Anmerkungsapparat zu erstellen. Dieser Gegenwind ermüdete sie zusätzlich, war sie doch so lange vom Erfolg verwöhnt gewesen.

Immer wieder prozessierte Erika (und von ihr aufgestachelt auch Katia) daneben gegen »illegale« Veröffentlichungen im Kielwasser Thomas Manns, etwa gegen die Parodie *Olympia*, eine Fortsetzung des unfertig gebliebenen *Felix Krull*-Romans von Robert Neumann im Verlag von Kurt Desch: Ganze 19 Zeilen mussten am Ende gestrichen werden.[274]

Die Schwestern auf getrennten Wegen II

Monika Mann, die ruhig auf Capri lebte, veröffentlichte 1960 ein weiteres kleines Buch mit dem Titel *Der Start – ein Tagebuch*. In kurzen impressionistischen Texten stellt sie etwa die Karriere eines Pianisten mit allen Skrupeln, Ängsten, seiner Drogenabhängigkeit und seiner Liebe zu

Italien dar; dann ist da ein Text mit dem Titel *Mutter* und am Schluss eine *Kleine Lebensbeichte.* Darin, nachdem von Lebensfreude, Musik und anderen freudigen Ereignissen die Rede gewesen ist, von zahlreichen Liebesbriefen, die sie schrieb, dem Tagebuch, den Gedichten und den vielen Freunden, kommt die Wende: »Während die Welt immer lauter wurde und sich immer gefährlicher zusammenballte, wurde es immer stiller und einsamer um mich her.«[275] Sie fasst ihr Leben danach in rasanter Weise zusammen, kommt auf Jenő Lányi und seinen schrecklichen Tod zu sprechen und kennzeichnet ihre Zeit in Amerika als zwölfjähriges Vagabundieren, das ihr das aktive Musizieren austrieb: »Jenes nur zu ausgesprochene, dabei inartikulierte Volk ließ mich zu Kreuze kriechen und vom Ton zum Wort hinabsteigen.«[276] Sie erwähnt gewaltige Leseleistungen in allen Genres von der Bibel bis zu Morgenstern, benennt ihre Übersetzungen und Essays und endet mit ihrem Leben auf Capri, ohne jedoch Antonio Spadaro zu erwähnen. Der letzte Satz des kleinen Nachworts lautet: »Und ich glaube, aus jenem Versöhnungstrieb [von Licht und Dunkel beispielsweise, Anm. A.S.] wird das dichterische Wort geboren.«[277]

Erika feuerte 1961 nun auch brieflich gegen Elisabeth: Sie fühlte sich überfordert durch die Verantwortung, die sie ihrer Meinung nach neben der Fürsorge für sich auch für die alte Mutter hatte. Sie warf Medi Egoismus vor und forderte sie auf, nach Kilchberg zu kommen. Aber Elisabeth wies diese Forderung zurück, begründete das mit ihrer Arbeit, die sie täglich zwölf Stunden lang verfolgen müsse. Sie fand diese Vorwürfe überraschend, schmerzlich, aber ungeeignet, um darauf einzugehen – hier handelte sie weise, denn Erika schrieb an die Schwester voller Ressentiments.

Erika arbeitete derweil unermüdlich an der Herausgabe von Klaus Manns Werken und setzte das Erscheinen der Romane *Der Wendepunkt*, *Der Vulkan*, *Symphonie Pathétique* und der Novelle *Vergitterte Fenster* durch. Im Rahmen der Edition der Thomas-Mann-Briefausgabe gab es nochmals einen Briefwechsel mit Adorno. Dessen Darmstädter Rede vom 24. März 1962 war für sie Anlass, Klärendes zu schreiben. Sie gab sich konziliant, indem sie zugestand, dass Thomas Mann Adornos Beitrag zu den Kompositionen Adrian Leverkühns im *Doktor Faustus* nicht genügend gewürdigt haben könnte – Adorno beanspruchte sie öffentlich in dieser Rede für sich.[278] Er erklärte ihr daraufhin im Einzelnen seine Arbeitsweise mit ihrem Vater. Sein Brief vom 19. April 1962[279], auf den es keine Antwort Erikas gibt, dient der Forschung heute als wichtigstes Dokument für die Zusammenarbeit Adornos und Thomas Manns bei dem Thema »Kompositionen Adrian Leverkühns«.

Von Monika erschien 1963 *Tupfen im All*, ein kleines Buch mit impressionistischen, aphoristischen Texten, in denen sie über allen Menschen vertraute Themen wie die Familie, das Haustier, bestimmte Städte und Lebensstadien reflektiert. Man hat nicht zu Unrecht die Verwandtschaft dieser Texte mit japanischen Haikus betont.

Elisabeth – allgegenwärtig

1963 war auch das Jahr, in dem Elisabeth in Amerika mit ihrem Buch *Ascent of Woman* hervortrat – sie hatte inzwischen 30 Jahre lang an der Thematik des Geschlechterproblems gearbeitet, denn sie konnte es einfach immer noch nicht hinnehmen, dass, wie sie es in der Familie immer wieder von den Eltern gehört hatte, »Frauen zweite Klasse sind – das glaube ich nicht.«[280] Und in der Tat vertrat sie nun zugespitzte Thesen und daraus abgeleitete Handlungsvorschläge für eine zukünftige Gesellschaft.

Es war das Buch einer Frau von Mitte 40, die als Autorin weitgehend unbekannt war. Lediglich Novellen waren zu diesem Zeitpunkt schon erschienen. Nun betrat aber eine ganz andere Elisabeth Mann mit einer neuen Stimme die Bühne. Um was handelte es sich bei dieser Schrift aber? Nicht um Literatur, eher um ein Sachbuch – nur: Um welche Sache ging es? Anders als im Amerikanischen hat der List Verlag der deutschen Übersetzung von 1965 unter dem Titel *Aufstieg der Frau* den Neben- oder auch Untertitel *Abstieg des Mannes?* hinzugefügt.[281] Das war ein starker Hinweis.

Elisabeth hatte ja nicht als Studentin, sondern als Mitarbeiterin und Hilfskraft ihres Manns das akademische Leben kennengelernt, und sie hatte die Arbeit »an dem Material« (also allem, was sie seit ihrer Jugend über den Geschlechterunterschied finden konnte) auch nach dem Tod Borgeses 1952 fortgesetzt. Der *Aufstieg der Frau* überwindet alle akademischen Fachgrenzen souverän. Blicke in das Inhaltsverzeichnis am Beginn bzw. das Personen- und Sachregister am Ende des Buches reichen aus, um zu erkennen, dass hier das ganz große, nur Autodidakten zugängliche Gedankengebäude entstanden ist. Es geht um nichts Geringeres als eine neue Evolutionstheorie, die sich, anders als bei Charles Darwin, nicht auf die Entwicklung der (Tier- und Pflanzen-) Arten beschränkt – das wird als zutreffend vorausgesetzt –, sondern diese Theorie der Natur mit einer Evolutionstheorie der (menschlichen) Kultur verknüpft. Das allein wäre weder neu noch originell. Originell ist Elisabeths Ansatz aber dennoch, da sie bereits in der frühen Nachkriegszeit und zudem als Frau die maßgebliche Konstante dieser kulturellen Evolution im Geschlechterverhältnis sieht. Ihre These ist, dass die »Kultur« des *Homo sapiens* sich zwar bisher – und insoweit eben wie in der Natur – nach den Gesetzen von Mutation und Auslese entwickelt und zu einer immer stärkeren kulturellen Ausdifferenzierung bzw. Individualisierung geführt habe, dass der Mensch nun aber am Übergang zu einer neuen Epoche stehe. Diese sei universal, durch Massen geprägt – also nicht mehr am Individuum orientiert – und deshalb vor allem nicht mehr männlich, sondern weiblich konnotiert. Sie beschreibt eine neue Epoche kultureller Evolution, für die ihr die heute gebräuchlichen Begriffe fehlen; aber was sie beschreibt, ist auch ohne diese Begriffe nichts anderes als das, was wir als Transhumanismus und das aufsteigende Anthropozän bezeichnen: Der Mann als das bestimmende Geschlecht in der kulturellen Entwicklung hat die Kultur des Menschen an einen Punkt geführt, an dem geschlechtliche, sprachliche, nationale Differenzierungen überflüssig werden. Elisabeth macht sich für die postnatürliche menschliche Entwicklung den Ausspruch des amerikanischen Genforschers und Nobelpreisträgers Herman J. Muller zu eigen: »Von nun an ist die Evolution das, wozu wir sie machen«[282], sie ist heute und nun in ihren eigenen Worten: »in unseren Händen«.

Auschwitz und Hiroshima liegen bei Erscheinen des Buches keine 20 Jahre zurück; das aus heutiger Sicht Erstaunlichste bei der Lektüre von Elisabeth Mann Borgeses Großessay ist daher der durchgängige Optimismus, mit dem sie all ihre Thesen und Hypothesen vertritt: Die Zukunft erscheint ihr vollkommen zweifelsfrei als dynamisch, tiefgreifend gewandelt, kollektiv – und das heißt für sie: angenehm, nicht aggressiv, kurz: weiblich geprägt.

Der Schluss, den Elisabeth *Epilog* nennt und mit *Mein eigenes Utopia* überschreibt, ist in diesem Kontext wohl der wichtigste Teil. Denn hier erzählt sie erneut *das* Schlüsselerlebnis ihrer frühen Kindheit, als Katia von ihren Gästen wissen wollte, wer von den beiden »Zwillingen« das Mädchen, wer der Junge sei, und die Dame sofort erriet, wer der Junge war, weil er einfach »ernsthafter« aussah ... Die todernsten Blicke Elisabeths waren bekanntlich die Folge. Das Geschlechterproblem beschäftigte sie ohne Unterlass ihr Leben lang.

Vor diesem Hintergrund wird deutlich, dass sie die Zeit der Ehe, Mutterschaft, ihre dienende Tätigkeit für ihren Mann in einer Art Zwischenphase verbrachte, die erst durch das »eigentliche Leben« nach dem Tod Borgeses »geheilt« werden konnte. Nie mehr heiratete sie, verheiratete Männer oder Witwer waren ihre Partner, sie wählte, sie entschied, kam und ging, eine vollkommen gewandelte Situation also. Aber immer waren es Männer, mit denen sie geistige Interessen teilte und die Welt verändern wollte: nicht gewaltsam, sondern zu einer anderen Einstellung der Natur gegenüber. In ihrem besonderen Fall stand für die Natur das Meer, das sie seit der Kindheit faszinierte.

Sie führt aus, sie habe in einer Übergangsphase gelebt, in der man vielleicht noch dem Stillen oder dem Austragen eines Kindes einige Jahrzehnte lang nachtrauern werde, um dann endgültig auch davon Abschied genommen zu haben, da es so hinderlich für die Entwicklung der Frau sei und eine Schwangerschaft auch in die Umwelt, außerhalb des mütterlichen Organismus, verlegt werden könne.[283]

Diese Phase gehe vorbei, so die ewig optimistisch klingende Elisabeth Mann Borgese, und zwar aus mathematisch-naturwissenschaftlich zwingenden Gründen.

Ihr Studium zum Geschlechterproblem vermochte Elisabeth zu befreien. Sie war jetzt, in der Mitte ihres Lebens, euphorisch und frei, ihre eigene, wahre Existenz zu beginnen, eine Existenz, in der, wie sie glaubte, bald die Armut unbekannt sein würde, in der die Gemeinschaft kostenlos Nahrung, Kleidung, ärztliche Betreuung, Versicherung, Erziehung und Transport gewährleistete, der Mensch nur noch etwa zwei bis drei Stunden am Tag arbeiten musste, aufgrund der Automatisierung von Arbeitsprozessen. Längst würde es keine Kriege mehr geben, alle Weltbürger lebten friedlich auf dem Globus miteinander. Muße würde in ihrer Vision ein natürlicher Zustand sein, in der jeder Mensch Künstler war ebenso wie Philosoph. Lediglich große atomare Katastrophen könnten bewirken, dass ein Teil der Weltbevölkerung zu genetischer Untüchtigkeit degeneriert werde.[284]

Kinder würden in kollektiven Instituten ihre ersten beiden Lebensjahre verbringen, dann in Familiengruppen groß werden, da die »müßige Masse« Kindererziehung als ihre Lieblingsbeschäftigung erkoren habe, und im Alter von 18 bis 20 Jahren würden alle Kinder nach Beendigung ihrer Grundausbildung zu Frauen![285] Die Frauen wären die Trägerinnen der dann überhaupt noch übrig gebliebenen Arbeit. Danach würden sie »Naturwissenschaftler, Ärzte, Spezialisten aller Gebiete, Manager, Erzieher und Sozialarbeiter. Die Frauen sind in ihrem Gedankengebäude die politische Macht und auch reif, Familien zu gründen. Sie verbinden sich mit Männern, die ehedem Frauen waren, sich aber im Alter von 45 Jahren, nachdem sie gearbeitet und Kinder erzogen haben, zum Mann gewandelt haben ... einem Mann, der von nun an einer jüngeren Frau als Lehrer und Inspirator dient, ihr ›Weisheit und Tugend‹ vermittelt.«[286]

Ihr Buch wurde zwar von der *Herald Tribune* freundlich aufgenommen, von den Feministinnen jedoch wütend verrissen. Das jedoch war ihr egal, sie war, der Lektion Dr. Katzensteins folgend, schon einen Schritt weiter: »Ich fühlte mich durchaus frei.«[287] Entsprechend hakte sie die Geschlechterproblematik nun endgültig ab. Und sie blickte ab sofort nur noch freundlich lachend in die Kamera. Ein Fall von Selbstheilung durch die konsequente jahrzehntelange Arbeit am »Material« zum Geschlechterkonflikt.

Zu ihrem neuen und sie bis zuletzt beschäftigenden Lebensthema wurde das universale, alle Kreaturen verbindende, lebensnotwendige, bedrohliche, bedrohte und unendlich großartige Meer.

Außerdem betrieb sie ab sofort erfahrungswissenschaftliche Experimente mit ihren Hunden, die sie seit dem Umzug nach Italien stets hielt. So war sie aufgewachsen – Thomas Manns enges Verhältnis zu seinen Hunden ist bekannt. Nun erfuhr sie von einer Hündin, die angeblich ein Medium sei – sie konnte Buchstaben erkennen und Bilder zuordnen (etwa das Wort Pferd zu einem Bild von einem Pferd[288]). Nur einem einzigen ihrer eigenen Hunde konnte Elisabeth allerdings das Schreiben auf einer Schreibmaschine beibringen, und zwar von Worten, die für ihn eine Rolle spielten, etwa »Meat«, »Dog«, »Cat«, oder seinen Namen, »Arli«. Elisabeth hatte im Laufe der Zeit bis zu acht Hunde gleichzeitig, immer Setter. Und neben dem Schreibmaschineschreiben durften sie auch das

Klavierspielen erlernen, und zwar mit den Nasen, auf einem Spezialklavier mit sehr großen Tasten. Einer ihrer Hunde, Claudio, war besonders musikalisch …

Elisabeth nahm diese Studien ernst, wie sie letztlich alles ernst nahm, was sie tat: Sie wollte sich neben der Frage der Gerechtigkeit der Meeresbewirtschaftung weltweit auch herantasten an den Intellekt von Tieren und ihre Kommunikationsmöglichkeiten mit den Menschen. Ihre Arbeitsmotivation und ihre Energie waren enorm. Und ihr ganzheitlicher Ansatz, das Leben zu verstehen und das Zusammenleben der Menschen zu verbessern, umfasste eben auch die Beziehung zwischen Mensch und Tier.

Daher wurde sie nun Vegetarierin und reiste im Januar 1964 nach Indien: Elefanten standen jetzt auf ihrem Forschungsplan – und sie konnte einer Elefantin mit ihrer Lehrmethode beibringen, einen verdeckten Teller mit Belohnungsfutter von einem anderen ohne Futter zu unterscheiden. Ihre Ergebnisse zur Möglichkeit der Kommunikation mit Tieren sollte sie 1966 in dem Buch *The White Snake* niederlegen (dt. unter dem Titel *Wie man mit den Menschen spricht*, 1971).

Wenig später trat Robert Hutchins, ihr Freund seit über 20 Jahren, an Elisabeth mit der Frage heran, ob sie sich an einem neuen *Center for the Study of Democratic Institutions* eine koordinierende, kommunikative Stellung in Santa Barbara vorstellen könne. Daneben trug er ihr auch die Mitarbeit an der Herausgabe der *Enyclopædia Britannica* an. Fast alles sprach damals in Elisabeths Augen dafür. Die Töchter waren erwachsen, nur der betagte Corrado Tumiati sollte in San Domenico bleiben können. Also begann sie zu pendeln – ein halbes Jahr Santa Barbara, ein halbes Jahr Florenz – bis zu Tumiatis Tod im

Jahr 1967. Elisabeths Arbeit wurde jetzt so vielfältig wie jene Erikas in den 1930er- und 1940er-Jahren.

Im Center arbeiteten etwa 20 Wissenschaftler der unterschiedlichsten Fachrichtungen und trafen sich täglich zu Sitzungen. Jeder musste seine Themen präsentieren – Elisabeth griff wegen ihrer immer noch großen Schüchternheit zuvor zu Beruhigungsmitteln, im Glauben, sie seien harmlos, so hatte sie es im Elternhaus gelernt.[289] Doch sie war glücklich an diesem Institut, hatte das Gefühl, unmittelbar an die Weltverfassungsidee anknüpfen zu können: Internationale Konferenzen zum Friedensthema wurden organisiert, und sie veröffentlichte. Elisabeths Bungalow in Santa Barbara, mit dem Setter an der Schreibmaschine, dem Affen Bob, der auch allerlei zum Besten gab – das war auch ein Raum gastfreundlicher Nähe zu Menschen von überall. Und all das hätte noch länger so bleiben können.

Aber war sie durchgängig so loyal und frei und menschenliebend, wie es scheint? Ihr Neffe Frido gab in seinen Erinnerungen preis, dass er trotz einiger Einladungen in ihr Sommerhaus in Forte dei Marmi nahe Florenz und großzügiger Präsentationen zugunsten erster Kompositionen von ihm über ihre Töchter, also seine Cousinen Angelica und Dominica, »rückblickend erschreckend abschätzige Äußerungen meiner Tante über mich, die mich zu einer erneuten Kontaktaufnahme nicht sonderlich ermutigten«,[290] vernommen hatte.

Die Schwestern auf getrennten Wegen III

1964 konnte Erika nach einer Operation in Oxford nur noch mühsam laufen. Sie lebte weiterhin mit einem Cocktail aus Schlafmitteln und Drogen, die munter machen sollten – ob sie abhängig davon war oder nur daran »gewöhnt«, kann im Nachhinein nicht entschieden werden –, doch Krankheiten nahmen einen immer größeren Raum in ihrem Leben ein.

Katia wiederum wollte in diesem Jahr erstmals dem Besuch ihrer Tochter Monika im Sommer ganz aus dem Weg gehen und lud sie aus: Der Ton eines Briefs von Monika an sie hatte ihr missfallen ... Monika stürzte ob dieser Nachricht in ein depressives Loch, vertraute einem Freund, Rolf Schott, an, dass das Elternhaus für sie »den Vater, das Ganze, die Herkunft, meine Existenz«[291] bedeutete. Sie konnte die für sie aus heiterem Himmel kommende Absage der Mutter nicht begreifen. Aus Südtirol bat sie Antonio Spadaro um Hilfe, der ständig Briefe schrieb und schließlich selbst überfordert war.

Erst Ende August kam das Signal aus Zürich, dass Katia die Tochter doch noch empfangen wollte, aber der gemeinsame Aufenthalt währte nur wenige Tage. Ab sofort hatte Monika auch zu Erika keinen Kontakt mehr. Was Katia und Erika aufbrachte, war, dass Monika, die ihrer Ansicht nach keine tiefe Beziehung zum »Zauberer« gehabt hatte, nun immer wieder Familienerinnerungen veröffentlichte.

Hinzu trat die ganze Palette der Diskriminierungsattribute gegen Monika: ihre Schwäche, ihre Hysterie, ihre

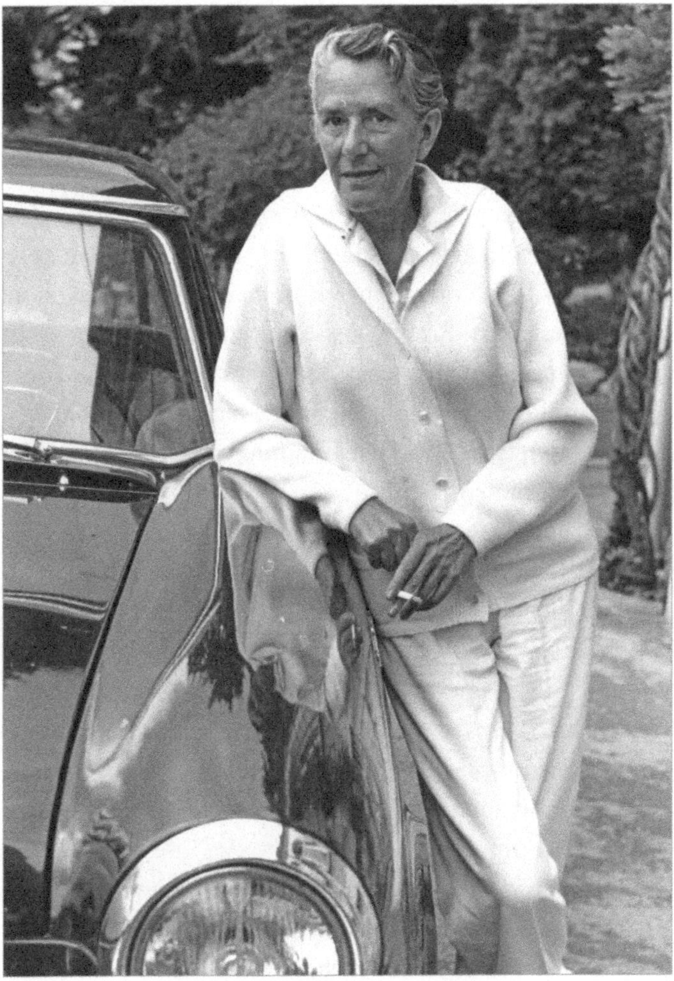

»Der Ehrenplatz für mein Gefühl ist zwischen allen Stühlen …«
Erika Mann, treuer »Nachlassschatten« des Vaters, Ende der 1950er-Jahre

die Weiblichkeit betonende Persönlichkeit samt ihrer bis ins Alter kultivierten Locken, ihre Unfähigkeit, Geld zu verdienen, außer über die Schiene »Thomas Mann«. Aber durften nicht vor allem Erika und Klaus auf den Flügeln der Berühmtheit des Vaters segeln?

Geschrieben haben sie schließlich alle, die Kinder von Katia und Thomas Mann. Und Monika schrieb auch sehr viele Feuilletons über Musik: Irgendwann erkannte sie, dass das Hören von Musik und das Schreiben darüber ihre eigentliche Fähigkeit war, und hier hatte sie nicht den Leistungsdruck des Vorspielens zu bestehen, sondern konnte aus ihrem reichen Erfahrungsschatz schöpfen und einordnen, in einer sympathischen, persönlichen Sprache voller ungewöhnlicher Wendungen. Sie versuchte jahrelang, eine Balance zwischen ihrer Selbstfindung und ihrer Familienbindung zu finden.

Katia und Erika als Frauenhasserinnen zu sehen, obwohl selbst Frauen – etwas ist schon an dieser These stimmig. Sie liebten es, sich »männlich« zu geben. Und auch Elisabeth hatte sich dem strengen Äußeren der Mutter und ältesten Schwester angepasst, trug immer Herrenhaarschnitt, gern Hosen … sie alle außer Monika waren burschikos, dennoch vornehm, sprachen mit tiefer Stimme. Doch Elisabeth hasste weder Frauen noch Männer, sie war in Einklang mit sich.

Erika jedoch blieb auch als Kranke wachsam und streitbar, ertrug keine Kratzer an Thomas Manns glanzvollem Bild, gerade posthum nicht, denn er konnte sich nicht mehr wehren: Sie war und blieb der »bleiche Nachlassschatten«.[292]

Von Monika erschien 1966 das Büchlein *Wunder der Kindheit. Bilder und Impressionen*, in dem sie das

Erwachsenwerden eines Kindes, dessen tastende Bewegungen nach Orientierung beschreibt. Die Widmung lautet: »Für Mielein, meine Mutter«. Es ist daher auch als Selbstauskunft zu lesen, einer der vielen Versuche Monikas, der ihr gegenüber immer abweisender agierenden Mutter einen Schlüssel zu ihrer, Monikas, psychischen Verfasstheit an die Hand zu geben. Doch eine Reaktion der Mutter darauf ist nicht nachzuweisen.

Erika konnte die dreibändige Ausgabe der Briefe Thomas Manns abschließen und fand nun trotz ihrer sich seit 1958 beständig verschlimmernden chronischen Knochen- und Hüftgelenkkrankheit, ihrer häufiger werdenden Stürze und Gehschwierigkeiten noch einmal Kraft, sich für politische Themen zu interessieren: für den Vietnam-Krieg, den Israel-Konflikt, die dramatische Situation in Biafra, die Jugendprotestbewegung. Im Vergleich zu den Zeiten des Nationalsozialismus, als klar war, dass man entweder gegen die Barbarei des Hitlertums votierte oder für sie, war es nun wesentlich komplizierter, einen Standpunkt einzunehmen. Sie schreibt: »Der Ehrenplatz, für mein Gefühl, ist zwischen allen Stühlen, ein sehr unbequemer Ehrenplatz, auf dem ich schon seit langer Zeit sitze ...«[293] Alten Freunden schrieb sie »Scheidebriefe« und musterte radikal aus. Ende 1968 sollte Erikas Gehbehinderung ohne Chancen auf Besserung sein.[294]

Zuvor, 1967, erschien Monikas letztes Buch zu Lebzeiten, *Der letzte Häftling. Eine wahre Legende in onore eines (letzten) Komponisten.* Es ist eine sehr kurze (zwölf Seiten), wirr wirkende Novelle rund um einen Komponisten, der als letzter Insasse in einem Zuchthaus einsitzt: Er hat seine Geliebte getötet, die ihn mit seinem Vater betrogen hatte.

Elisabeth wiederum erkannte immer deutlicher das Meer als großes Forschungspotenzial und wiederum auch als Möglichkeit, das alte gemeinsame Thema mit Borgese, die Weltverfassung, damit zu verknüpfen: Sie setzte sich nun für den Schutz von Tier- und Pflanzenwelt im weltweit gemeinsamen Lebensraum Meer ein und wollte an einer Definition von territorialen Grenzen der einzelnen Staaten hinsichtlich der Tiefsee arbeiten. Es ging ihr bereits um die Umweltverschmutzung, Überfischung und verwandte Themen.

Im Jahr 1967 hielt Arvid Pardo, UN-Botschafter von Malta, vor der UN-Vollversammlung eine Rede, die von ihr als persönlicher Appell aufgenommen wurde: Der Raum des Ozeans, die tiefe See, müsse samt seiner Bodenschätze zum »gemeinsamen Erbe der Menschheit« erklärt werden, nicht auszubeuten von einzelnen Staaten, unantastbar in jeder Hinsicht.[295] Elisabeth erkannte ihr neues Ziel, Angelpunkt für das ursprüngliche Ziel, die Weltverfassung.

Sie band Robert Hutchins ein, der sich von ihr begeistern ließ, und bot an, eine Ausarbeitung der vorliegenden internationalen Ideen auf dem Gebiet des Seerechts vorzunehmen: Ein Drei-Jahres-Projekt des Centers schloss sich an, das Ziel war eine Konferenz auf Malta, *Pacem in Maribus / Für den Frieden in den Meeren.*

Elisabeth lud Arvid Pardo nach Santa Barbara ein, und beide konnten sich die Stichworte nur so zuwerfen: »Er war ein Genie, realistisch und visionär zugleich, religiös und zynisch. Er, mein Mann und mein Vater sind die drei Menschen, die den größten Einfluß auf mein Leben genommen haben.«[296]

Ungebremst von Scheu vor bürokratischem Aufwand, erarbeitete Elisabeth mit den Wissenschaftlern in Santa Barbara und hinzugezogenen Meeresbiologen einen Entwurf für eine Seerechtsverfassung. Noch einmal handelte sie damit im Sinne Borgeses – auf einer letztlich niedrigeren Ebene, die aber aus heutiger Sicht eigentlich die lebensentscheidende ist, denn die Anzeichen der Klimakatastrophe waren damals zwar schon erkennbar, und Elisabeth sah sie auch kommen, aber sie war im allgemeinen Bewusstsein noch nicht so präsent wie heute.

Erika stand nach wie vor in Kontakt mit Therese Giehse und gratulierte ihr in einem ausführlichen Artikel[297] zum 70. Geburtstag am 6. März 1968. Sie blickte auf 40 Jahre Freundschaft und etliche Jahre gemeinsamer Arbeit mit der berühmten Charakterdarstellerin zurück. Der Artikel inspirierte den Verleger Berthold Spangenberg dazu, Erika erneut die Abfassung eines eigenen Erinnerungsbuchs nahezulegen, was aber von Erika aufgrund ihrer Nachlassverpflichtungen abgelehnt wurde.[298] Zur gleichen Zeit wurde der Roman *Mephisto* von Klaus Mann, für dessen Herausgabe bei Spangenberg sich Erika lange eingesetzt hatte, gerichtlich verboten.[299] Der Verleger konnte immerhin in der *F.A.Z.* eine »Stellungnahme« dazu veröffentlichen. Mit letzten Kräften setzte sich Erika für das Werk ihres Bruders ein: Sie beriet Martin Gregor-Dellin bei seiner Herausgabe der Essays von Klaus und fertigte die notwendigen Übersetzungen aus dem Englischen an.

Erikas Tod

Erika starb am 27. August 1969 im Zürcher Kantonsspital nach einer fünf Monate währenden schweren Erkrankung an einem inoperablen Hirntumor. Neben Katia war es nur Signe von Scanzoni, die die Todkranke zuletzt noch besuchte. Signe hatte in ihrem »Bericht über Erika Mann« von dem gemeinsamen Plan geschrieben, mit ihr nach Katias Tod zusammenzuleben, und klarsichtig auch am Ende dies: »Der Tod erschien Dir – im Grunde – immer als ein erstrebenswerter Partner. Du hast ihn Dir erkämpft. Ich werde mich noch eine Zeit im Nichtleben üben –.«[300]

Signe von Scanzoni organisierte auch die Trauerfeier für Erika. In der Kilchberger Kirche wurde am 30. August 1969 ihrer gedacht. Katia Mann bedankte sich ausdrücklich in einem Brief dafür bei Erikas Freundin. In ihrem Bericht konstatierte Signe letztlich Beziehungslosigkeit zwischen den Manns und Mangel an Vertrauen: »Darüber baut sich eine schöne Scheinwelt bürgerlichen Wohlverhaltens, ein Repräsentativverhalten von der gepflegtesten Art; denn schließlich: Wir sind zwar nicht in Bayreuth, aber immerhin doch ...«[301]

Erika wurde auf dem Kilchberger Friedhof im Familiengrab beigesetzt. Monika wohnte dem Begräbnis nicht bei, während Golo, Elisabeth und Michael ihrer Mutter das Geleit gaben. Katia verübelte das der Tochter und schrieb an Monika. Diese antwortete gefasst, sie sei jetzt 59 Jahre alt und dass sie mit ihrem selbst gewählten Eremitendasein versuche, ihr Leben ohne Aufsehen zu leben. Ein selbstbewusstes und dennoch bescheidenes Wort einer vom Schicksal gebeutelten Frau. Dem Freund Rolf Schott gestand sie, dass sie ihre harte Mutter nicht liebe, sich aber nicht vorstellen könne, wie es ohne sie wäre ...

Dem Regisseur Heinrich Breloer hat Monika in einem Gespräch, nach ihrem Verhältnis zum »Zauberer« befragt, geantwortet: »Ich kann mich nicht erinnern, daß ich je ein Gespräch mit meinem Vater gehabt habe. Vielleicht mal ein bißchen über Musik ... Obwohl ich auch schon erwachsen war, als mein Vater starb ... ich kann mich nicht besinnen ...«[302]

Nur ein einziges Mal erhielt Monika Besuch an ihrem selbst gewählten Rückzugsort – von der konzilianten und viel reisenden Elisabeth.

Elisabeth und das Seerecht

1970 fand die erste Seerechtskonferenz auf Malta statt. Arvid Pardo arbeitete dafür mit Elisabeth zusammen: 300 Experten reisten an, in der Folge wurden sie bedeutende Meeresbiologen oder Seerechtler. Die Konferenz auf der Mittelmeerinsel vermochte zu inspirieren. Und etwas Außergewöhnliches geschah: Elisabeth wurde im selben Jahr als einzige Frau Gründungsmitglied des legendären Club of Rome, der 1972 mit dem Buch *Die Grenzen des Wachstums* schockieren sollte.

Sie erkannte jedoch mit ihrer wachen Intelligenz rasch, dass der Club of Rome kein visionärer Zukunfts-Workshop war, sondern eher ein den Protest verwaltender Verein der Superreichen ... Entsprechend fand sie ihre Rolle dort nur bedingt. Der Club of Rome war das Eine, das Ozeanprojekt das Andere, Wichtigere.

Für das Ozeanprojekt bat Elisabeth bei UN-Organisationen um Spenden und hatte viel Glück, denn sie konnte noch 1972 ein internationales Ozeaninstitut auf Malta gründen, das *International Ocean Institute* (IOI), das als NGO beratende Funktion bei der UN hat und im Wesentlichen von der *Ocean Science and Research Foundation* (OSRF) und anderen Partnern finanziert wird. Heute gibt es mehr als 20 Landesvertretungen des Ozeaninstituts weltweit.

Arvid Pardo wurde 1974 Elisabeths Lebensgefährte. Wenngleich sie sich nur zwei- bis dreimal im Jahr für einige Wochen intensiv sahen, war die Beziehung dennoch wichtig für beide: Der verheiratete Pardo war der Typus des respekteinflößenden älteren Manns wie zuvor Borgese, dann Tumiati. Elisabeths Einsicht, dass gemeinsame Arbeit und Liebe sich ergänzen mussten, bestätigte sich, so nahm sie es nachsichtig hin, dass Pardo sich nie von seiner Ehefrau trennte.

Ihr Buch *The Drama of the Oceans* erschien 1974/1976 (dt. unter dem Titel *Das Drama der Meere*, 1977) und wurde ein Bestseller – den Erlös investierte sie in die nächste Seerechtskonferenz *Pacem in Maribus*, insgesamt 200 000 Dollar. So also war sie, »Eisenstirnchen« Elisabeth, kompromisslos und eigenständig – sie von den drei Töchtern am meisten.

In ihrem Buch brachte sie alle damals verfügbaren Erkenntnisse über die Gefahren der Ausbeutung der Meere auf den Punkt: Sie sah die heute realen Umweltkatastrophen voraus und forderte damals schon eine »Ethik des Fischfangs«. Sie entwickelte Ideen für Meeres-Wärme-Kraftwerke und sah in Mangan-Knollen unerschöpflich sich erneuernde Energieträger. Sie klagte die Thermalverschmutzung an und benannte ganzheitlich orientierte Ingenieure, die helfen könnten, kreative Zukunftskonzepte zu entwickeln. Sie forderte ein modernes, international wirksames Seerecht, um das Sterben der Meere zu verhindern, denn es bliebe nur noch wenig Zeit, um Lösungen zu finden.[303]

Das ist eine Utopie geblieben. Elisabeth Mann Borgese forderte »Pacem in Maribus«: Frieden auf den Meeren, wenn schon nicht an Land. Immer noch sind wir weit davon entfernt.

Was lehrt uns das? Dass diejenige, die ohne Leistungsanspruch einfach so geliebt worden war, das begabteste Kind war? Oder wurde? Nun, so weit kann man nicht gehen, doch Elisabeths Voraussetzungen interfamiliär waren ideal, und ihr Naturell der Anpassung und Nachgiebigkeit ebenfalls.

Wenn Elisabeth rote Rosen zum Todestag von Thomas schickte, war das willkommen, ein Telegramm Monikas mit dem Wort »Vatergedenken« traf indes auf wenig Gegenliebe bei der alt gewordenen Mutter – auch, dass Monika in der Schweizer Zeitung *Tat* Gedichte veröffentlichte, kreidete ihr Katia an. Dieser Tochter sprach sie Handlungsspielraum und Begabung ab. Doch nichts, was man von Monika liest, ist schlecht – einen Vergleich mit Thomas Mann darf man indes nicht anstellen. Wollte man das, könnten auch Texte von Klaus oder Erika verhandelt werden. Monika war vielfach auf die für sie gelegten familiären Minen getreten, unwillentlich, gutgläubig oder einfach, weil es von ihrer charakterlichen Anlage her unvermeidlich war. Letztlich jedoch folgte sie einem Kompass, der sie vor vielen Fallstricken, die auch in ihrer Familie gelegt waren, bewahrte: Sie brauchte weder Alkohol noch Drogen oder Beruhigungsmittel.

Monika las 1974 das soeben erschienene Erinnerungsbuch ihrer damals 91 Jahre alten Mutter *Meine ungeschriebenen Memoiren.* Darin fällt kein einziges Mal Monikas Name, während alle anderen Kinder erwähnt und gewürdigt werden. Damit fühlte sie sich quasi ausgelöscht.

Michael wurde in Katias Erinnerungen immerhin am Rande erwähnt. Der begabte Musiker hatte ab 1958 Germanistik studiert und war Professor in Berkeley geworden. Dann hatte er sich der Herausgabe der Tagebücher seines Vaters gewidmet, denn auch er wollte sich in die Firma Thomas Mann einbringen. Dabei erfuhr er, dass er ein im Grunde unerwünschtes Kind gewesen war. Die Eltern hatten ja zunächst über eine Abtreibung nachgedacht. Zudem wurde ihm jetzt endgültig bewusst, dass er lediglich im Schatten von Thomas Mann existiert hatte. Und dass das Grundprinzip der Firma Mann darauf beruhte, alles auf den Vater auszurichten, auf sein Wohlbefinden, seinen Arbeitsfrieden, und alles andere diesem Ziel untergeordnet zu werden hatte. Die sechs Kinder, die in dieser Firma groß wurden, hatten von Anfang an entweder, bei Begabung, mitzuarbeiten oder sich zumindest kooperativ zu verhalten, ohne im jungen Alter wissen zu können, dass dies trotz der vordergründigen Liberalität der Eltern von ihnen verlangt wurde. Denn es wurde den Kindern niemals erklärt. In der Neujahrsnacht 1977 starb Michael unter dem Einfluss einer Mischung aus Alkohol und Drogen.

Katia Mann durfte nichts vom Tod ihres jüngsten Sohnes erfahren, sie war seit einiger Zeit verwirrt, suchte nach der schon verstorbenen Erika, fragte nach ihrer Mutter und ob sie denn gar keine Kinder mehr habe.

Die Herausgabe der Thomas-Mann-Tagebücher fiel nach Michaels Tod Peter de Mendelssohn zu, einem Vertrauten der Familie, der auch Monika seine Fassung vorlegte.[304] Je mehr sie im Manuskript las, umso mehr trübte sich ihr Vaterbild ein, wie es schon Michael ergangen war.

Aber Monika vermochte sich erneut aus dem Sumpf dieser Liquidierung ihrer Person, lange bevor sie davon eine Ahnung hatte, zu ziehen. Sie gab alle Einträge Thomas Manns zu ihrer Person frei – und hätte es doch in der Hand gehabt, diese Passagen tilgen zu lassen. Eine noble Geste, denn sie fühlte sich der Wahrheit verpflichtet.

Ihre kleine Rache: Sie gab jetzt Interviews. Über sich selbst. Dabei kamen die noch lebenden Familienangehörigen nicht gerade gut weg. Ende der 1970er-Jahre beendete sie ihr berufliches Schreiben. Zuletzt hatte sie die kleinen Formen bevorzugt. Sie genoss weiter das Leben auf Capri, die »Isoliertheit«, die sie, wie sie sagte, schon immer sehr gern gehabt hatte – ein Gemeinschaftsmensch war sie nie gewesen, die Familienfotos der Manns zeigen das.

Elisabeth ging 1978 leichten Herzens nach Kanada. In Halifax in Nova Scotia nahm sie eine Fellowship an, um zu schreiben, weiter an ihren Themen zu arbeiten, in Meeresnähe zu leben. Und ohne jemals ordentlich studiert zu haben, erhielt sie dort auf einem dieser seltsamen, für ihr Leben typischen unbürokratischen Wege an der Dalhousie University eine ordentliche Professur für Internationales Seerecht. Außerdem gab sie seit Ende der 1970er-Jahre das *Ocean Yearbook* mit heraus. Mit 62 Jahren wurde sie kanadische Staatsbürgerin und gab den amerikanischen Pass zurück.

Katia Mann starb 1980 mit 96 Jahren. Drei ihrer Kinder lebten noch: neben den beiden jüngeren Töchtern auch Golo, der sich zwischenzeitlich mit Monika überworfen hatte.

Als Antonio Spadaro Ende 1985 starb, wusste Monika, dass ihre Tage auf Capri gezählt waren – sechs Monate hatte sie noch Mietrecht in der Villa *Monacone* ... und dann? Immerhin kam doch noch Golo, um ihr eine Woche lang zur Seite zu stehen. Just mit ihm ergab sich nun ein neues Problem, denn sie wollte ins Elternhaus nach Kilchberg ziehen, wo er seit 1965 die meiste Zeit wohnte. Er lehnte das ab, da er die Schwester inzwischen für gemütskrank hielt und keinesfalls mit ihr zusammenleben wollte. Einem Freund gegenüber charakterisierte er Monika so: »Sie hat 32 Jahre auf Capri gelebt mit einem echten Caprenser, der nun gestorben ist. Da sie dort äußerst billig lebte, keine Steuern zahlte und niemandem auf Erden etwas schenkte, so ist sie sehr reich und könnte sich also hier jede beliebige Wohnung suchen. Warum muß es gerade in meinem Haus sein? Ich denke, sie will mich ausnützen, wie sie noch jeden ausgenützt hat, ohne ihm etwas dafür zu geben. Und diesmal tue ich es nicht ...«[305]

Monika vagabundierte nun, was ihrer Gesundheits- und Geistesverfassung weiter abträglich war. Schon im Winter 1986/87 wirkte sie auf eine Journalistin teilnahmslos.[306] Doch zog sie wirklich 1988 in Kilchberg ein. Die über die Tantiemen Thomas Manns reich gewordene, mehr und mehr demente Monika wollte zurück in ihr Elternhaus, wie sie ja auch zu Lebzeiten ihrer Eltern immer wieder dorthin gekommen war und immer wieder Ablehnung erlebt hatte: Sie kam von den Eltern, sie ging auch dorthin zurück. Gegen den Wunsch und Willen Golos. Daher lebten die alternden Geschwister zwar im selben Haus, aber nie zusammen. Elisabeth berichtete später, dass man auch Golo in seinen letzten Jahren »nicht mehr recht als zurechnungsfähig« habe bezeichnen können.[307]

Hans Beck, Golos Adoptivsohn, war schon gestorben, aber dessen Witwe, Ingrid Beck-Mann, ausgebildete Krankenpflegerin, holte Monika schließlich in ihr Haus nach

Leverkusen, das Golo ihrem Mann und ihr finanziert hatte, und pflegte sie. Monika verstarb am 17. März 1992 in Leverkusen und wurde im Familiengrab in Kilchberg beigesetzt. Anlässlich ihres Todes schrieb der *Corriere della Sera*: »È morta Monika Mann, ultima imperatrice di Capri.«[308] Sie sei nach Kaiser Tiberius die letzte Kaiserin von Capri gewesen, im Verborgenen lebend.

Ingrid Beck-Mann nahm nach Monikas Tod auch Golo bei sich auf. Monika hatte ihm ihren Anteil vom Erbe vermacht – und Golo, der am 7. April 1994 verstarb, vermachte alles den Beck-Manns, den ihm in den letzten Lebensjahren am nächsten Stehenden.[309] Auch Golo wurde in Kilchberg bestattet, auf eigenen Wunsch abseits vom Familiengrab.

Das einzig überlebende der Mann-Kinder, Elisabeth, bewies langen Atem, überzeugte zahlreiche Staatschefs im persönlichen Gespräch und durch ihre Publikationen, das Thema des Seerechts ernst zu nehmen. 1982 hatte sie sich freuen können, da 152 Staaten das Seerechtsabkommen unterzeichnet hatten: Die Hochsee war ab sofort staatsfreier Raum. Jeder Staat besitzt seitdem seine eigenen Rechte im Zwölfmeilengürtel, die Nutzungsrechte betragen 200 Seemeilen … dann kommt die Tiefsee als gemeinsames Erbe der Menschheit.

Doch erst zwölf Jahre nach der Verabschiedung des Seerechtsabkommens trat es 1994 in Kraft. Für Elisabeth hatte ihre Meeresarbeit durchaus etwas mit dem väterlichen Erbe zu tun, da sie im Werk ihres Vaters immer den Bezug zum Meer sah und bereits als Kind von ihm zu dieser Liebe geführt worden war.[310]

Sie arbeitete sich noch perfekt in die digitale Kommunikation ein und reiste unermüdlich um die Welt. Man ehrte

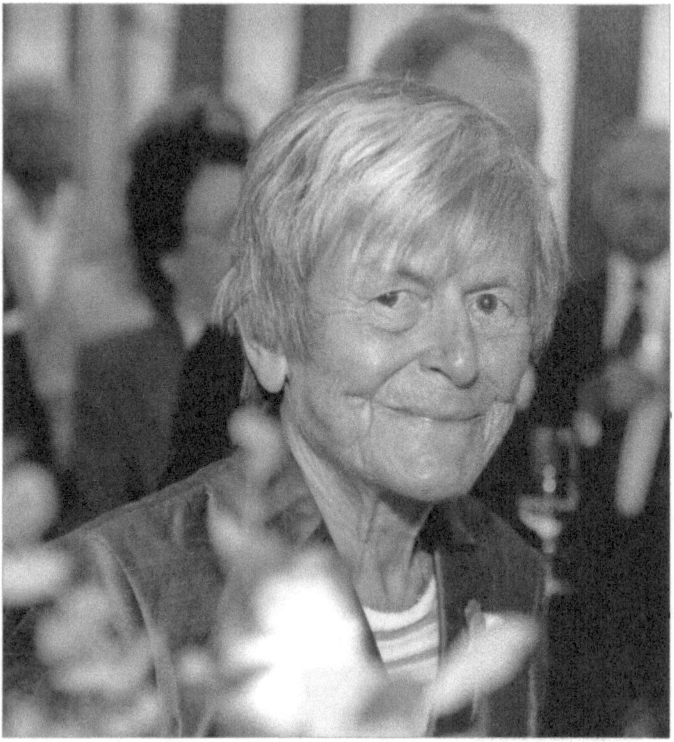

»Pacem in Maribus«, Frieden auf den Meeren –
Elisabeth Mann Borgese im Juni 2000

sie in vielen Ländern, sie erhielt dreimal eine Ehrendoktorwürde, den Order of Canada, das Große Bundesverdienstkreuz der Bundesrepublik Deutschland, das Hohe Verdienstkreuz der Republik Österreich und, wie zuvor Golo schon, die Auszeichnung ihrer Heimatstadt, *München leuchtet*. Elisabeth Mann Borgese war basisdemokratisch orientiert, daher unterstützte sie auch zahlreiche NGOs.

Golos Tod bedeutete für sie einen Schock, denn sie hatte niemals die Rolle des »Familienoberhaupts« übernehmen, sich daher auch nicht im Bereich des Medienrechts einarbeiten wollen. Das hätte sie tun müssen, um den Nachlass Thomas Manns und der übrigen Familienmitglieder angemessen zu verwalten: Jahrelang kämpfte man in der Folge gerichtlich um Monikas Nachlass.

Elisabeth arbeitete stattdessen beharrlich weiter auf dem Sektor der Ozeanologie und der Verantwortung des Menschen für seine Umwelt. Mehrere Hunde und ein Pflegesohn teilten ihr Leben in Halifax. 1999 starb ihr Lebensgefährte Arvid Pardo, noch in seinem Todesjahr veröffentlichte sie das Buch *Mit den Meeren leben*.

Viele Anfragen, sei es vonseiten der Presse, der Literaturwissenschaft oder von Verlagen, ließ sie unbeantwortet, übergab vielmehr ihrem Neffen Frido diesen Bereich:[311] Frido Mann, der vom Musiker zum Theologen und schließlich zum Psychotherapeuten geworden war, hatte zwischenzeitlich auch begonnen zu schreiben, sowohl Romane als auch Essaybände, 2008 dann seine bereits erwähnte Autobiografie *Achterbahn*.

Elisabeth Mann Borgese starb am 8. Februar 2002 an einer Lungenentzündung: Sie war noch einmal in ihre geliebte Schweiz, nach St. Moritz, zum Skifahren gereist. Auch sie ruht in Kilchberg.

Ihr Leben war eine langsame, aber stetige Aufwärtsbewegung gewesen, es führte sie von Erfolg zu Erfolg, und ihre Aufgaben waren mit immer größerer Verantwortung verbunden, während Erikas Leben bereits mit hohem Anspruch und hohem Prestige als junge Frau begonnen hatte und sich nach dem Zweiten Weltkrieg als eine stetige Abwärtsbewegung bezüglich ihrer Arbeitskraft und Kreativität, verbunden mit einem sich beständig verschlechternden Gesundheitszustand, darstellt. Monika, die mittlere der drei Schwestern, hatte sehr lange Orientierungsschwierigkeiten bei vielfältigen Begabungen künstlerischer Art. Die Bewältigung des Schocks über den Verlust ihres geliebten Ehemanns beim Schiffsunglück der *City of Benares* 1940 war eine immense Herausforderung. Sie musste sich erneut auf die Suche machen nach einem ihr gemäßen Lebensentwurf und einem neuen Lebenspartner. Das gelang der im Grunde sehr lebensfrohen Monika nach vielen Jahren, wurde aber von ihrer Familie niemals anerkannt. Drei Schwestern, drei Leben, so unterschiedlich man sie sich nur denken mag.

Ein ganzes Jahrhundert deutscher, europäischer Literatur- und Geistesgeschichte wurde von den Manns geprägt, und die drei Töchter hatten ihren nicht unbeträchtlichen Anteil daran. Sie agierten aufgrund unterschiedlicher familiärer Zuschreibungen und Voraussetzungen und verschiedener Erfahrungen höchst unterschiedlich. So kann über die Geschichte der drei Töchter von Thomas und Katia Mann das Spektrum an Entfaltungsmöglichkeiten bürgerlicher Frauen im 20. Jahrhundert sehr prägnant aufgefächert werden.

Anmerkungen

Die Literaturtitel in den Anmerkungen sind verkürzt angegeben; die vollständigen Angaben sind dem Literaturverzeichnis zu entnehmen.

1 Genaue Angaben im Literaturverzeichnis.

2 Etwa Eberhard Görner (1997), Marianne Scheuerl für den NDR (1999), Wolf Gaudlitz (1999) und Kerstin Holzer (2001).

3 Naumann/Roffmann, S. 305.

4 Thomas Mann, Große kommentierte Frankfurter Ausgabe, Bd. 21, Briefe 1: 1889–1913, S. 49.

5 Das Palais in der damaligen Arcisstraße 12 wurde im November 1933 abgerissen. An seiner Stelle entstand ein Verwaltungsbau der NSDAP, in dem im September 1938 das Münchner Abkommen unterzeichnet wurde. Heute hat das Gebäude die postalische Anschrift Katharina- von-Bora-Str. 10. Seit dem Ende der 1940er-Jahre befindet sich darin das Zentralinstitut für Kunstgeschichte und das Museum für Abgüsse Klassischer Bildwerke.

6 Vgl. Krause, S. 19.

7 Zit. nach Roggenkamp, S. 82 f.

8 Breloer, S. 44.

9 Katia Mann, S. 25 f.

10 Zit. nach Wüstner, S. 44.

11 Zit. nach Breloer, S. 43.

12 Katia Mann, S. 29.

13 Ebd., S. 29 f.

14 Vgl. Harprecht.

15 Berendsohn, S. 145.

16 de Mendelssohn, S. 897.

17 Pringsheim, Bd. 4 (1905–1910), S. 217.

18 Zit. nach Wüstner, S. 46.

19 Vgl. Klaus Mann: *Wendepunkt*, S. 26 f.

20 Monika Mann: *Vergangenes*, S. 13.

21 Ebd., S. 16.

22 Pringsheim, Bd. 4 (1905–1910), S. 288.

23 Ebd., S. 520.

24 Zit. nach Wüstner, S. 62.

25 Katia Mann: *Das Monika-Büchlein.* Zit. nach De Mendelssohn, Bd. 2, S. 1475.

26 Zit. nach Andert: *Monika Mann*, S. 21.

27 Zit. nach ebd., S. 91.

28 Monika Mann: *Das fahrende Haus*, S. 267 f.

29 Pringsheim, Bd. 4 (1905–1910), S. 242.

30 Monika Mann: *Vergangenes*, S. 24.

31 Berendsohn, S. 145.

32 Monika Mann: *Vergangenes*, S. 24.

33 Katia Mann, S. 56.

34 Ebd., S. 57.

35 Klaus Mann: *Woher wir kommen*, S. 213 f.

36 Monika Mann: *Vergangenes*, S. 30 f.

37 Ebd., S. 32 f.

38 von Scanzoni, S. 19.

39 Zit. nach Wüstner, S. 78.

40 Vgl. Andert, *Monika Mann*, S. 17.

41 Katia Mann, S. 78.

42 Zit. nach Andert, in: Katia Mann: *Monika-Büchlein*, S. 163.

43 Zit. nach ebd., S. 164.

44 Katia Mann, S. 78.

45 Das Haus in der Heißstr. 31 in Bad Tölz gilt als der einzige erhaltene authentische Wohnort der Familie Mann im deutschsprachigen Raum. Seit 1926 im Besitz des Ordens der Armen Schulschwestern, ist es nicht öffentlich zugänglich.

46 Monika Mann: *Vergangenes*, S. 41.

47 Klaus Mann: *Wendepunkt*, S. 33.

48 Ebd., S. 31.

49 Ebd.

50 Ebd., S. 37.

51 Klaus Mann: *Kind dieser Zeit*, S. 16.

52 Ebd., S. 17.

53 Zit. nach Möller, S. 88 f.

54 Klaus Mann: *Kind dieser Zeit*, S. 66.

55 Klaus Mann: *Wendepunkt*, S. 46.

56 Monika Mann: *Vergangenes*, S. 18.

57 Ebd., S. 19.

58 Heute Thomas-Mann-Allee 10. Die Hausgeschichte ist hervorragend recherchiert bei Dirk Heißerer: http://www.tmfm.de/dokumente/diePoschi.pdf [abgerufen im April 2024].

59 Klaus Mann: *Kind dieser Zeit*, S. 69.

60 Ebd., S. 70.

61 Für Klaus Mann war das Buch später politisch betrachtet eine »Katastrophe«; Klaus Mann: *Wendepunkt*, S. 68 f.

62 Golo Mann, S. 41.

63 Thomas Mann: *Das erzählerische Werk*. Die Erzählungen 2, S. 816.

64 Klaus Mann: *Wendepunkt*, S. 73.

65 Ebd.

66 Monika Mann: *Vergangenes*, S. 48.

67 Ebd., S. 49.

68 Klaus Mann: *Kind dieser Zeit*, S. 140.

69 Ebd., S. 140 f.

70 Ebd., S. 146.

71 Klaus Mann: *Kind dieser Zeit*, S. 139.

72 Zit. nach Möller, S. 91.

73 Vgl. Strohmeyr: *»Wir sind unserer sechs«*, S. 54.

74 Elisabeth Mann zit. nach Breloer, S. 46.

75 Pringsheim, Bd. 6 (1917–1922), S. 50.

76 Vgl. von der Lühe, S. 31.

77 Breloer, S. 61.

78 Ebd., S. 27.

79 Elisabeth Mann Borgese: *Aufstieg der Frau*, S. 239 ff.

80 1925 in der *Neuen Rundschau* veröffentlicht, 1926 als Buch.

81 Thomas Mann: *Das erzählerische Werk*. Die Erzählungen 2, S. 472.

82 Ebd., S. 478.

83 Ebd., S. 482.

84 Pringsheim, Bd. 7 (1923–1928), S. 100.

85 Ebd., S. 126.

86 Erika Mann: *Wenn ich an meine Mutter denke*, S. 89.

87 Pringsheim, Bd. 7 (1923–1928), S. 128.

88 Breloer, S. 96.

89 Golo Mann, S. 43.

90 Pringsheim, Bd. 7 (1923–1928), S. 130.

91 Katia Mann an Erika Mann, 5.10.1924. Thomas-Mann-Archiv Zürich.

92 Zit. nach Holzer: *Monascella*, S. 37.

93 Monika Mann: *Vergangenes*, S. 53 f.

94 Ebd., S. 55.

95 Ebd.

96 Zit. nach Naumann/Roffmann, S. 87.

97 Vgl. Wüstner, S. 117 f.

98 Monika Mann, *Vergangenes*, S. 57.

99 Thomas Mann: *Joseph und seine Brüder* I, S. 46.

100 Monika Mann: *Vergangenes*, S. 62.

101 Zit. nach Holzer: *Monascella*, S. 60.

102 Zit. nach Naumann/Roffmann, S. 68.

103 Vgl. Strohmeyr: *Dichterkinder*, S. 134 ff.

104 Vgl. Pringsheim, Bd. 7 (1923–1928), S. 266.

105 Ebd., S. 279.

106 Vgl. Holzer: *Monascella*, S. 62.

107 Therese Giehse spielte in einer Neuverfilmung (1958) mit Romy Schneider und Lilli Palmer die Rolle der Direktorin.

108 Zit. nach von der Lühe, S. 49.

109 Klaus Mann: *Wendepunkt*, S. 203.

110 Pringsheim, Bd. 7 (1923–1928), S. 446.

111 Erika und Klaus Mann: *Rundherum*, S. 119 f.

112 Ebd., S. 205.

113 Roggenkamp, S. 137.

114 Vgl. von der Lühe, S. 74. Insbesondere weist die Autorin auf Erika Manns *Don't make the same mistakes*, New York 1940, hin.

115 Klaus Mann: *Wendepunkt*, S. 267.

116 Der 1933 enteignete Verlag wurde als Herold-Verlag weitergeführt, danach verkauften ihn die jüdischen Eigentümer und emigrierten. Das Buch erschien nach dem 2. Weltkrieg unter dem Titel *Christoph*

fliegt nach Amerika im Verlag Franz Schneider (München), autorisiert durch Erika Mann, gewidmet jetzt den Neffen Frido und Toni.

117 In: *BZ am Mittag*, 12.12.1932.

118 Gemeint sind die Großeltern Hedwig und Alfred Pringsheim.

119 Zit. nach Klaus Mann: *Wendepunkt*, S. 268.

120 Ebd., S. 272 f.

121 Ebd., S. 276.

122 *Völkischer Beobachter* vom 16.1.1932, S. 1.

123 Zit. nach von der Lühe, S. 89.

124 Vgl. ebd., S. 93 f.

125 Vgl. ebd., S. 97.

126 Vgl. Wendt, S. 60.

127 Erika Mann anlässlich von Therese Giehses Geburtstag am 6.3.1968. In: *Süddeutsche Zeitung*, 2./3.3.1968; *Weltwoche*, 8.3.1968.

128 Breloer, S. 70 f.

129 Vgl. Roggenkamp, S. 126 f.

130 Ebd.

131 Das erste politisch-literarische Kabarett Deutschlands existierte in München (1901–1904). Frank Wedekind war im ersten Jahr einer der elf Scharfrichter und sang Lieder zur Gitarre. Marya Delvard wurde zum Aushängeschild der Truppe.

132 Vgl. von der Lühe, S. 100.

133 Unter den 33 Personen auf der Liste befanden sich auch Lion Feuchtwanger, Ernst Toller, Alfred Kerr und Kurt Tucholsky.

134 Vgl. Nieradka-Steiner, S. 90 f.

135 Vgl. von der Lühe, S. 104 f.

136 Erika und Klaus Mann: *Escape to Life*, S. 18 f.

137 Breloer, S. 74 f.

138 Vgl. Lipinski/Markus, S. 36 f.

139 Vgl. Chana, S. 60 f.

140 Zit. nach Golo Mann, S. 537.

141 Erstmals erschien das Buch im Philographischen Verlag (Basel 1934), dann unter dem Titel *Unser Zauberonkel Muck* 1952 (Franz Schneider Verlag) und 1955 (Büchergilde Gutenberg Zürich).

142 Monika Mann: *Vergangenes*, S. 90.

143 So u. a. Aldous Huxley, Julius Meyer-Graefe, Sybille v. Schoenebeck,

Eva Herrmann, Schalom Asch, Gottfried Bermann-Fischer, Ernst Bloch, Walter Bondy, Bertolt Brecht, die Feuchtwangers, Walter Hasenclever, Hermann Kesten, Annette Kolb, Fritz Landshoff, die Schickeles, Kurt Wolff, Theodor Wolff und Arnold Zweig.

144 »Die Welt Josephs ist eine Gegenwelt zum Deutschland des 20. Jahrhunderts.« (Kurzke, S. 421); »Thomas Mann hält dem Faschismus ein vaterrechtliches Christentum entgegen.« (Ebd., S. 442).

145 Vgl. von der Lühe, S. 113.

146 Vgl. Naumann/Roffmann, S. 130.

147 Breloer, S. 80.

148 Vgl. von der Lühe, S. 125.

149 Öffentliche Erklärung Erika Manns anlässlich der Anfeindungen gegen die *Pfeffermühle* in Zürich, zit. nach ebd., S. 127.

150 Vgl. Monika Mann: *Vergangenes*, S. 74.

151 Vgl. Holzer: *Monascella*, S. 90.

152 Erika Mann, *Briefe*, Bd. I, S. 66.

153 Vgl. von der Lühe, S. 136 ff.

154 Vgl. ebd., S. 135.

155 Ebd., S. 140.

156 Ebd., S. 143 f.

157 Vgl. Wendt, S. 254 ff.

158 Leopold Schwarzschild: *Samuel Fischers Erbe*. In: Das Neue Tage-Buch, 11.1.1936, S. 30.

159 Vgl. von der Lühe, S. 157.

160 Zit. nach Wysling, S. 616 f.

161 Thomas Mann: *Tagebücher 1935–1936*, S. 246.

162 Zit. nach Wysling, S. 618 ff.

163 Erika Mann: *Briefe*, Bd. I, S. 89.

164 *Neue Zürcher Zeitung*, 3.2.1936; https://kuenste-imexil.de/KIE/Content/DE/Objekte/mann-thomas-offenerbrief-nzz-1936.html?single=1.

165 Vgl. von der Lühe, S. 156 ff.

166 Vgl. ebd., S. 168 f.

167 Erika Mann: *Briefe*. Bd. 1, S. 102 f.

168 Breloer, S. 171.

169 Erika Mann an Katia Mann, 1.2.1937. In: Erika Mann: *Briefe*, Bd. 1, S. 109.

170 Ebd., S. 110 f.

171 Vgl. von der Lühe, S. 173. Die Autorin vergleicht das Typoskript von Erika Manns Rede mit einer Analyse von Gisela Bock zu Zwangssterilisationen im NS-Staat in deren Artikel *Gleichheit und Differenz*. In: *Geschichte und Gesellschaft* 19 (1993) 3, S. 277 ff.

172 Vgl. ebd., S. 176 f.

173 Erika Mann an Martin Gumpert, 12.1.1940. Archiv der Akademie der Künste, Berlin.

174 Vgl. Wüstner, S. 196 f.

175 Vgl. von der Lühe, S. 189.

176 Vgl. Pätzold, in: Erika Mann: *Zehn Millionen Kinder*, S. 195.

177 Erika Mann: *Briefe*, Bd. 1, S. 130.

178 Brief Erika Manns an Thomas Mann, 8.2.1939. Erika Mann-Archiv in der Handschriftenabt. der StaBi München. Martin Niemöller war evangelischer Pastor, zuerst nationalsozialistisch gesinnt, dann Mitgründer der Bekennenden Kirche als theologische Oppositionsbewegung gegen die Deutschen Christen. Er wurde ins KZ Sachsenhausen deportiert, ab 1941 nach Dachau. Er überlebte jedoch und kehrte in seine Gemeinde in Berlin-Dahlem zurück. Niemöller war uneindeutig hinsichtlich der Judenfrage.

179 *Miss Mann's Views on World Affairs*. In: *World-Telegram*, 27.1.1939. Zeitungsausschnitt im Erika-Mann-Archiv, Monacensia, München.

180 Erika Mann an Thomas Mann, Brief begonnen am 17.7.1939, fortgesetzt am 20.7.1939. In: Erika Mann: *Briefe*, Bd. 1, S. 133–137.

181 Erika Mann: *The Lights Go Down. Middletown – Nazi Version*. London: Secker and Warburg 1940/New York: Farrar & Rinehart 1940. Die deutsche Fassung *Wenn die Lichter ausgehen* ist eine Rückübersetzung aus dem Englischen, da das deutsche Originalmanuskript verloren gegangen ist.

182 Erika Mann, ebd., S. 267.

183 Roggenkamp, S. 63.

184 Zit. nach von der Lühe, in: Erika Mann: *Wenn die Lichter ausgehen*, S. 294.

185 Zit. nach Holzer: *Elisabeth Mann Borgese*, S. 101.

186 Einträge vom 18.–21.8.1939. In: Thomas Mann: *Tagebücher 1937–1939*, S. 452 ff.

187 Zit. nach Holzer: *Elisabeth Mann Borgese*, S. 107.

188 Breloer, S. 127.

189 Ebd., S. 68 f.

190 Die Archivalien in den Archiven des FBI und des Politischen Archivs des AA der Bundesrepublik Deutschland, die dies belegen, konnten von I. von der Lühe eingesehen werden; von der Lühe, S. 207 f.

191 Vgl. Wittstock, S. 95 ff.

192 Klaus Mann: *Tagebücher IV* (1938–1939), S. 148.

193 Vgl. Kleeberg, S. 99.

194 Erika Mann: *Blitze*, S. 179.

195 Monika Mann: *Vergangenes*, S. 97.

196 Ebd., S. 97 f.

197 Ebd., S. 99.

198 Ebd., S. 100 f.

199 Ebd., S. 102.

200 Zit. nach Lipinski/Markus, S. 167 (Übersetzung A.S.).

201 Monika Mann: *Vergangenes*, S. 103 ff.

202 Ebd., S. 106.

203 Thomas Mann: *Tagebücher 1940–1943*, S. 153.

204 Ebd.

202 Ebd.

206 Klaus Mann an Katia Mann, 1.6.1938; Klaus Mann: *Briefe II*, S. 47.

207 Ebd., S. 169.

208 Ebd., S. 170.

209 Ebd., S. 171.

210 Breloer, S. 131.

211 Vgl. Sickel.

212 Zit. nach Holzer: *Elisabeth Mann Borgese*, S. 120.

213 Zit. nach Naumann/Roffmann, S. 178.

214 Zit. nach Breloer, S. 132.

215 Zit. nach Naumann/Roffmann, S. 169.

216 Breloer, S. 132.

217 Daneben ist nur noch Imma Spoelmann in Manns Roman *Königliche Hoheit* ein Porträt Katias.

218 Vgl. Thomas Mann: *Tagebücher 1940–1943*, S. 272 f.

219 Ebd., S. 324 f.

220 Zit. nach von der Lühe, S. 256.

221 Thomas Mann: *Tagebücher 1940–1943*, S. 398.

222 Ebd., S. 419.

223 Vgl. Holzer: *Monascella*, S. 122.

224 Vgl. von der Lühe, S. 262 f.

225 In: Erika Mann: *Blitze*, S. 298.

226 Ebd., S. 299 f.

227 Zit. nach ebd., S. 270.

228 Veröffentlicht als Anhang in: Andert: *Monika Mann*.

229 Unter diesen waren auch Peter de Mendelssohn, Erich Kästner, John Dos Passos, Rebecca West u. a.

230 Erika Mann: *Briefe*, Bd. 1, S. 206 f.

231 Erika Mann an Katia Mann, 22.8.1945; ebd.

232 Erika Mann: *Blitze überm Ozean*, S. 389.

233 Erika Mann an Klaus Mann, 19.4.1948; zit. nach von der Lühe, S. 287.

234 Eintrag vom 1.2.1948. In: Thomas Mann: *Tagebücher 1946–1948*, S. 219.

235 *Preliminary Draft of a World Constitution* as proposed by Robert M. Hutchins, G.A. Borgese et al. Chicago 1948. Dt.: *Ist eine Weltregierung möglich? Vorentwurf einer Weltverfassung*. Frankfurt a.M. 1951.

236 Vgl. Wüstner, S. 254 ff.

237 Thomas Mann: *Tagebücher 1946–1948*, S. 289.

238 Ebd., S. 299.

239 Frido Mann, S. 30.

240 Zit. nach Andert, in: Monika Mann: *Das fahrende Haus*, S. 278.

241 Vgl. von der Lühe, S. 296 f.

242 Erika Mann: *Briefe*, Bd. 1, S. 256.

243 Ebd., S. 256 f.

244 Zit. nach Holzer: *Monascella*, S. 123.

245 Ebd., S. 129.

246 Erika Mann: *Briefe*, Bd. 1, S. 260.

247 Ebd., S. 261.

248 Erika Mann: *Briefe*, Bd. 1, S. 275 ff. Der Originalbrief ist in englischer Sprache abgefasst.

249 Ebd., S. 280.

250 Lion Feuchtwanger an Erika Mann, 30.12.1950. In: Erika Mann: *Briefe*, Bd. 1, S. 281.

251 Eintrag vom 30.3.1951. In: Thomas Mann: *Tagebücher 1951–1952*, S. 41.

252 Zit. nach Wüstner, S. 268.

253 Vgl. Strohmeyr: *»Wir sind unser sechs«*, S. 252.

254 Veröffentlicht posthum in: Thomas Mann: *Literarische Porträts.* Zürich 1960.

255 Zit. nach Naumann/Roffmann, S. 229.

256 Vgl. Andert, in: Monika Mann: *Das fahrende Haus*, S. 284 f.

257 Monika Mann: *Vergangenes*, S. 11.

258 Andert, in: Monika Mann: *Das fahrende Haus*, S. 287.

259 Zit. nach ebd., S. 288.

260 Monika Mann: *Vergangenes*, S. 11.

261 Erika Mann: *Das letzte Jahr*, S. 5.

262 Vgl. Strohmeyr: *»Wir sind unser sechs«*, S. 268.

263 Ebd., S. 272.

264 Vgl. Holzer: *Monascella*, S. 75.

265 Frido Mann, S. 124.

266 Ebd.

267 Vgl. von der Lühe, in: von Scanzoni, S. 201.

268 von Scanzoni, S. 102.

269 Ebd., S. 103.

270 Alex Ross fächert den großen Kosmos der musikalischen Inspirationen Thomas Manns während seiner Zeit in Pacific Palisades auf, als er an *Doktor Faustus* schrieb. Erika Manns Einschätzung muss im Nachhinein als wahrheitsgetreu erscheinen; vgl. Ross: Der Teufel im Paradies, S. 65 ff.

271 Erika Mann an Theodor W. Adorno, 28.3.1962. In: Erika Mann: *Briefe*, Bd. 2, S. 124 ff.

272 Breloer, S. 168.

273 Vgl. Holzer: *Monascella*, S. 150.

274 Vgl. von der Lühe, S. 347.

275 Monika Mann: *Der Start*, S. 108 f.

276 Ebd., S. 110.

277 Ebd., S. 111.

278 Erika Mann an Theodor W. Adorno, 5.4.1962. In: Erika Mann: *Briefe*, Bd. 2, S. 108 f.

279 Ebd., S. 109 ff.

280 Breloer, S. 474 f.

281 Das Exemplar aus der Herzogin Anna Amalia Bibliothek in Weimar ist auf seinem Rücken mit einem roten Punkt und den Buchstaben IG versehen, was für »Interner Gebrauch« steht: Das Buch unterlag bis 1990 der Bibliothekszensur – in der Regel führte dies, zumindest innerhalb der Bibliothek, zu besonders reger Nutzung.

282 H.J. Muller aus der Rede anlässlich des 100. Jahrestages der Veröffentlichung von Darwins *Origin of the Species* (29.11.1959, University of Indiana).

283 Elisabeth Mann Borgese: *Aufstieg der Frau*, S. 244.

284 Ebd., S. 249.

285 Ebd., S. 250.

286 Ebd., S. 253.

287 Zit. nach Holzer: *Elisabeth Mann Borgese*, S. 163.

288 Vgl. ebd., S. 166.

289 Vgl. Holzer: *Elisabeth Mann Borgese*, S. 176.

290 Frido Mann, S. 123 f.

291 Zit. nach Holzer: *Monascella*, S. 159.

292 Zit. nach Keiser-Hayne, S. 196.

293 Roswitha Schmalenbach, Rundfunkinterview mit Erika Mann vom 7.7.1964.

294 Vgl. Erika Mann: *Briefe*, Bd. 2, S. 221 ff.

295 Zit. nach Holzer: *Elisabeth Mann Borgese*, S. 178.

296 Zit. nach ebd., S. 180.

297 *Süddeutsche Zeitung*, 2./3.3.1968; *Weltwoche*, 8.3.1968.

298 Erika Mann an Berthold Spangenberg, 30.3.1968; Erika Mann: *Briefe*, Bd. 2, S. 210 f.

299 Nach dem Tode von Gustaf Gründgens klagte dessen Adoptivsohn und Alleinerbe Peter Gorski erfolgreich gegen die Publikation in der

Bundesrepublik Deutschland, weil die Persönlichkeitsrechte seines Adoptivvaters verletzt würden. Die verschiedenen Instanzen verhandelten den Konflikt, sodass es erst 1981 im Rowohlt Verlag zu einer Veröffentlichung des Romans kommen konnte. In der Zwischenzeit ging ausschließlich die DDR-Ausgabe im Aufbau Verlag auch in Westdeutschland als sehr begehrt von Hand zu Hand.

300 von der Lühe, in: von Scanzoni, S. 231.

301 Ebd., S. 87.

302 Zit. nach Breloer/Königstein, S. 157.

303 Vgl. Elisabeth Mann Borgese: *Das Drama der Meere*, S. 241.

304 Die Tagebücher Thomas Manns erschienen 1977–95. Peter de Mendelssohn trat nach den ersten Bänden hinter seiner Mitarbeiterin von Anfang an, Inge Jens, zurück, die die Ausgabe nach seinem Tod 1982 zu Ende führte.

305 Zit. nach Strohmeyr: *»Wir sind unser sechs«*, S. 323.

306 Vgl. Holzer: *Monascella*, S. 194.

307 Vgl. Holzer: *Elisabeth Mann Borgese*, S. 213.

308 Zit. nach Andert: *Monika Mann*, S. 137.

309 Damit sollte auch das Kilchberger Haus in diese Hände gehen und später von den Töchtern Ingrid Beck-Manns verkauft werden.

310 Vgl. Weidermann: *Mann vom Meer.*

311 Frido Mann als ältester der Enkel Thomas Manns wird Sprecher und Lizenzverwalter des riesigen Familienerbes; vgl. Strohmeyr: *»Wir sind unser sechs«*, S. 328.

Ausgewählte Literatur

Primärliteratur

Erika Mann

Blitze überm Ozean. Aufsätze, Reden, Reportagen. Hg. von Irmela von der Lühe und Uwe Naumann. Reinbek 2000.

Briefe und Antworten. Hg. von Anna Zanco-Prestel. 2 Bde. München 1984/85.

Das letzte Jahr. Bericht über meinen Vater. Frankfurt a.M. 1956/Berlin 1956.

Mein Vater, der Zauberer. Hg. von Irmela von der Lühe und Uwe Naumann. Reinbek 1996.

Wenn die Lichter ausgehen. Geschichten aus dem Dritten Reich. Dt. von Ernst-Georg Richter. Mit einem Nachwort von Irmela von der Lühe. 2. Aufl. Reinbek 2005.

Wenn ich an meine Mutter denke. In: Quick, Jg. 18, Nr. 18, 2.5.1965, S. 87–89.

Zehn Millionen Kinder. Die Erziehung der Jugend im Dritten Reich. Amsterdam 1938/Lizenzausgabe für die Deutsche Demokratische Republik mit einem Nachwort von Kurt Pätzold. Berlin 1988.

Kinderbücher:

Christoph fliegt nach Amerika. München 1953.

Jan's Wunderhündchen. Ein Kinderstück in sieben Bildern von Erika Mann und Richard Hallgarten. Berlin 1931.

Muck, der Zauberonkel. Basel 1934.

Stoffel fliegt übers Meer. Stuttgart 1934.

Unser Zauberonkel Muck. Augsburg 1952.

Wenn ich ein Zugvogel wär. 4 Bde. München 1953–1955.

Zehn jagen Mr. X. Übers. von Elga Abramowitz. Berlin 1990.

Zusammen mit Klaus Mann:
Das Buch von der Riviera. Was nicht im Baedeker steht. München 1931.
Escape to Life. Deutsche Kunst im Exil. Hg. von Heribert Hoven. München 1991.
Rundherum. Das Abenteuer einer Weltreise. Berlin 1929/München 1965.
The Other Germany. Übers. von Heinz Norden. New York 1940.

Frido Mann

Achterbahn. Ein Lebensweg. Reinbek 2016.

Golo Mann

Erinnerungen und Gedanken. Eine Jugend in Deutschland. Frankfurt a.M. 1986.

Katia Mann

Meine ungeschriebenen Memoiren. Hg. von Elisabeth Plessen und Michael Mann. Frankfurt a.M. 1995.

Klaus Mann

Briefe und Antworten. 2 Bde. München 1975.
Kind dieser Zeit. München 1965.
Kindernovelle. München 1964.
Mephisto. Roman einer Karriere. Berlin 1956/Reinbek bei Hamburg 1981.
Tagebücher IV (1938/39). München 1990.
Der Wendepunkt. München 1969.
Woher wir kommen und wohin wir müssen. Frühe und nachgelassene Schriften. Hg. von Martin Gregor-Dellin. München 1980

Monika Mann

Das fahrende Haus. Aus dem Leben einer Weltbürgerin. Hg. Karin Andert. Reinbek 2007.
Der letzte Häftling. Eine wahre Legende in onore eines (letzten) Komponisten. Lohhof bei München 1967.
Der Start. Ein Tagebuch. Fürstenfeldbruck 1960.
Tupfen im All. Köln 1963.

Vergangenes und Gegenwärtiges. Erinnerungen. München 1956.
Wunder der Kindheit: Bilder und Impressionen. Köln 1966.

Thomas Mann

Betrachtungen eines Unpolitischen. Hg. u. eingel. von Erika Mann. Frankfurt a.M. 1956.
Deutsche Hörer! Fünfundfünfzig Radiosendungen nach Deutschland. 2., erweiterte Ausgabe. Stockholm 1945.
Das erzählerische Werk. Taschenbuchausgabe in zwölf Bänden. Frankfurt a.M. 1975.
Große kommentierte Frankfurter Ausgabe. Werke, Briefe, Tagebücher. Hg. von Heinrich Detering. Frankfurt a.M. 2011–2018.
Joseph und seine Brüder I. Frankfurt a.M. 1975
Das Problem der Freiheit. Die Stockholmer Rede, 1939. In: Schriften zur Politik. Hg. von Walter Boehlich. Frankfurt a.M. 1970.
Tagebücher. 1918–1955. Hg. von Peter de Mendelssohn und Inge Jens. 10 Bde. Frankfurt a.M. 1979–1995.

Elisabeth Mann Borgese

Aufstieg der Frau – Abstieg des Mannes? Übers. von Brigitte Kahr. München 1965.
Das Drama der Meere. Frankfurt a. M. 1977.
Mit den Meeren leben. Über den Umgang mit den Ozeanen als globaler Ressource. Übers. von Sebastian Vogel. Köln 1999.
Pacem in Maribus. Hg. von Elisabeth Mann Borgese. New York 1972.
Seafarm. The Story of Aquaculture. New York 1980.
Der unsterbliche Fisch. Erzählungen. Hg. von Thomas B. Schumann. Übers. von Christel und Helmut Wiemken. Hürth bei Köln 1998.
Wie Gottlieb Hauptmann die Todesstrafe abschaffte. Hürth bei Köln 2001.
Wie man mit den Menschen spricht. Übers. von Mimi Tüscher-Theimer. Bern/München/Wien 1971.
Zwei Stunden. Geschichten am Rande der Zeit. Übers. von Helmut und Christel Wiemken. Hamburg 1965.
Die Zukunft der Weltmeere. Ein Bericht für den Club of Rome. Übers. von Heinrich Jelinek. Wien/München/Zürich 1985.

Hedwig Pringsheim

Tagebücher 1885–1941. Hg. und komm. von Cristina Herbst. 9 Bde. Göttingen 2013–2021.

Sekundärliteratur

Zur Zeitgeschichte

Herbert Lackner: Die Flucht der Dichter und Denker. 4. Aufl. Wien 2018.

Magali Nieradka-Steiner: Exil unter Palmen. Deutsche Emigranten in Sanary-sur-Mer. 2. durchgesehene Ausg. Darmstadt 2022.

Uwe Wittstock: Marseille 1940. Der große Fluch der Literatur. München 2024.

Zur Familie Mann

Walter A. Berendsohn: Thomas Mann und die Seinen. Bern/München 1973.

Renate Berger: Tanz auf dem Vulkan. Gustaf Gründgens und Klaus Mann. Darmstadt 2016.

Heinrich Breloer: Unterwegs zur Familie Mann: Begegnungen, Gespräche, Interviews. Frankfurt a. M. 2001.

Heinrich Breloer/Horst Königstein: Die Manns. Frankfurt a. M. 2001.

Robert Galitz/Kurt Kreiler (Hg.): Der Kreis des Zauberers. Thomas Mann und Familie. 17 CDs, 1 DVD-Video und ein Beiheft. München 2017.

Klaus Harprecht: Thomas Mann: Eine Biographie. Reinbek 1995.

Ders.: Thomas Mann. Ein Leben. Film des NDR, 1995.

Inge und Walter Jens: Frau Thomas Mann. Das Leben der Katharina Pringsheim. Reinbek 2003.

Michael Kleeberg: Gabelfrühstück mit Großschriftsteller. In: Nikolaus Blaumer und Benno Herz: Das Thomas Mann House. Politischer Denkort am Pazifik. Göttingen 2023, S. 98ff.

Alexander Krause: Arcisstraße 13. Palais Pringsheim – Führerbau – Amerika Haus – Hochschule für Musik und Theater München. 5. vollständig überarb. und erw. Aufl. München 2005.

Marianne Krüll: Im Netz der Zauberer. Eine andere Geschichte der Familie Mann. Frankfurt a.M. 1999.

Hermann Kurzke: Thomas Mann. Das Leben als Kunstwerk. Eine Biographie. München 1999.

Tilmann Lahme: Die Manns. Geschichte einer Familie. Frankfurt a.M. 2015.

Birte Lipinski/Anna-Lena Markus (Hg.): Fremde Heimat: Flucht und Exil der Familie Mann. Lübeck 2016.

Peter de Mendelssohn: Der Zauberer. Das Leben des deutschen Schriftstellers Thomas Mann. 3 Bde. Überarb. und erw. Neuausg. Frankfurt a.M. 1997.

Hildegard Möller: Die Frauen der Familie Mann. München/Zürich 2004.

Uwe Naumann/Astrid Roffmann (Hg.): Die Kinder der Manns. Ein Familienalbum. Reinbek 2005.

Marcel Reich-Ranicki: Thomas Mann und die Seinen. 2. Aufl. Stuttgart 1988.

Alex Ross: Der Teufel im Paradies: *Doktor Faustus* und die Soundscape von Thomas Manns Los Angeles. In: Nikolaus Blaumer und Benno Herz: Das Thomas Mann House. Politischer Denkort am Pazifik. Göttingen 2023, S. 65ff.

Armin Strohmeyr: Dichterkinder. Liebe, Verrat und Drama – der Kreis um Klaus und Erika Mann. München 2020.

Ders.: »Wir sind unser sechs«. Die Geschichte der Geschwister Mann. München 2023.

Volker Weidermann: Mann vom Meer. Thomas Mann und die Liebe seines Lebens. Köln 2023.

Andrea Wüstner: »Ich war immer verärgert, wenn ich ein Mädchen bekam«. Thomas und Katia Mann als Eltern. München 2010.

Hans Wysling: »... eine fast tötliche Bereitschaft«. Thomas Manns Entscheidung von 1936 im Spiegel seines Briewechsels mit Erika Mann. In: Schweizer Monatshefte. Zeitschrift für Politik, Wirtschaft, Kultur. Bd. 63 (1983), Heft 7–8, S. 615ff.

Zu Erika Mann

Daniela Chana: Erika Mann und die *Pfeffermühle*. Dadaismus und die Anfänge des Cabarets in der Schweiz. Wien 2016.

Irmela von der Lühe: Erika Mann. Eine Biografie. Frankfurt a.M. 1999.

Helga Keiser-Hayne: Erika Mann und ihr politisches Kabarett *Die Pfeffermühle* 1933–1937. Erw. Neuausgabe. Reinbek 1995.

Irmela von der Lühe/Uwe Naumann (Hg.): Erika Mann: Mein Vater, der Zauberer. Reinbek 1996.

Barbara Murken: Gedanken zum Kinder- und Jugendbuchwerk von Erika Mann. Ein biographisches Puzzle. Münster 1995.

Viola Roggenkamp: Erika Mann. Eine jüdische Tochter. Über Erlesenes und Verleugnetes in der Familie Mann-Pringsheim. Zürich/Hamburg 2005.

Signe von Scanzoni: Als ich noch lebte. Ein Bericht über Erika Mann. Hg. und mit einem Nachwort von Irmela von der Lühe. Göttingen 2010.

Roswitha Schmalenbach: Musik für einen Gast. Basel 1971. Darin: Rundfunkinterview von Roswitha Schmalenbach mit Erika Mann, 7.7.1964.

Gunna Wendt: Erika und Therese. Erika Mann und Therese Giehse – Eine Liebe zwischen Kunst und Krieg. München 2018.

Zu Monika Mann

Karin Andert: Monika Mann. Eine Biografie. Hamburg 2010.

Kerstin Holzer: *Monascella*: Monika Mann und ihr Leben auf Capri. 4. Aufl. München 2022

Monika Mann im Gespräch mit Gabriel Laub. In: Karin Andert (Hg.): Das fahrende Haus. Hamburg 2007, S. 11ff.

Annette Seemann: Monika Mann. Ein schwarzes Schaf. In: Frankfurter Allgemeine Zeitung Magazin, 30.5.1997.

Lothar Sickel: »Schon vor der Katastrophe galt sie als Störenfried«. In: Frankfurter Allgemeine Zeitung, 3.4.2021, S. 20.

Zu Elisabeth Mann Borgese

Wolf Gaudlitz: Elisabeth Mann Borgese – Nachhall aus Halifax – verzauberndes Lächeln, vom Nachleben der Thomas-Mann-Tochter Elisabeth Mann Borgese; auch als Hörbuch, Freiburg: Audio Buch Verlag 2010.

Ders.: Mein Vater der Zauberer, meine Liebe das Meer, 1999.

Eberhard Görner: Botschafterin der Meere. Filmporträt Elisabeth Mann Borgese, 1997.

Kerstin Holzer: Elisabeth Mann Borgese. Ein Lebensportrait. Berlin 2001.

Marianne Scheuerl: Mein Leben – Elisabeth Mann im Gespräch, 1999.

Bildnachweis

akg-images: 219, 236; akg-images/Niklaus Stauss: 314; Mondo Annoni © Stiftung Fotodok, Fotodok.swiss | Münchner Stadtbibliothek/Monacensia, EM F 507: 301; ETH-Bibliothek Zürich, Thomas-Mann-Archiv/Fotograf: Atelier Elisabeth/TMA_0049: 20li.; TMA_AL30_6245: 32o.; TMA_1230: 87; Fotograf: Atelier Elvira/TMA_0968: 27; Fotograf: Atelier Veritas/TMA_0966: 20re.; Fotograf: Fritz Krauskopf/TMA_0215/TMA_0194: 114; Fotograf: Georg Pettendorfer/TMA_0969: 63o.; Fotograf: Unbekannt/TMA_1033 / TMA_0009: 14; TMA_1134: 32u.; TMA_0709: 36; TMA_AL30_6243: 46; TMA_0080: 54u.; TMA_5089: 63u.; TMA_AL7_6149_1: 94u.; TMA_0669: 155; TMA_3066: 222u.; TMA_5371/TMA_4434: 251; TMA_2663: 54o.; TMA_2682: 151; TMA_2663: 54o.; getty images: Frontispiz, 198u., 222o.; Interfoto/Friedrich: 289o.; Interfoto/National Portrait Gallery: 167; Münchner Stadtbibliothek/Monacensia, EM F 340: 187 / EM F 123: 231; picture-alliance/akg-images | akg-images: 98o., 131; picture alliance/dpa: 257, 269u.; picture-alliance/dpa | Herold: 289u.; picture alliance/Everett Collection | Copyright © CSU Archives/Everett Collection/Everett Collection: 137; picture alliance / SZ Photo | Scherl: 121o.; picture alliance/SZ Photo | Kurt Schraudenbach: 276; ullstein bild – brandstaetter images: 269o.; ullstein bild – ullstein bild: 94o., 98u., 121u.; ullstein bild – Eduard Wasow: 109.

2. Auflage 2025

info@ebersbach-simon.de
Mozartstr. 2 | 12247 Berlin

Umschlaggestaltung: Lisa Neuhalfen, moretypes, Berlin
Covermotiv: *Die Manns auf Hiddensee*, 1924
© ullstein-bild – ullstein-bild
Lektorat: Claudia Jürgens, Berlin
Satz: Birgit Cirksena · Satzfein, Berlin
Druck und Bindung: GGP Media GmbH, Pößneck
Karl-Marx-Str. 24 | 07381 Pößneck
ISBN 978-3-86915-305-6

www.ebersbach-simon.de

Gedruckt auf Papier aus nachhaltiger Forstwirtschaft
Printed in Germany